5-02

포털 뉴스 생태계와 저널리즘

최민재·문철수·문상현·김경환·황성연

한국언론진흥재단
Korea Press Foundation

연구서 2025 - 02

포털 뉴스 생태계와 저널리즘

책임연구 최민재 한국언론진흥재단 수석연구위원
공동연구 문철수 한신대학교 미디어영상광고홍보학부 교수
문상현 광운대학교 미디어커뮤니케이션학부 교수
김경환 상지대학교 미디어영상광고학과 교수
황성연 닐슨미디어코리아 국장

발 행 인 김효재
편 집 인 남정호
발 행 일 2025년 11월 30일 초판 제1쇄 발행

한국언론진흥재단
주소 04520 서울특별시 중구 세종대로 124 프레스센터빌딩
전화 (02) 2001-7742 **팩스** (02) 2001-7740
www.kpf.or.kr

편집 (주)케이에스센세이션
주소 07237 서울특별시 영등포구 국회대로66길 11, 12층(여의도동, 퍼스텍빌딩)
전화 (02) 761-0031 **팩스** (02) 761-2727

인쇄 (사)한국장애인e-Work협회
주소 07333 서울특별시 영등포구 국제금융로 8길 19 중앙빌딩 411호
전화 (02) 783-0800 **팩스** (02) 783-0750

ISBN 978-89-5711-809-2 (93070) (Print)
ISBN 978-89-5711-810-8 (95070) (Online)

이 보고서는 한국언론진흥재단의 정부광고 수수료로 제작되었습니다.
자세한 내용은 QR코드를 통해 확인해 주세요.

목 차

CONTENTS

CONTENTS

목 차

목 차

CONTENTS

CONTENTS

목 차

표 목차

표 목차

그림 목차

01 서론: 문제제기 및 연구목적

국내 저널리즘 생태계는 일반적인 서구 국가들과는 매우 차별적인 구조를 지니고 있다. 디지털 미디어 환경이 진화하면서, 미국을 비롯한 대부분의 국가에서는 지역신문을 중심으로 언론사들의 감소와 더불어 언론산업의 급격한 시장위축이 발생하고 있다. 그 결과 지역의 공론장 붕괴에 대한 우려와 이에 대한 대안 마련 필요성이 제기되고 있다(뉴스사막).

반면 국내에서는 인터넷신문을 중심으로 언론사의 급격한 증가가 매년 지속되고 있다. 또한 신문 광고시장 규모도 지난 10여 년간 비슷한 규모를 유지하고 있다. 즉, 언론사는 늘어나고, 광고를 중심으로 한 산업적 토대는 유지되고 있다. 따라서 양적 측면에서 여론 다양성과 사회적 공론장의 기능에는 큰 문제가 없어 보인다. 하지만 언론 전반에 대한 사회적 신뢰도는 주요 국가들과 비교해 볼 때 하위권을 벗어나지 못하고 있다. 또한 디지털 생태계도 매우 차별적인 형태를 보여주고 있다. 대부분의 국가에서는 디지털 공간에서 언론사 홈페이지를 통해 뉴스를 이용하는 반면에, 국내에서는 이용자 대부분이 포털을 통해 뉴스를 이용하고 있고, 언론사를 통해 뉴스를 이용하는 비율은 여타 국가들과 비교해 보면 최하위권을 벗어나지 못하고 있다. 따라서 디지털 유료 구독 시장을 확대하기 위한 노력도 거의 나타나지 않고 있다(이현우·전창영·김선호, 2025).

이러한 특수한 저널리즘 생태계 형성에 가장 중요한 요인은 포털 뉴스 서비스라고 할 수 있다. 즉, 국내 포털 뉴스 서비스가 디지털 저널리즘 생태계 전반은 물론, 오프라인 생태계 형성에 중요한 요인으로 작용한 것이다.

국내 포털 뉴스 서비스의 특징으로 인해, 개별 언론사는 디지털 공간에서 경쟁력을 확보하기 어려웠고, 포털의 독과점적 지위는 더욱 강화되었다. 이 과정에서 대형 언론사들은 영향력이 정체하거나 감소하는 상황을 맞았던 반면에, 중소 언론사나 신생 언론사들은 빠르게 독자와의 접점을 만들어 가면서, 사회적 영향력을 확보할 수 있는 중요한 토대가 되었다. 포털 뉴스 서비스의 이러한 측면이 신생 언론사 폭증의 핵심적 원인으로 평가되며, 포털 입점을 평가하는 위원회 구성과 운영 방식에 대한 사회적 논란을 발생시키고 있다.

포털 뉴스 서비스가 언론사 경영 측면에서는 양가적인 기능을 수행하고 있지만, 저널리즘 측면에서는 긍정적인 측면보다는 부정적인 측면을 부각하고 있다. 즉, 신생 언론사들이 많아지고, 중소 언론사의 영향력 확산에 도움을 준다는 측면에서는 다양성의 확대 차원에서 긍정적인 평가가 이뤄질 수 있다. 하지만, 포털 뉴스 플랫폼에서 언론사들이 트래픽 확보를 위해 경쟁해야 하는 현재의 구조는 저널리즘의 상업화를 더욱 확산시키는 결과를 초래하고 있다.

포털 뉴스 서비스에 참여하는 언론사 규모나, 서비스 운영 방침은 지속적으로 변화해 왔다. 서비스 운영 방침에 따라, 언론사의 수익배분 방식, 언론사의 자율적 운영 범위, 서비스의 외적 공정성, 저널리즘 품질, 독자의 참여 범위에 중요한 변화를 초래했다. 따라서 포털이 어떤 뉴스 서비스 운영 방침을 채택하는지는 직접적인 이해 당사자인 포털과 언론사만의 문제가 아니라 사회적 정보유통 및 여론 형성에 직접적인 영향을 발생시키는 핵심적 기제로 기능하게 되었다.

이에 본 연구에서는 기존 포털의 뉴스 서비스 운영 방침 변화가 언론사의 사회적 영향력 및 저널리즘 품질에 어떤 영향을 미쳤는지를 고찰해 보고, 관련된 정책 이슈는 어떻게 전개되었는지에 대한 분석을 해보고자 한다. 또한 현재 이뤄지고 있는 포털 뉴스 서비스에 대한 일반 이용자들의 인식 및 전문가들의 평가를 종합하여, 포털 뉴스 서비스가 구성하는 뉴스 생태계가 사회적으로 바람직한 저널리즘 유통 및 여론 형성에 기여하는 바를 모색해 보고자 한다.

02 포털 뉴스 서비스 시스템 변화와 주요 이슈

1. 포털 뉴스 서비스 등장과 시장변화

인터넷이 상용화된 디지털 환경에서 가장 큰 변화를 이끌며 성장을 한 것은 검색 플랫폼의 기능을 한 포털 사이트이었다. 미국에서는 1995년 3월 '야후(Yahoo.com)'가 상업적 서비스를 시작하였고, '라이코스(Lycos.com)'가 1995년 6월, '구글(Google.com)'은 1998년 9월 상업적인 서비스를 시작하였다.

국내에서는 '야후코리아(Yahoo.co.kr)'가 1997년 9월 서비스를 개시하면서, 포털 시대에 진입했다. 이후 '네이버(Naver.com)'가 1999년 6월, '라이코스코리아(Lycos.co.kr)'와 '다음(Daum.net)'이 1999년 7월 포털 서비스를 출범했다(kakao, 1999. 7. 8.). 1999년 11월에는 '엠파스(Empas.com)'가 출범하였고, 후발 주자이었던 '구글'은 2001년 3월 한국 시장에 진출하게 된다.

국내에서는 '야후코리아'가 2년간의 독점적인 운영 기간이 있었지만, 1999년에 '네이버', '다음', '엠파스'가 설립되고, '라이코스코리아'가 진출하면서 포털 시장은 무한 경쟁 상황에 진입하게 되었다. 포털은 검색 기능이 가장 핵심적인 경쟁력이지만, 초기 사업 환경에서는 이메일 서비스, 카페나 블로그 같은 소셜 플랫폼 서비스, 게시판, 게임이나 웹툰과 같은 콘텐츠 서비스들과 쇼핑 등이 고정적 이용자 확보와 수익성 확보를 위해 중요하게 평가되었다. 따라서 국내 포털사업자들은 해당 서비스 강화에 집중하였다.

동일한 관점에서 뉴스 서비스 역시 포털의 중요 서비스 영역으로 선택된다. 세계적으로는 1996년 8월 다수의 언론사 뉴스를 종합하여 제공하는 '야후 뉴스' 서비스[1)]

1) AP, 로이터, 폭스 뉴스, 알자지라, ABC 뉴스, USA 투데이, CNN, BBC 뉴스가 '야후 뉴스' 페이지에서 제공되었다.

가 포털 뉴스 서비스로 처음 시작되었다. 국내에서는 1998년 3월 '야후 코리아'에서 뉴스 서비스를 시작하였다. 국내 포털로서는 네이버가 2000년 5월 15개 신문사 및 통신사의 뉴스를 대상으로 '네이버 뉴스' 서비스를 시작하였다. 초창기 서비스 형태는 검색 영역에서 15개 언론사의 뉴스가 노출되는 방식이었으나, 2001년 9월부터 메인 페이지에서 편집된 소량의 뉴스를 제공하는 뉴스 서비스를 개시하게 된다(류현정·장우성·유진우, 2014. 10. 20.).

'다음'은 1999년 5월 '한메일넷(www.hanmail.net)' 플랫폼에서 연합뉴스속보 서비스를 중심으로 '뉴스서비스'를 시작하였고, 경제지와 스포지를 대상으로 제휴사를 확대하였다(카카오, 1999. 4. 30.). 따라서 1999년 7월 '다음(daum.net)' 플랫폼이 출범하는 시점부터 뉴스는 검색, 쇼핑 등과 함께 중요한 서비스 영역으로 자리 잡았다[2](kakao, 1999. 7. 8.).

'다음'은 뉴스에 대한 높은 수요 증가를 반영하면서 언론 제휴사를 10개사에서 20개사로 확대시키면서 2003년 3월 '미디어다음'을 출범시키게 된다(카카오, 2003. 3. 4.). 기존 포털과는 차별적으로 별도의 콘텐츠 서비스를 제공하지 않았던 구글은 9.11 테러 이후 뉴스에 대한 사회적 수요가 급증하면서 뉴스 부분을 특화하였다. 2002년 9월 '구글 뉴스(Google News)' 베타 버전 서비스가 출시되었고, 2006년 1월 공식 서비스로 전환되었다(Bharat, 2006. 1. 23.). 국내에서는 2004년 9월 한국어 구글 뉴스 서비스[3]가 시작되었다.

1) 포털 뉴스 서비스 시장 성장

언론사들은 PC통신 환경에 이어 인터넷 환경 초기부터, 디지털 뉴스 생태계 구축을 위해 자회사인 언론사닷컴을 설립하면서 적극적인 대응 전략을 추진한다. 포털 뉴스 서비스가 출범하기 이전인 1995년 10월 '조선일보'가 디지털 뉴스 유통 부분과 조선일보가 운영하던 사업들을 담당하는 '디지털조선일보(www.chosun.com)'를

2) '다음' 플랫폼 출범 당시 e메일 서비스인 '한메일넷' 이용자 260만 명, '다음카페' 회원 수 10만 명(동호회 수 7천 개)을 확보하고 있었다. 또한 제공되는 서비스 영역은 '검색/쇼핑/뉴스/증권/보험/경매/날씨/영화/음반/영어학습/건강정보' 항목으로 구성되었다.

3) 530개의 한글 뉴스 매체를 검색할 수 있었고, 클러스터링 및 분석 기술을 통해 다양한 매체의 헤드라인을 종합하고 분류하여 정치, 경제, 연예 등 분야별로 뉴스를 제공했다.

설립한 이후에 전국종합일간지와 경제지, 방송사의 언론사닷컴들이 설립되었다.[4]

국내 포털들이 뉴스 서비스를 시작한 2000년 이후에도, 국내 디지털 뉴스 생태계는 언론사닷컴이 주도했다. '디지털조선일보'의 경우 코리안클릭 데이터를 기준으로 2000년 월평균 순방문자가 400만 명대를 꾸준히 유지했고, 2001년의 경우 900만 명대의 월평균 순방문자 규모를 유지했다. '조인스닷컴'의 경우 2001년 월평균 500~600만 명의 순방문자 규모를 유지했다. 따라서 신문사들은 포털 뉴스 서비스에 대한 뉴스 공급에 적극적이지 않았다.

따라서 포털 뉴스 서비스 초기에는 주요 신문사들의 참여가 매우 제한적이었다[5]. 하지만, '언론사닷컴'들의 경영 실적이 부진하자, 포털에 뉴스를 공급하는 언론사는 증가하게 된다. 포털에 대한 뉴스 공급에 부정적이던 조선일보도 2003년 5월부터 뉴스를 공급하게 된다(류현정·장우정·유진우, 2014. 10. 20.). 그 결과 2004년 기준으로 '네이버', '다음', '네이트', '야후코리아', '엠파스'에서 제공하는 뉴스 서비스에 노출되는 언론사가 평균 60개로 증가하게 된다(윤태석, 2004, 44쪽).

4) 1996년 9월 '동아일보'는 '동아닷컴(www.donga.com)', 1998년 3월 '중앙일보'는 '조인스닷컴(www.joins.com)', 1999년 8월에는 'sbs'가 'SBSi(www.sbsi.co.kr)'를 설립하고, 1999년 11월에는 '한국경제'가 '한경닷컴(www.hankyung.com)', '매일경제'가 '매일경제인터넷(www.mk.co.kr)', '대한매일'이 '대한매일뉴스넷(www.kdaily.com)'을 설립한다. 같은 해 12월에는 '한겨레'가 '인터넷한겨레(www.hani.co.kr)'를 설립한다. 2000년 2월에는 '경향신문'이 '미디어칸(www.khan.co.kr)'을, '한국일보'가 '한국아이닷컴(www.hankooki.com)'을 설립하고, 같은 해 4월에는 'KBS'가 '크레지오(www.cregio.com)'를, 'MBC'가 'IMBC(www.imbc.com)'를 설립한다(황용석·강원, 2001, 45쪽).

5) 2001년 12월 기준으로 포털 뉴스 서비스에 뉴스를 공급하는 전국종합일간지와 전문일간지의 규모는 '다음'의 경우 3개사, '야후코리아'는 6개사, '네이버'는 10개사, '라이코스'는 6개사, '한미르'는 5개사로 조사되었다(황용석, 2001, 51쪽).

〈그림 2-1〉 포털과 언론사의 순방문자 규모 변화(2001년~2006년)

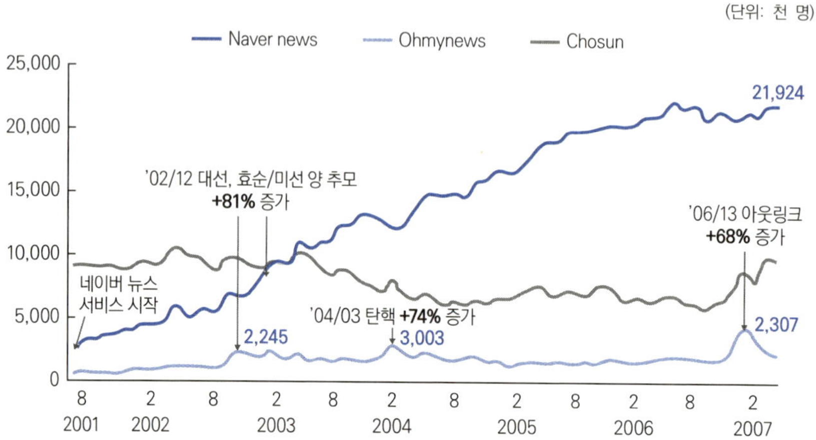

출처: 코리안클릭
*증가율은 전월 순방문자 대비 성장률임

포털 뉴스 서비스의 급격한 성장에는 몇 가지 요인이 복합적으로 작용하게 된다. 먼저, 다양한 언론사의 기사가 공급되었고, 해당 기사에 대한 효과적인 뉴스 배열 편집이 이루어졌다는 점이다. 또한 기사에 대한 댓글 정책의 차이도 중요한 요인으로 작용했다. 언론사들은 온라인상의 댓글에 대해 소극적인 정책을 취했던 것에 반해, 포털은 기사의 댓글에 익명성을 토대로 하는 매우 적극적인 정책을 유지했다.

이로 인해 2001년에 발생한 '9.11 테러', 2002년 '한일월드컵', '효순·미선 사건', '16대 대통령 선거', 2004년의 '노무현 대통령 탄핵', '17대 국회의원 선거' 등 사회적으로 큰 파장을 일으켰던 사안들에 대한 뉴스 소비 및 의견 표출이 포털 공간에서 주로 발생하면서, 포털 뉴스 서비스는 디지털 뉴스 유통 생태계를 주도하게 된다.

언론사들이 포털에 대한 뉴스 공급으로 인해, 디지털 뉴스 생태계의 주도권이 언론사닷컴에서 포털로 넘어가게 되었고, 포털과 언론사의 격차는 더욱 더 크게 발생했다. 하지만 언론사닷컴이 포털로부터 얻는 수익은 매우 미미했다. 2004년 기준으로 5개 포털(네이버, 다음, 네이트, 야후코리아, 엠파스)의 뉴스 구매비용 규모는 176억 원 정도로 추정된다.[6] 대형 언론사의 경우 5개 포털에 뉴스를 공급하

---

6) 가장 구매비용이 큰 포털은 89개 매체에 대해 50억 4천만 원, 가장 구매비용이 적은 포털은 43개 매체에 19억 2천만 원을 지불한 것으로 조사되었다. 개별 포털이 개별 언론사에게 구매비용 지급 규모는 1개월 기준으로 1천만 원 이상 그룹, 5백~1천만 원, 5백만 원 이하 그룹으로 구분되어 있었다(윤태석, 2004, 44쪽).

게 되면 연간 7~8억 원, 상대적으로 규모가 작은 언론사의 경우 연간 1~2억 원 정도의 수익이 발생하는 것으로 평가되었다.

언론사 사업국에서 운영하던 실질적인 수익사업을 확보한 경우를 제외하고, 대부분의 언론사닷컴들은 2000년대 초반 대부분 경영난에 봉착한다(최민재, 2005). 따라서 대부분의 언론사닷컴들은 전략적 판단이 이뤄지지 못한 상황에서 포털에 뉴스를 공급하게 되고, 온라인 공간에서 주도권을 상실하게 된다. 따라서 포털에 대한 뉴스 공급을 중단해야 한다는 논의가 지속적으로 발생했지만, 포털에 대한 언론사들의 뉴스 공급은 지속된다(김중식, 2006. 3. 8.).

〈그림 2-2〉 **언론사 닷컴 2000년 6월~2008년 12월 페이지뷰(PV) 규모**

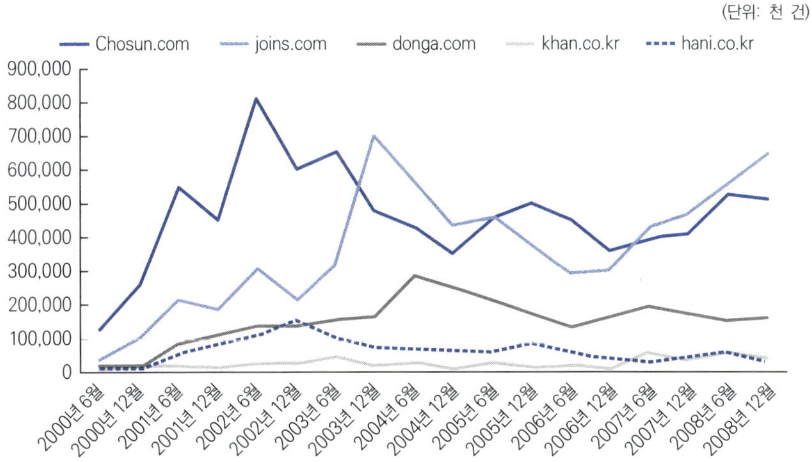

출처: 코리안클릭 데이터

2000년대 초반 주요 언론사 사이트의 페이지뷰(PV)를 기준으로 보면, 한일월드컵과 대통령 선거가 있었던 2002~2003년에 가장 많은 트래픽을 확보하였다. 이후 2008년까지 이를 넘어서는 트래픽을 확보하지 못하고 있었다. 해당 기간이 전체적으로 인터넷 이용률이 지속적으로 상승하던 시기이었던 것을 감안하면, 디지털 공간에서 언론사들의 영향력은 지속적으로 감소하고 있었던 것으로 평가된다.

〈표 2-1〉 주요 포털별 뉴스서비스 이용규모(2006년 6월 기준)[7]

	순방문자수 (UV)	도달률(%)	총페이지뷰 (PV)	방문자당 페이지뷰
naver	22,235,957	74.93	4,744,423,172	213.37
daum	20,516,519	69.13	5,059,356,716	246.60
nate	14,628,614	49.29	911,377,089	62.30
yahoo.kr	9,569,648	32.25	786,008,457	82.14
empas	4,612,519	15.54	459,736,854	99.67
paran	4,265,791	14.37	241,810,733	56.69
Hanafos	3,032,911	10.22	182,128,218	60.05

출처: 코리안클릭(2006. 7.). 57쪽.

반면 포털 뉴스 서비스의 경우 양극화가 발생한다. 2006년 6월 기준 '네이버'와 '다음'의 경우 각각 47억 건, 50억 건의 페이지뷰(PV)를 발생시키면서, 개별 언론사 사이트의 페이지뷰 규모와 현격한 차이를 발생시키고 있었다. 반면 '네이트', '야후코리아', '엠파스', '파란', '하나포스'의 경우 2~9억 건 정도의 페이지뷰 규모를 발생시키면서, 종합일간지 사이트 정도의 트래픽을 확보하는 성과를 보이고 있었다.

2) 초기 포털 뉴스 편집 시스템과 저널리즘 관련 논란

2003년을 기점으로 '네이버'와 '다음'이 제공하는 뉴스 서비스는 디지털 뉴스 생태계를 주도하게 되었고, 개별 언론사 사이트와의 격차를 매우 빠르게 확대시켰다. '네이버'와 '다음'이 제공하는 뉴스 서비스의 성장 요인은 다음과 같이 평가된다. 먼저 해당 포털들이 이미 이메일 서비스, 검색서비스, 커뮤니티서비스 등을 통해 많은 이용자를 확보하고 있었다는 점이다. 코리안클릭 데이터를 기준으로 보면 '다음'은 2002년 11월에, '네이버'는 2003년 3월에 월간 순방문자 규모가 2천만 명을 넘어섰다. 따라서 이들 이용자를 대상으로 제공하는 뉴스 서비스는 새로운 이용자를 확보해야 하는 언론사보다 유리한 환경이었다.

두 번째 요인은 제공하는 뉴스 콘텐츠의 다양성으로 평가된다. 2006년 8월 기준으로 '네이버'의 경우 97개 언론사로부터 뉴스를 제공받았고, '다음'은 78개사, '네이트'는 64개사, '야후코리아'는 86개 언론사로부터 뉴스를 제공받았다. 포털 뉴스

7) 도달률(reach rate)은 측정기간 중 총인터넷인구 중에서 해당 사이트에 방문한 순방문자의 비율.

서비스에 포함되는 언론사가 증가하면서 전통적인 미디어인 신문사, 방송사의 기사 이외에도 통신사, 잡지의 뉴스 콘텐츠뿐만 아니라, 새롭게 등장한 인터넷신문의 뉴스를 다수 제공하였다. 또한 이러한 상황은 인터넷신문이 빠르게 성장하여, 언론 환경에서 새로운 축으로 성장할 수 있는 기회를 제공하게 된다.

〈표 2-2〉 주요 포털 사이트 뉴스 제공사 현황(2006년 8월 기준)

		네이버	다음	네이트	야후코리아
신문	중앙종합	11	10	7	8
	지방종합	5	-	2	2
	스포츠	3	3	4	4
	경제/IT	7	5	6	8
	기타	7	4	4	9
인터넷신문	종합	9	12	8	13
	스포츠/연예	14	12	14	13
	경제/IT	7	7	6	8
	기타	3	5	2	2
방송	지상파TV	2	2	-	-
	CATV/라디오	9	8	3	6
통신		6	3	3	4
포토		-	-	-	2
잡지		14	7	5	7
	합계	97	78	64	86

출처: 최민재(2006), 22~25쪽.

세 번째 요인은 독자와의 상호작용성을 극대화하는 서비스 전략 도입이다. 모든 포털 뉴스 서비스들은 댓글의 익명성을 보장하면서, 악플 문제가 부각되었음에도 활발한 댓글 작성 환경을 유지하였다. 또한 토론장, 뉴스Poll, 네티즌이 뽑은 뉴스 등 독자들의 상호작용을 극대화할 수 있는 서비스 전략을 추진하였다.

마지막으로, 자체 뉴스 편집 인력을 활용하여, 독자에게 소구력이 있다고 평가되는 뉴스를 배치하는 편집 전략을 활용한 점이다. 포털 뉴스 서비스는 자체 뉴스 편집 팀을 통해 운영되었다. 2004년 11월 기준으로는 '네이버'가 10명의 뉴스 편집 인력을 운영하였고, '미디어 다음'이 9명, '야후코리아가' 8명, '네이트'가 4명의 뉴스 편집 인력이 포털 뉴스 서비스 편집을 담당했다(최진순, 2004. 12.). 뉴스 서비스 경쟁이 치열해지면서, 포털들은 '뉴스 편집 팀' 규모를 확대하였고, 2006년 기준으로 '네이버'의 경우 대략 30명 정도의 편집 에디터(속보 편집 에디터, 정보 편집 에디터)가 구성되었다. 뉴스 편집 작업은 24시간 수시로 진행되지만, 오전 9~11시, 오후 5~7시 사이에 가장 활발하게 진행되고 있었다. 즉 출퇴근 시간에 뉴스 트래픽이 많이 발생하기 때문에 이 시간에 집중적인 편집 작업이 수행되고 있었다. 뉴스를 선정하여 올리는 작업은 에디터의 판단으로 이뤄지며, 중요한 사안에 대해서는 팀장과 에디터가 공동 협의를 통해 결정되는 구조로 운영되었다. '네이버 뉴스 서비스'를 위해 언론사에서 공급받는 기사는 평일 기준으로 6천~8천 건, 주말을 기준으로는 대략 2,000건 정도 공급받고 있었다. 같은 시기 '네이트'의 경우 '뉴스 편집 팀' 규모는 12명 규모로 운영되었다(최민재, 2006, 27~29쪽).

즉, 포털의 뉴스 편집은 하루 8천 건 가까이 공급되는 뉴스 중에서 이슈 관련 트래픽정보를 기반으로 시간대별 선호도를 반영한 뉴스를 선택하여, 노출도가 높은 섹션에 배치하는 편집 작업을 24시간 진행했다. 이에 비해 언론사닷컴은 일부 자체적으로 생산하는 기사도 있지만, 지면 마감 시간에 맞춰 출고되는 기사를 대상으로, 지면에서 결정되었던 뉴스에 대한 중요도를 기준으로 뉴스를 편집해야 했다. 이러한 뉴스 편집 환경 차이가, 포털과 언론사 간 차이를 극대화시킨 요인으로 작용했다.

디지털 뉴스 생태계에서 포털 뉴스 서비스가 지배적인 점유율을 보이게 되면서, 포털 뉴스 서비스에 대한 사회적 기능과 저널리즘 측면에서 평가가 대두되기 시작한다. 가장 먼저 대두된 이슈는 연예·스포츠 중심의 연성 뉴스 노출이 급격히 확대되면서, 이를 기반으로 포털 저널리즘의 연성화 문제가 대두된다[8](김규원·조은정, 2005. 7. 21.).

또한 언론사가 제공하는 기사의 헤드라인에 대한 포털의 자의적인 수정 문제가 부각되었다. 포털에서는 물리적 공간의 제약으로 인해 제목 수정이 불가피하다고 주장했지만, 기사를 제공한 언론사에서는 자극적인 형태로 기사의 제목이 수정되어, 선정적인 자극을 통해 네티즌의 클릭을 유도하는 '제목 장사'의 의도성을 비판하게 되었다[9](김재중, 2006. 6. 13.; 서정보, 2005. 7. 21.). 포털의 제목 변경 문제는

---

8) 민주언론운동시민연합이 '네이버', '다음', '네이트' 메인 화면 '뉴스박스'의 기사를 24일 동안 조사한 결과에 따르면 스포츠 기사가 19.4%, 연예 기사가 15.7%로 연예·스포츠 기사의 비중이 35.1%로 나타났다(김규원·조은정, 2005. 7. 21.).

9) 민주언론운동시민연합이 2005년 5~6월 중 24일 동안 '네이버', '다음', '네이트'의 초기 화면에 게재된 4,659건의 기사 제목에 대해 분석한 결과 14.5%(677건)만 기사 제목을 수정하지 않았고 72.8%(3394건)는 부분 수정,

이후 포털의 사회적 책임성 부여의 핵심적인 의제로 부각되어, 2009년 7월 '신문 등의 자유와 기능보장에 관한 법률' 개정에서 법제화된다.10)

또한 포털 뉴스 서비스가 속보성을 중시하면서, 인터넷 매체를 중심으로 사건·사고 기사와 연예 기사 영역을 중심으로 명예훼손을 발생시키는 미확인 오보들이 증가하고 있다는 비판도 대두되었다(황인찬·김동은·최명애, 2005. 7. 12.). 이와 더불어 선거 국면을 중심으로 포털 뉴스 서비스의 정치적 편향성에 대한 비판적 지적도 발생하고 있었다(김재중, 2006. 6. 13.; 최민재·김재영, 2008).

포털의 뉴스 서비스가 저널리즘 측면에서 문제점들이 지속되자, 언론으로서 포털의 기능에 대한 사회적 책임 준수 요구가 지속적으로 제기되었고, 기존 언론 관련 법안에 포털 뉴스 서비스를 포함해야 한다는 여론이 발생하게 된다(김재중, 2006. 6. 13.; 임철순, 2006. 6. 15.).

이러한 사회적 비판 여론에 대한 대안으로 포털들은 자율 규제의 일환으로 전문가들로 구성되는 전문가 자문위원회를 발족시킨다. '네이트'는 2006년 5월부터 9인으로 구성된 '미디어책무 위원회'를 출범시켰다. '다음커뮤니케이션'은 2006년 10월 11인으로 구성된 '열린 사용자위원회'를 발족했고, '다음 뉴스 서비스'는 편집 및 운영에 관한 조언과 개선 사항을 제시하는 기능을 수행하였다(최연진, 2016. 10. 17.). 네이버의 경우 2007년 1월 '자문위원' 10인과 '전문위원' 17인으로 구성된 '네이버 뉴스 이용자 위원회'를 발족시켰다. 해당 위원회의 기능은 네이버 뉴스 서비스에 대한 모니터링과 서비스 개선을 위한 제언을 수행하였다(김민수, 2007. 1. 25.).

해당 위원회들은 포털 뉴스 서비스에 대한 모니터링 이외에도, 포털 뉴스 서비스의 공공성을 강화하기 위한 내부 규약을 제정하여 발표하기도 하였다. 즉, '뉴스 편집 규약', '뉴스 편집 가이드' 제정을 통해 뉴스 서비스의 공공성 유지, 개인의 인격권 보호, 사회적 약자의 인권 존중, 반론권 보장, 네티즌의 권리 증진 등 게이트키퍼에 맞는 윤리 준수를 주된 내용으로 하는 규약을 제정하기도 하였다(최민재, 2006).

12.6%(588건)는 전면 수정 했다는 결과를 발표했다(서정보, 2005. 7. 21.).

10) 해당 법 개정에서, 포털은 '인터넷뉴스서비스사업자'로 법적 지위가 부여되었고, 제10조(인터넷뉴스서비스사업자의 준수사항)에서 기사배열 과정에서 발생하는 제목, 내용에 대한 수정 작업에 대한 법적인 규제를 받게 되었다.

2. 포털 뉴스 배열 정책 변화와 부작용

2003년 이후 '다음'과 '네이버' 중심으로 포털 뉴스 서비스 이용자 규모가 급상승하던 시기 신문산업은 지속적인 시장 축소가 발생한다. 신문의 정기구독률은 2000년 59.8%에 달했으나, 2004년 48.3%, 2008년 36.8%로 급격히 위축된다(한국언론재단, 2008, 18쪽). 구독 부수의 감소는 신문 열독률의 감소를 초래했고, 2002년 82.1%에 달하던 신문 열독률은 2008년 58.5%로 감소하게 된다(한국언론재단, 2008, 37쪽).

〈그림 2-3〉 신문 및 인터넷광고 시장 규모 변화

(단위: 억 원)

출처: 제일기획 광고연감

신문의 열독률 감소는 신문산업 광고 수익 감소를 가져오게 되고, 2000년 2조 1,214억 원 규모의 신문 광고시장 규모는 2004년 1조 7,436억 원, 2005년 1조 6,724억 원 규모로 급격하게 감소하게 된다. 반면 포털 중심의 인터넷 광고시장 규모는 2000년 1,360억 원 규모에서 2007년 1조 원 규모를 돌파하게 된다. 비슷한 시기, 언론사닷컴의 시장 정체가 발생하면서 언론사들은 디지털 공간에서도 성장세를 보이지 못하게 된다.

따라서, 언론사닷컴을 중심으로 언론사들은 포털에 대해 뉴스 전재료 인상과 트래픽 유입을 위한 아웃링크 구조로, 포털 뉴스 서비스 형태의 변화를 촉구하게 된다. 이러한 요인으로 '네이버', '다음'을 중심으로 뉴스 서비스와 관련된 서비스 정책의 변화가 발생하게 된다.

1) '아웃링크(out-link)' 정책의 도입과 시장변화

신문산업의 경영 환경이 악화되고, 디지털 공간의 성장이 정체되면서 언론사와 포털 간의 갈등은 더욱 증폭된다. 언론사는 뉴스 전재료의 현실화와 트래픽의 공유를 포털에게 요구했다. 포털의 뉴스 전재료는 2004년 기준 5개 포털 합산 176억 원 규모에서, 2010년 280~300억 원 규모로 증가한 것으로 추산된다(최민재·문철수, 2012, 28쪽). 전재료 규모는 매년 지속적으로 증가했지만, 언론사의 기대를 충족시키기에는 턱없는 수준이었다.

따라서 언론사의 요구 중에서 포털은 뉴스 서비스 영역에서 '아웃링크(out-link)' 시스템을 도입하게 된다. '네이버'의 경우 2006년 12월부터 검색서비스 영역, 뉴스 서비스 페이지에서 노출되는 기사 하단에 같이 노출되는 '관련뉴스' 또는 '언론사 주요뉴스' 영역을 언론사 홈페이지로 '아웃링크' 서비스로 전환했다. '다음'의 경우 2007년 5월부터 동일한 형태로 '아웃링크' 서비스로 전환했다.

〈표 2-3〉 '아웃링크' 정책 도입 후 주요 사이트 뉴스서비스 영역 월별 순방문자(UV) 변화

(2005년 10월~2007년 10월, 단위: 명)

	2005/10월	2006/4월	2006/10월	2007/4월	2007/10월
naver.com	20,016,762	20,865,353	21,423,975	22,248,145	22,286,980
daum.net	19,405,588	19,706,522	18,814,551	18,571,558	18,734,363
joins.com	4,869,233	5,097,266	4,689,909	9,353,733	9,878,879
chosun.com	5,477,892	3,759,598	4,647,834	8,525,978	9,446,146
hankooki.com	2,445,517	2,782,632	3,076,231	4,581,059	5,869,258
mydaily.co.kr	34,495	618,173	832,342	2,525,224	3,868,767
edaily.co.kr	1,301,969	1,922,547	859,069	1,748,808	3,596,832
donga.com	2,630,228	2,513,129	2,352,640	3,545,658	3,504,975
inews24.com	758,235	1,168,788	1,207,367	1,867,654	3,442,887
ohmynews.com	1,500,989	1,516,947	1,685,514	2,362,277	2,008,144
sbs.co.kr	540,772	397,618	570,255	951,004	1,896,131

출처: 코리안클릭; 최민재·조영신(2007), 68쪽 수정 인용

포털의 검색 영역, '관련뉴스', '언론사 주요뉴스' 영역에 대한 '아웃링크' 시스템 전환 정책은 언론사들에게 순방문자(UV) 규모의 급격한 증가를 가져왔다. '중앙일보(joins.com)'와 '조선일보(chosun.com)'의 경우 2005~2006년 4~5백만 명 수준의 순방문자 규모가 2007년 9백만 명 수준으로 증가하였다. 규모의 차이는 있지만, 한국일보(hankooki.com), 동아일보(donga.com)의 경우는 같은 기간 1~2백만 명의 순방문자 증가가 있었다. 또한 새롭게 등장한 인터넷신문 중에서 '마이데일리', '아이뉴스24' 등 전문 인터넷신문의 순방문자 규모의 증가세가 뚜렷했다.

하지만 실질적인 트래픽인 페이지뷰(PV) 규모에서는 실질적인 증가세를 보인 언론사는 2004년 11월부터 인터넷신문으로 발행을 시작한 '마이데일리' 정도에 불과했다. 조선일보, 중앙일보, 한국일보, 동아일보, 이데일리, 오마이뉴스 등 디지털 공간에서 어느 정도 성과를 보이던 신문사, 인터넷신문사의 경우 2005~2007년 기간 동안 페이지뷰의 특별한 증가 현상은 보여주지 못하였고, 일부 언론사의 경우 오히려 페이지뷰 규모의 감소세를 보였다.

〈표 2-4〉 **'아웃링크' 정책 도입 후 주요 사이트 뉴스서비스 영역 월별 페이지뷰(PV) 변화**

(2005년 10월~2007년 10월, 단위: 1000)

	2005/10월	2006/4월	2006/10월	2007/4월	2007/10월
daum.net	3,967,120	4,082,417	3,441,446	2,969,796	3,265,039
naver.com	2,739,706	3,587,992	3,456,495	3,408,584	2,630,174
chosun.com	161,655	129,907	112,451	125,860	136,454
joins.com	96,451	67,414	86,691	90,601	95,302
hankooki.com	60,105	64,966	78,419	45,209	69,287
donga.com	66,265	37,922	60,379	59,770	55,379
ohmynews.com	61,905	50,503	36,088	25,404	32,075
edaily.co.kr	23,288	23,800	10,232	18,190	19,192
inews24.com	6,758	5,837	8,204	6,740	12,630
mydaily.co.kr	146	4,494	2,488	6,034	9,772
sbs.co.kr	3,130	1,794	1,802	2,971	5,032

출처: 코리안클릭; 최민재·조영신(2007), 70쪽 수정 인용

즉, 언론사에게 디지털 트래픽을 넘겨주기 위한 포털의 1차 '아웃링크' 정책은 이용규모가 제한적인 영역에서 이뤄졌기 때문에, 실질적인 상생 효과를 발생시키지 못했다. 하지만 '아웃링크' 정책 도입은 언론사로 하여금 트래픽 확보를 위한 '기사

어뷰징(abusing)'에 몰입하게 만드는 원인을 제공하게 된다. 네이버에서는 2007년 3월 '어뷰징 방지 가이드라인'을 발표하고, 검색 차트 시스템을 개편하면서, '기사 어뷰징'에 대응하려 하였다. 하지만 2007년 11월 15일에 '네이버 뉴스'에는 뉴스를 공급하지 못하지만, 검색 영역에서는 '네이버 뉴스 검색'에서 노출될 수 있는 서비스를 개설하면서 다수의 인터넷신문들이 참여하게 되고 '뉴스 검색 제휴사'가 등장한다. 이 이후 '기사 어뷰징' 문제는 더욱 심각해진다(서명덕, 2007. 11. 23.).

결과적으로 포털의 뉴스 '아웃링크' 정책은 신생 소규모 인터넷신문들에게는 브랜드 가치 제고와 트래픽 확보라는 기회를 제공했지만, 기존 신문사나 중견 인터넷신문의 페이지뷰 확대에는 기여를 못하면서, '기사 어뷰징'이라는 인터넷 저널리즘 영역에서 가장 부정적인 유산을 남기게 된다. 이 '기사 어뷰징' 문제는 향후 '네이버·카카오 뉴스 제휴평가 위원회'에서도 핵심적인 쟁점으로 처리되게 된다.

2) 네이버 '뉴스캐스트' 시스템 도입과 경쟁의 격화

포털 뉴스 서비스 중에서 일부 영역에 대한 '아웃링크' 정책 도입이 '기사 어뷰징'의 문제만 증폭시키면서, 소규모 인터넷신문사를 제외한 대형 언론사에게 실질적인 경제적 이익을 제공하지 못하는 결과를 도출하였다.

또한 2008년 미국산 쇠고기 수입과 관련된 광우병 파동으로 급격히 확산된 촛불집회는 주요 보수 신문에 대한 구독 거부와 광고주에 대한 불매운동으로 이어졌다. 이 과정에서 광고주 리스트들이 공유되는 등 '다음 아고라'가 핵심적인 논의의 장으로 활용되었다(김동훈·송경화, 2008. 6. 1.). 광고주 불매운동이 확산되자, 관련 신문사들은 '미디어 다음'에 항의했고, 관련 글이 부각되지 않도록 요청을 했지만 받아들여지지 않은 것이 원인이 되어 '조선일보'·'중앙일보'·'동아일보'는 2008년 7월 7일 '다음'에 기사 공급을 중단하게 된다(쿠키뉴스, 2008. 7. 7.). 이후 '매일경제신문'과 '한국경제신문'이 같은 해 8월 1일부터 '미디어 다음'에 뉴스 공급을 중단하게 되고(양성희, 2008. 7. 26.), '문화일보' 역시 8월 31일부터 뉴스 공급을 중단하게 된다(김창남, 2008. 9. 8.). 또한 광우병 촛불집회와 관련하여 '다음 카페' 4곳을 압수수색 하고, 이명박 대통령에 대한 명예훼손 관련 표현을 한 네티즌에 대한 개인정보 제출 요구가 발생하게 된다(김정섭·임현주, 2008. 8. 5.). 따라서 정부 및 불매운동의 대상이 되었던 언론사와 포털 간의 갈등은 최고조에 달하게 된다.

이러한 갈등 상황에서 '다음'은 2008년 7월 28일 언론사와 상생 방안을 발표한다. 핵심적인 내용은 뉴스 페이지에서 발생하는 광고 수익을 언론사와 배분하고,[11] 초기 화면에서 노출되는 '뉴스박스' 기사 노출 방식을 언론사가 선택(인링크, 아웃링크 선택)할 수 있게 하고, 공정성 강화를 위해 '뉴스박스'에 노출되는 기사 편집데이터를 하루 단위로 공개하는 형태의 뉴스 서비스 개편 방안을 발표하였다(이희욱, 2008. 7. 28.).

〈그림 2-4〉 네이버 뉴스캐스트 노출 이미지

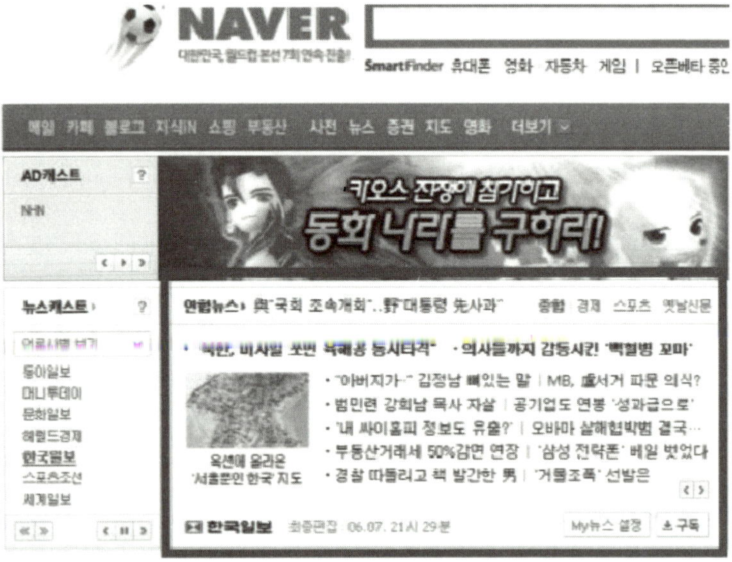

출처: 엄형준(2008), 31쪽.

이 시점에서 '네이버'는 2009년 1월 1일 '뉴스캐스트' 시스템을 도입한다. '뉴스캐스트' 시스템은 포털에서 가장 뉴스 트래픽이 많이 발생하는 메인 페이지 상단에 위치한 '뉴스박스'에 제휴된 언론사가 직접 편집한 기사가 배치되고, 해당 기사를 클릭할 경우 언론사 홈페이지로 연결되는 아웃링크 구조로 운영된다.

---

11) 광고기여도, 매체별 인지도 및 신뢰도, 트래픽 기여도, 링크 형식 등을 종합해 산정하고, 차기 전재료 계약부터 적용할 것임을 발표했다. 이에 따른 언론사의 수익은 2008년 대비 10~80% 정도 상승할 것으로 전망하고 있었다(이희욱, 2008. 7. 28.).

이 '뉴스캐스트' 시스템은 언론사의 트래픽 변화에 직접적인 영향을 미쳤다. 언론사 사이트 중에서 가장 순방문자 규모가 많았던 '중앙일보(조인스)'의 경우 '뉴스캐스트' 이전인 2008년 12월 순방문자 1,093만 명에서, '뉴스캐스트' 실시 첫 달인 2009년 1월 순방문자 규모가 1,688만 명으로 상승하였다. '조선일보(조선닷컴)' 사이트도 같은 기간 823만 명에서 1,593만 명으로 증가했다. 이 외에도 2009년 1월 기준으로 10대 일간지 중에서 순방문자 규모가 월간 1천만 명을 넘는 사이트가 7개가 되었고, '국민일보(쿠키닷컴)'는 같은 기간 순방문자 규모 증가율이 577%에 달했고, '문화일보'는 474%에 달했다.

〈표 2-5〉 언론사 월별 순방문자(UV) 변화 추이(2008년 11월~2009년 2월)

(단위: 명)

	2008년 11월	2008년 12월	2009년 1월	2009년 2월	1월/12월 (%)	2월/1월 (%)
조선닷컴	8,154,922	8,203,310	15,936,287	15,141,550	194%	95%
조인스	10,391,383	10,931,336	16,889,429	17,787,199	155%	105%
동아닷컴	5,674,627	5,604,748	11,857,270	12,451,553	212%	105%
한국i닷컴	7,618,507	6,670,900	15,275,614	15,199,526	229%	100%
경향닷컴	3,800,939	3,421,265	9,887,186	10,416,513	289%	105%
한겨레신문	4,216,162	4,113,346	10,243,144	10,220,634	249%	100%
서울신문	3,593,546	3,589,490	10,400,633	10,932,063	290%	105%
세계닷컴	1,988,983	2,258,257	7,423,063	9,418,687	329%	127%
쿠키닷컴	1,555,959	1,947,386	11,242,046	11,900,702	577%	106%
문화일보	996,960	930,277	4,405,375	5,913,014	474%	134%

출처: 코리안클릭; 최민재·김택환·조영신(2010), 48쪽 재인용.

즉, 이용자 규모에서는 중위권 포털에 준하는 규모를 확보하게 된 것이다. 하지만 페이지뷰 규모에서는 차별적인 변화가 발생하였다. 하지만 '중앙일보(조인스)', '조선일보(조선닷컴)'의 경우 '뉴스캐스트'로 인해 페이지뷰 증가가 발생하지 않았다. '동아일보(동아닷컴)'의 경우도 증가세가 미미했다. 즉, 3사의 경우 불매운동의 여파가 영향을 미쳤던 것으로 평가된다.

반면에 '한국일보(한국i닷컴)'의 경우 2008년 12월 1억 611만 건의 페이지뷰 규모가 2009년 2억 2,708만 건으로 두 배 이상 증가했다. '국민일보(쿠키닷컴)'의 경우 같은 기간 동안 1,227%의 페이지뷰 성장세를 보였다. 이 외에도 다수 종합일간지

사이트의 페이지뷰 규모는 2~4배의 성장세를 보였다.

〈표 2-6〉 언론사 페이지뷰(PV) 변화 추이(2008년 11월~2009년 2월)

(단위: 건)

	2008년 11월	2008년 12월	2009년 1월	2009년 2월	1월/12월 (%)	2월/1월 (%)
조선닷컴	616,495,000	511,781,000	377,715,000	581,398,000	74%	154%
조인스	636,984,000	649,973,000	630,952,000	624,863,000	97%	99%
동아닷컴	140,892,000	161,637,000	183,704,000	230,582,000	114%	126%
한국i닷컴	116,308,000	106,117,000	227,089,000	252,528,000	214%	111%
경향닷컴	41,542,000	43,085,000	78,063,000	94,385,000	181%	121%
한겨레신문	35,211,000	33,036,000	78,871,000	71,057,000	239%	90%
서울신문	14,470,000	15,538,000	55,198,000	60,016,000	355%	109%
세계닷컴	4,682,000	5,564,000	26,746,000	44,071,000	481%	165%
쿠키닷컴	4,226,000	4,907,000	60,222,000	71,464,000	1227%	119%
문화일보	10,528,000	13,122,000	18,908,000	25,570,000	144%	135%

출처: 코리안클릭; 최민재·김택환·조영신(2010), 48쪽 재인용.

이러한 트래픽 증가는 인터넷광고 매출 규모의 증가로 나타났다. 조선·중앙·동아 3사의 인터넷광고 매출액은 2008년 131억 원에서, 2009년에는 145억 원 규모로 평가되면서, 전년 대비 11.2%의 성장률을 보인 것으로 조사되었다. 반면 3사를 제외한 전국종합일간지 7개사의 경우 2008년 인터넷광고 매출액은 63억 원에 불과했으나, 2009년에는 111억 원 규모로 증가하여, 전년 대비 77.2%의 성장률을 보인 것으로 조사되었다. 전국종합일간지 7개사의 경우 인터넷광고 매출의 편차가 매우 크게 나타났는데, 2009년 기준 10억 원 이상의 매출을 올리고 있는 신문사가 5개사, 10억 원 이하의 매출을 발생시킨 언론사가 2개사로 나타났다. 또한 경제지 및 IT전문지 5개사의 경우, 2008년 대비 2009년 22.1%의 인터넷광고 매출 성장세를 보인 것으로 나타났다(최민재·김택환·조영신, 2010, 49쪽).

즉, '네이버 뉴스캐스트' 시스템 도입으로 인해 규모의 차이는 있었지만, 모든 언론사에서 인터넷 광고 수익이 유의미한 규모로 증가한 것으로 평가된다. 또한 언론사들이 가장 노출도가 높은 '뉴스박스'에 개별 언론사의 페이지를 배당받고, 이에 대한 편집권을 행사할 수 있게 되면서 해당 언론사들의 영향력은 급격하게 상승하게 된다. 이러한 영향력은 단순히 인터넷 공간의 트래픽으로 인해 발생하는 인터넷광고 수익 이외에도, 홍보성 기사에 대한 폭발적 수요를 창출시키게 된다.

따라서 언론사들은 '네이버 뉴스캐스트' 시스템에 포함되는 것을 매우 희망하게 되었고, 포함되는 언론사 규모의 확장을 요구하게 된다. 그 결과 2009년 36개 언론사가 '뉴스캐스트' 시스템에 포함되었으나, 2009년 10월 이후 지속적으로 신규 매체를 추가하여 2011년 4월 기준으로 89개 언론사가 참여하게 되었다. 이 89개 언론사 중에서 이용자가 별도의 설정 없이 네이버 메인 '뉴스박스'에서 노출되는 언론사가 52개사로 증가하였고, 37개사는 독자가 선택해야 볼 수 있는 시스템으로 운영되었다(한정일, 2011, 7쪽).

하지만 이런 '뉴스캐스트' 시스템은 저널리즘 측면에서 많은 부작용을 발생시키게 된다. 가장 먼저 언급할 수 있는 것은 언론사들의 디지털 트래픽이 '네이버'에 절대적인 종속 구조를 만들어 냈다는 점이다. 2011년 6월 기준으로 순방문자 유입 채널 중에서 '네이버 뉴스캐스트'를 통해 유입되는 비율이 41개사 평균 79.46%에 달했고, 2012년 6월에는 75.19%에 달했다. 즉, 전체 언론사 페이지 이용자 중에서 4명 중 3명은 네이버를 통해 유입되고 있었다. 언론사별로는 지상파 방송사의 경우 네이버를 통한 유입률이 상대적으로 낮았고, 인터넷신문을 포함한 일부 매체의 경우 네이버를 통한 유입점유율이 90% 이상이었다(허완, 2012. 7. 10.).[12)]

'네이버 뉴스캐스트' 시스템의 도입은 언론사들의 디지털 뉴스 생태계를 완벽하게 포털 종속형으로 전환시켰고, '뉴스캐스트' 플랫폼에서 트래픽을 확보하기 위한 경쟁이 격화되면서 연성기사의 과다한 노출과 선정적인 기사 제목 확산 등이 문제로 부각되었다.

즉, 포털 뉴스 서비스에서 '아웃링크' 시스템이 도입된 이후에, 실시간 검색어에 대응하는 '어뷰징 기사'를 쓰기 위한 인력이 대거 충원되어야 할 만큼, 언론사의 '기사 어뷰징'은 심각한 상태를 보여주었다. 또한 전통적인 뉴스 가치와는 무관한 흥미 위주의 연성 뉴스가 대거 배치되는 문제도 지속적으로 나타나고 있었고, 선거 등 정치적 이슈가 부각될 때마다 정치적 편향성의 문제도 지속적으로 제기되었다.

---

12) 2012년 6월 기준 언론 매체별 네이버 뉴스캐스트 유입 의존 비율을 보면 다음과 같다. KBS(41.52%), MBC(52.58%), SBS(59.49%), 한국경제신문(65.21%), 머니투데이(66.61%), 동아일보(66.74%), 매일경제신문(74.95%), 조선일보(75.35%), 중앙일보(76.41%), 한겨레(75.58%), 서울신문(76.15%), 오마이뉴스(78.23%), 한국일보(79.63%), 디지털타임스(91.03%), 지디넷(90.15%), 전자신문(88.63%), 쿠키뉴스(87.00%), 문화일보(87.64%), 내일신문(84.14%), 미디어오늘(93.21%), 프레시안(89.79%), YTN(90.26%)로 나타났다.

또한 트래픽이 증가하면서, 선정적인 이미지를 중심으로 하는 선정적인 네트워크 광고가 언론사 홈페이지에서 급증하게 된다(슬로우뉴스, 2012. 7. 23.; 엄형준, 2008; 원성윤, 2012. 7. 13.; 한정일, 2011). 따라서 '뉴스캐스트' 시스템의 개편에 대한 목소리가 높아지게 된다.

3) 네이버 '뉴스스탠드' 시스템 도입

언론사가 네이버 메인 페이지 '뉴스박스'를 직접 편집하면서 운영하던 '뉴스캐스트' 시스템은 2013년 4월 공식 종료 되었다. 네이버가 자체 고객센터에 게재한 '뉴스캐스트' 서비스 공식 종료 사유는 언론사들이 트래픽 경쟁을 위해 낚시성 제목과 선정적인 편집이 끊이질 않았기 때문이라고 밝히고 있다.

'뉴스캐스트' 시스템의 폐지는 언론사 트래픽의 급격한 감소를 가져왔다. '뉴스캐스트' 시스템 폐지 직전인 2013년 3월과 2014년 1월의 트래픽 규모를 비교해 보면, 순방문자(UV) 기준 상위 30개 언론사의 순방문자 규모는 45.4% 감소하였고, 페이지뷰 규모는 51.5% 감소하였다. 이러한 급격한 트래픽 감소에 대한 언론사들의 불만에 대응하기 위해 네이버는 전재료를 대폭 인상했고, 3배 가까운 인상이 된 곳도 있는 것으로 알려졌다(이정환, 2014. 2. 20.) 하지만 언론사들의 불만은 시작되었고, 대형 신문사들을 중심으로 네이버에 대한 공격적인 논조가 형성된다(최원형, 2013. 7. 18.).

〈그림 2-5〉 네이버 뉴스스탠드 서비스 이미지

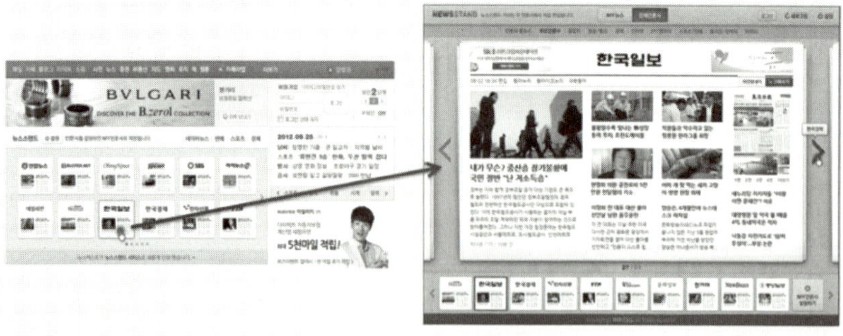

출처: 네이버 다이어리(2012. 10. 18.)

이러한 상황에서 선택된 '뉴스스탠드' 서비스는 2013년 4월부터 메인 페이지에서 '뉴스캐스트' 형태로 운영되던 '뉴스박스'를 삭제하고, 이용자가 선택한 언론사 홈페이지로 직접 링크해 주는 형태로 서비스를 개편한다. 해당 서비스는 PC 환경에서만 적용되며, 2025년 현재까지 지속되고 있다. '뉴스스탠드' 서비스는 개별 기사 단위 노출 경쟁을 지양하고, 언론사 브랜드 중심으로 이용자들이 선택할 수 있는 시스템을 중심으로 전환한 것이다.

트래픽이 급속히 감소한 상황에서 언론사들의 반발이 거세지자, 네이버는 '뉴스스탠드' 시스템의 틀을 유지하면서, 일부 '뉴스캐스트' 형태적 요소를 반영한 서비스 개편을 추진하기도 하였다(이정환, 2014. 1. 23.). 하지만 2013~2014년은 주도적인 인터넷 플랫폼이 PC에서 모바일로 전환되기 시작된 시점이었다.[13]. 따라서 PC 기반 뉴스 서비스 일부 개편을 통해서 언론사들의 트래픽이 반전되지는 않았다. 하지만 뉴스 검색 영역에서는 지속적으로 '어뷰징'의 문제가 지속되었다.

4) 네이버 '언론사 편집' & 'My뉴스' 시스템 도입

이후 디지털 공간의 뉴스 소비가 모바일 중심으로 빠르게 전환되었고, 2018년 1월 발생한 '드루킹 댓글 조작사건'으로 인해 정치권과 언론계에서 뉴스와 댓글 관련 서비스 정책 변화요구가 심각하세 확산된다. 이에 '네이버'는 모바일 플랫폼 중심으로 댓글과 뉴스 서비스 관련 정책 변환을 추진하게 된다. 이례적으로 2018년 5월, 2018년 10월 두 차례에 걸쳐 서비스 개편 방안이 발표되고, 2019년 4월 모바일 '뉴 메인' 페이지를 중심으로 모바일 서비스 개편이 진행된다.

개편된 뉴스 서비스의 가장 큰 특징은 모바일 뉴스 서비스가 '언론사 편집' 서비스와 'My뉴스' 서비스로 이원화되어 운영된다는 점이다. '언론사 편집' 서비스는 언론사가 자사 브랜드를 전면에 내걸고 직접 편집하는 뉴스 서비스다. 'My뉴스' 서비스는 기존 뉴스 서비스 형태를 유지하지만, 포털 편집진이 아닌 알고리즘에 의한 뉴스 배열 편집이 이뤄진다. 논란의 대상이었던 댓글의 경우 언론사가 원하는 정렬 방식은

---

13) '언론수용자 의식조사' 결과를 토대로 보면 2013년 인터넷 PC 이용률은 64.4%, 인터넷 모바일 이용률은 68.0%로 모바일 이용률이 PC를 역전했고, 이용시간을 기준으로 보면 2014년 인터넷 PC 이용시간이 60.2분, 인터넷 모바일 이용시간이 56.6분으로 모바일 이용시간이 PC 이용시간을 역전했다(한국언론진흥재단, 2018, 31쪽).

물론 노출 여부도 언론사의 선택에 따라 결정할 수 있는 구조로 운영되게 되었다. 또한 매크로 방지 대책과 댓글 작성에서 사실상 실명제 체제로 운영하게 되었다(금준경, 2018. 5. 9.).

'My뉴스' 서비스는 기존의 뉴스 페이지와 동일한 형태로, 콘텐츠 제휴 언론사의 기사들 중에서 선택된 기사가 게재되며, '뉴스 배열 알고리즘' 기반으로 운영된다. 따라서 '뉴스 배열 알고리즘'의 공정성 문제가 중요한 화두로 부각되게 된다.

'언론사 편집' 페이지의 경우 기존 '뉴스스탠드' 서비스와 '뉴스캐스트' 서비스의 장점을 결합한 서비스 형태로 평가할 수 있다. 즉, 언론사가 자체 페이지를 직접 편집하는 서비스로, 네이버 메인 페이지에 축소된 언론사 홈페이지를 구축하는 형태다. 따라서 개별 언론사들이 자체 기사를 직접 편집하여 독자들과의 접점을 확보할 수 있는 환경이 구축되었다. 따라서 개별 언론사는 '언론사 편집' 페이지를 통해 구독 독자 확보를 위한 마케팅 활동을 전개할 수 있고, 독자들에게 선택받을 수 있도록 하루에 3~5차례 노출될 기사를 재배치하면서 운영하고 있다.

〈그림 2-6〉 **2019년 발표된 네이버의 언론사 광고 수익 배분 공식**

양적 팩터				질적 팩터	
기본 팩터		전략적 팩터		기본 팩터	
순방문자수 x 0.2	조회수 x 0.2	누적구독자수 x 0.15	순증구독자수 x 0.15	재방문자수 x 0.15	소비기사수 x 0.15

출처: 네이버 2019 미디어 커넥티드 데이(2019. 11. 12.)

이러한 뉴스 서비스 방식 개편과 더불어 '네이버'는 2019년 11월 뉴스 콘텐츠 공급 방식을 전면 개편 하였다. 뉴스 전재료 방식을 폐지하고, '언론사 편집' 및 'MY뉴스' 페이지에서 발생하는 디스플레이 광고 수익을 언론사에 배분하는 방식으로 전환하였다. 실적에 따른 수익 배분에 대한 언론사들의 반발을 고려해, 네이버는 향후 3년간 광고 수익이 기존 전재료보다 규모가 축소될 경우 이에 대한 보존을 보장했다. 또한 '어뷰징 기사'의 경우 'Not Good Factor'로 분류하여 수익산출 방식에서 심각한 불이익을 줄 것을 예고했다(백봉삼, 2019. 11. 12.). 즉, 언론사들의 문제적 행동을 수익과 직결시키면서 해결 방안을 모색했다.

이때 수익 배분 방식은 여러 가지 요인으로 제시하고 있지만, 핵심적으로 제시한 요인은 다음과 같다. 먼저 기본 팩터로 제시한 4가지 요인은 '언론사 편집' 및 'MY뉴스' 모두에 해당한다. 디지털 공간에서 가장 보편적으로 적용되는 광고 효과 평가 지표인 '순방문자수'와 '조회수'의 경우 가중치 0.2로 가장 중요한 비중을 차지하고 있다. 즉, 광고 수익 발생에서 가장 핵심적인 지표에 가장 높은 비중을 두고 있다. '재방문자수'와 '소비기사수'는 개별 매체와 개별 기사에 대한 독자들의 선호도를 반영한 것이다. 또한 '언론사 편집' 서비스에만 적용되는 '누적구독자수', '순증구독자수'는 개별 언론사가 자체 구독자 확보를 위한 실질적인 노력을 평가하는 지표다.

〈그림 2-7〉 네이버 '언론사 편집' 페이지 구독자 수 변화

(단위: 만 명)

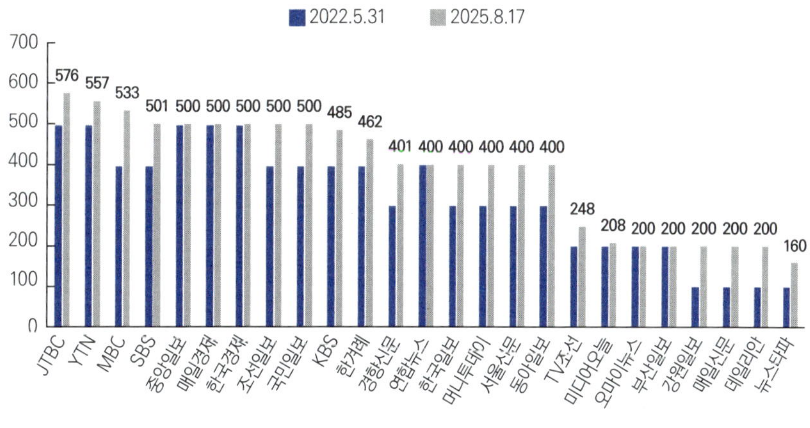

'네이버'의 모바일 뉴스 서비스 방식 및 수익배분 방식의 변화는, 언론사로 하여금 '언론사 편집' 페이지 영역에서 구독자 확보를 위한 경쟁을 촉발시켰다. 그 결과 2022년 5월 기준으로 구독자 5백만 명을 넘는 언론사들이 다수 등장하였다. 2025년 8월 기준으로 5백만 명 이상의 구독자를 확보한 언론사는 9개사로 늘어났고, 대부분 매체들이 1백만 명 이상의 구독자를 확보하고 있다.

하지만 이러한 구독자 확보는 대부분 마케팅 활동을 통해 확보하는 것으로 확인되고 있고, 구독자 규모와 언론사 트래픽이 반드시 비례하지는 않는다. 현재 '네이버'로부터 발생되는 광고 수익 배분 규모는 1개월 기준 대체로 1~4억 원 규모로 추정된다. 언론사 규모에 따라서는 유의미한 규모의 수익이기도 하지만, 언론사의 영향력을

유지하는 데 중요한 외부 지표로 활용되고 있다. 현재 '언론사 편집' 및 'My뉴스' 시스템으로 운영되는 네이버 뉴스 서비스는 언론사의 자율적 뉴스 편집 기능과 마케팅 활동을 보장하고 있기 때문에, 상대적으로 기존 시스템보다는 긍정적인 평가를 받고 있다.

3. 포털 뉴스 배열 알고리즘 시스템

1) '구글' 뉴스 배열 알고리즘

'구글'은 별도의 콘텐츠 서비스 없이 검색 기능을 통해 검색 결과 링크만을 제공하는 서비스 형태로 성장해 왔다. 뉴스의 경우 2006년 1월부터 콘텐츠 유형 분류탭에서 별도 서비스 되지만, 검색 키워드와 연관된 뉴스의 링크만을 제공하는 서비스 형태를 유지하고 있다. '구글'은 언론사의 기사에 대해 아웃링크 형태의 링크만을 제공하기 때문에 언론사에게 뉴스 활용에 관한 저작권료를 지불하지 않았다. 따라서 스페인, 캐나다, 오스트레일리아, 프랑스 등 수많은 국가의 언론사, 언론사 단체, 정부와 뉴스 저작권 관련 소송을 벌여왔고, AI 플랫폼이 보편화되면서 이러한 분쟁은 더욱 증가하고 있다.

'구글'의 뉴스 배열 서비스는 초창기부터 인력에 의한 배열이 아니라, 알고리즘에 의한 배열 시스템을 운영해 왔다. 국내에서는 '다음'과 '네이버'가 알고리즘 기반 뉴스 서비스를 개시하면서 주목도가 높아졌다.

구글이 뉴스 배열을 위해 밝히고 있는 대표적인 알고리즘 구성 요인들은 관련성(Relevance), 위치(Location), 화제성(Prominence), 공신력(Authoritativeness), 최신성(Freshness), 사용편이성(Usability) 등 6가지 항목이다. '관련성(Relevance)'은 이용자가 원하는 검색어와의 관련성을 의미한다. '위치(Location)'는 사용자의 위치에 따라 해당 언어로 된 뉴스가 우선적으로 노출된다. 화제성(Prominence)은 주목할 만한 뉴스를 파악하는 항목으로, 언론사들이 특정 뉴스 기사를 집중적으로 다루는지, 자체 언론사 사이트에서 비중 있게 다루는지, 여러 매체에서 인용되었는지, 독창적인 보도(original reporting)인지 심층적인 보도 인지를 평가하는 항목이다.

공신력(Authoritativeness) 항목은 검색한 주제에 대한 언론사의 전문성, 권위, 신뢰성 등을 평가하는 요소다. 구글 검색 품질에 대한 피드백, 다른 권위 있는 웹사이트로부터의 백링크 등의 사항을 평가 요인으로 하고, 언론사 사이트에서 기자명 노출, 기자의 전문성 등을 나타내는 정보 포함 여부 등 운영 방식의 투명성도 평가 요인이 된다. 최신성(Freshness) 항목은 시의성을 중심으로 평가는 개념으로 최신 뉴스가 실시간으로 다뤄지는지를 평가한다. 사용편이성(Usability) 항목은 언론사 사이트의 기술적 품질에 대한 평가 항목으로 웹사이트의 로딩 속도, 모바일 최적화, 깨끗한 URL 구조, 적절한 제목, 이미지 품질 등이 평가 항목으로 구성된다. 하지만 이용자의 성별, 나이, 인종, 종교 등과 같은 개인정보와 이용자의 정치적 성향 등은 알고리즘에서 평가하지 않음을 명시하고 있고, 광고 판매 또는 상업적 관계 역시 알고리즘에 포함시키지 않고 있다고 밝히고 있다. 또한 뉴스에 대한 개인화 서비스 항목에서는 이용자가 관심 있는 주제, 매체, 지역설정 등을 할 수 있게 운영되고 있다(Google, 2025. 9. 19.).

구글 뉴스 배열 알고리즘의 특징은 이용자 중심의 항목들이 중심이지만, '언론사'의 공신력을 중요한 요소로 사용하고 있고, 이용자의 개인정보와 정치적 성향 등을 알고리즘에서 배제한다는 점을 공식적으로 밝히고 있는 특징이 있다.

2) '다음' 뉴스 배열 알고리즘

포털 뉴스 서비스에 대한 사회적 논쟁이 지속되는 과정에서 '카카오'는 2015년 6월부터, '다음'의 뉴스 서비스에 편집 인력이 아닌 기계학습 기반 추천 시스템인 '루빅스(Real-time User Behavior Interactive Content recommender System, RUBICS)'를 도입했다(박승택 외, 2017). 하지만 '루빅스 알고리즘'은 이용자들의 뉴스 이용 확대를 목표로 추구하면서, 이용자 유형별 관심사와 클릭률과 같은 이용자들의 반응 등을 알고리즘의 주요 요소로 활용하게 된다(김인경, 2020. 9. 10.).

그 결과 포털 뉴스 배열 알고리즘에 의한 확증편향의 확대 등의 사회적 비판이 증가하면서, 알고리즘의 투명성을 강화하기 위한 활동과 뉴스 배열 알고리즘 및 뉴스 서비스 방식을 개편하게 된다. 2022년 8월 25일 '다음'은 모바일 뉴스 서비스를 개편하였다. 모바일 첫 화면에서 이용자가 선택한 언론사 뉴스를 볼 수 있는 'My뉴스' 탭이 생겼다. 해당 탭에서 언론사는 직접 뉴스를 편집하고, 인링크 방식과 아웃링크 방식을 선택할 수 있게 했다. 기존 뉴스 탭에서는 이용자의 선택권을 도입하여, 뉴스 보는 방식을 '최신순', '개인화순', '탐독순'의 3가지 뉴스 배열 방식을 선택할 수 있게 했다(kakao, 2022. 8. 25.).

'카카오'는 '다음' 뉴스 서비스를 개편하면서, 언론사에 편집권을 부여하고, 이용자에게는 선택권을 제공하는 방식을 도입했다. 이용자가 선택할 수 있는 '최신순'의 경우 언론사가 송고한 발행 시각순으로 배열한다. 예외적으로 단독 기사가 있을 경우는 해당 기사가 대표 기사가 되며, 유사한 기사 중에서 구독한 언론사의 기사에게 우선 배열 기회를 부여한다. '개인화순'의 경우 이용자의 기사 소비 이력을 기반으로, 이용자가 소비할 만한 기사를 배열한다. '탐독순'의 경우 이용자가 기사 본문에 체류한 시간을 중심으로 '탐독지수(DRI)'를 적용해 기사를 배열한다. 이러한 기본적인 뉴스 배열 알고리즘 운영 방식 이외에, 가치 있는 '좋은 기사' 노출 확대를 위해 언론상 수상 뉴스를 별도 서비스로 운영 예정이라고 제시하고 있다(kakao, 2022. 8.)

'카카오'는 '루빅스 알고리즘' 이후에 이용자들의 선택권을 확대하는 뉴스 서비스 개편과 알고리즘 재구성을 제시하였지만, 지속적으로 소비 중심성과 이용자의 과거 이용 이력 중심의 알고리즘 운영에서 벗어나지 못하고 있다.

'카카오'는 2023년 6월 뉴스 서비스에 대한 분석 결과를 담은 '다양성 보고서'를 발표하고, 이를 기반으로 2023년 12월 27일 '다음' 뉴스 서비스를 개편하였다. 개편의 핵심 내용은 'My뉴스' 탭을 '언론사' 탭으로 전환하고, '최신순', '개인화순', '탐독순'의 배열 방식 체계에 '주요뉴스'를 추가하는 방식이다. 또한 이러한 서비스 전환 방식에 대한 설명을 골자로 하는 '다음 뉴스 배열 2.0'을 발표하였다(현화영, 2023. 12. 29.).

'카카오'는 '뉴스 배열 설명서'를 공개하고, 뉴스 배열 알고리즘 운영 결과를 평가하는 '다양성 보고서'를 발표하는 등 뉴스 배열 서비스에 대한 투명성을 강화하려는 노력을 지속하고 있다. 하지만, 변화한 '뉴스 배열 2.0' 시스템에서도 사회적 주요 이슈를 다루고 있는 '주요뉴스' 항목을 추가한 것 이외에는 이용자들의 이용 이력 중심의 알고리즘 체계에 대한 변화는 없었다.

3) '네이버' 뉴스 배열 알고리즘

네이버는 2018년 '드루킹' 사건을 계기로, 모바일 서비스에 대한 개편과 동시에 뉴스 서비스 전반에 대한 개편 작업을 한다. 2019년 4월 개편은 모바일 서비스로 한정하였고, 첫 페이지에 검색 기능만을 노출하고, 뉴스 서비스는 '언론사 편집' 서비스와 'MY뉴스'로 이원화한다.

'언론사 편집' 서비스는 콘텐츠 제휴사를 대상으로 이용자들이 구독 선택한 언론사의 뉴스가 노출되는 서비스이고, 'MY뉴스' 서비스는 알고리즘 기반 뉴스 배열 서비스가 제공된다. 이때 적용되는 알고리즘 '에어스(AI Recommender System, AiRS)'는 다음과 같은 알고리즘 요인들로 구성되어 있다. '에어스'는 '협력 필터(Collaborative Filtering)' 기술과 '품질 모델(Quality Model)' 요인이 협력하여 뉴스 배열 알고리즘을 도출한다.

네이버는 알고리즘 기반 뉴스 배열 서비스가 예정된 상황에서, 2018년 5월 30일 1기 알고리즘 검토위원회를 발족시켜, '에어스' 알고리즘에 대한 외부 평가를 받게 된다. 이후 2021년 8월 23일 2기 알고리즘 검토위원회를 구성한다. 2기 알고리즘 검토위원회의 분석 결과 의도적인 편향성이 있다고 평가할 수는 없지만, 뉴스 생산자들의 활동 결과에 따라 결과적인 불균형이 발생할 수 있다고 지적하였다. 또한 심층적 기사와 지역 언론사의 뉴스들이 잘 노출되지 않을 수 있음을 지적하였다(박서연, 2023. 6. 30.). 이후에도 알고리즘에 의한 정치적 편향성 노출 주장으로 2023년 6월 30일 3기 '알고리즘 검토위원회'를 출범시킨다.

〈표 2-7〉 네이버 AiRS 알고리즘 19개 주요 팩터

추천 모델	피처(Feature)	설명
개인화 (CF모델)	NPMI(Normalized Point-wise Mutual Information) 점수	사용자가 '최근 클릭한 기사'들과 '함께 많이 클릭되는 기사'들을 후보로 추출하고 추천 점수 부여
	NRMS(Neural news Recommendation with Multi-head Self-attention) 점수	기사 내 단어의 중요도와 단어 사이의 관계를 분석하고, 주요 주제를 추론. 이를 바탕으로 사용자가 읽은 기사에서 '사용자의 선호도를 나타내는 중요 뉴스'가 무엇인지 추론
개인화	섹션 선호도	사용자가 최근에 해당 섹션의 기사를 많이 클릭할수록 더 높은 값 부여
	언론사 선호도	사용자가 최근에 해당 언론사의 기사를 많이 클릭할수록 더 높은 값 부여
	제목 키워드 선호도	클릭한 기사의 제목에 존재하는 키워드에 대한 선호도
	Entity 키워드 선호도	클릭한 기사의 '제목+본문'에서 추출한 엔터티(사람, 장소, 물건, 사건, 개념) 키워드에 대한 선호도: 엔터티 키워드가 포함된 기사를 자주 클릭할수록 선호도 증가
	기자 구독 여부	구독한 기자의 기사인 경우 가산점 부여
	언론사 구독 여부	구독한 언론사의 기사인 경우 가산점 부여
	숨김 언론사	사용자가 숨김 설정한 언론사 기사는 후순위로 추천
비개인화 (QE 모델)	기사 품질 점수	QE 모델을 통해, 자동으로 예측한 기사 품질 점수: 기사 제목/본문/섹션/콘텐츠 타입(e.g. 글, 글+사진, 글+동영상)/이미지를 기준으로 기사 품질 점수 예측
비개인화 (SI 모델)	기사 최신 인기도	SI(User) 모델을 통해, 기사의 클릭 수로 측정한 인기도 점수
	기사 클러스터 점수	SI(Press) 모델을 통해, 제목과 본문이 유사한 기사들을 묶고 '기사 클러스터 점수'를 부여
	기사 클러스터 최신성	최근에 생성된 기사 클러스터일수록 더 높은 값을 부여
	SI(Social Impact) 점수	SI(Press) 모델로 생성된 클러스터의 기사들이, SI(User) 모델에서 선정된 '최신인기(LP)' 기사에 해당하면 SI 점수 부여
비개인화	기사의 최신성	최근에 작성된 기사일수록 더 높은 값을 부여
	심층기사 여부	언론사에서 심층·기획 기사로 선정한 기사에 대하여 가산점 부여
	기간당 기사 생산량	기사량이 적은 주말 또는 새벽 시간대에 클러스터 내 기사에 가산점 부여
	지면 위치	온라인 신문 지면 위치를 뜻합니다. 앞 지면에 등장하는 기사일수록 가산점
	노출 균형	과거 언론사별 노출 비중을 바탕으로 확률적 추정을 진행. 이를 통해 언론사별 추천 기사량의 불균형 완화

출처: 네이버 뉴스(2025. 9. 20. 검색 기준)

2기 알고리즘 검증위원회의 검토 결과를 토대로 '네이버'는 2023년 7월 7일 네이버의 뉴스 배열 알고리즘을 구성하는 16개 주요 팩터를 공개했다(금준경, 2023. 7. 8.). 이후 뉴스 알고리즘 항목은 '숨김 언론사' 기능 활용 결과, 언론사별 추천 기사량의 '노출 균형' 항목 등이 추가 되었다. 2025년 9월 현재 네이버 에어스 알고리즘을 구성하는 팩터 또는 피처는 총 19가지 항목이다.

4. 네이버·카카오 뉴스 제휴평가위원회

디지털 뉴스 생태계에서 포털의 점유율이 빠르게 높아지면서, 개별 언론사들은 포털과의 경쟁을 지속할 수 없는 상황이 되었다. 따라서 시장을 주도하는 대형 언론사들은 포털에 뉴스 공급을 중단해 보기도 하였고, 포털에서 탈피한 디지털 뉴스 생태계를 구축하기 위한 다양한 노력도 이루어졌다. 하지만 모바일 환경이 보편화되면서, 앱 생태계를 구축하지 못한 언론사들은 디지털 생태계에서 포털에 대한 의존도가 더욱 심화되었다.

따라서 중소 언론사와 신규 언론사들은 포털 뉴스 서비스 체제에 편입되기 위해 다양한 시도를 하게 된다. 하지만, 포털에서는 뉴스 서비스에 포함되는 언론사 확대에 매우 인색하였고, 내부적 기준에 의해 극소수의 신규 언론사들만 포털 뉴스 서비스에 참여할 기회를 제공하였다.

이러한 상황에서 박근혜 정부 시절인 2015년 10월 네이버와 카카오는 포털 뉴스 서비스에 입점하려는 언론사에 대한 심사와 입점한 언론사의 저널리즘 가치 훼손 행위에 대한 규제 방안 도출을 주된 업무 영역으로 하는 '네이버·카카오 뉴스 제휴평가위원회(이하 제평위)'를 출범한다. '제평위'는 15개 언론관련 단체와 전문가 및 시민단체로 구성되었다.14)

'제평위'는 포털 뉴스 서비스에 대한 입점사의 선정과 입점 언론사에 대한 제재 결정을 주 업무로 하는 위원회이었기 때문에 다양한 논란을 양산했다. 먼저 언론사들로 구성된 협회들이 다수 참여하게 되면서, 언론사를 평가하는 역할을 수행하는 위원회에 언론사 단체들이 너무 많이 참석했다는 비판이 제기되었다. 또한 심사 과정에서 절차상의 투명성 문제가 거론되었고, 입점 심사 규정에서 정성평가가 80%를 차지해 평가자의 주관이 반영될 여지가 있기 때문에 공정성 논란도 지속적으로 제기되었다(조성흠·계승현, 2021. 11. 17.).

하지만 '제평위' 시스템에 대한 언론사들의 가장 큰 불만은 입점이 매우 어렵다는 점이었다. '네이버 카카오 뉴스제휴평가위원회 개선 방안 연구'를 기준으로 보면,

14) 한국방송협회, 한국신문협회, 한국온라인신문협회, 한국인터넷신문협회, 한국케이블TV방송협회, 한국기자협회, 한국언론학회, 한국언론진흥재단, 대한변호사협회, 인터넷신문위원회' 한국신문윤리위원회, 경제정의실천시민연합, 언론인권센터, 한국소비자연맹, 한국YWCA연합회

2016~2021년 동안 검색 제휴 트랙에서는 네이버의 경우 통과율 9.7%(4,630개사 지원 448개사 통과), 카카오의 경우 11.3%(2,915개사 지원 330개사 통과)의 통과율을 보였다. 콘텐츠 제휴 트랙에서는 616개사가 지원하여 네이버는 6개사, 카카오는 7개사가 심사를 통과하여 1% 정도의 심사 통과율을 기록했다. 또한 기존 입점사에 대한 제재도 콘텐츠 제휴사의 경우 72건, 검색 제휴사의 경우 511건의 제재가 이뤄졌다(금준경, 2022. 5. 25.).

윤석열 정부 출범 이후에 제평위에 대한 공정성 논란과 방송통신위원회를 중심으로 한 법정기구화 논의가 지속되면서, 제평위는 잠정 활동 중단을 결정한다(이원주·지민구·정성택, 2023. 5. 23.). 이후 네이버와 카카오는 뉴스 제휴사 입점 관리 시스템 운영을 각자 운영하게 된다.

'카카오'는 2024년 10월 정성평가를 배제한 정량평가 방식으로 운영되는 뉴스제휴 언론사 입점 심사 방식을 발표한다. 정량평가 기준은 자체기사, 전문 기사 생산 비율이 포함되며, 정성평가를 하지 않기 때문에 심사위원회를 운영하지 않는다. 또한 언론사 유형별로 지역, 테크, 생활경제 등 전문 분야별로 심사 절차를 운영하는 방식을 선택했다(금준경, 2024. 10. 4.).

이후 실시된 '지역 카테고리' 심사 과정에 78개 지역신문사와 방송사가 신청했고, 신청 언론사의 69%에 해당하는 49개 언론사가 선발되었다(엄경철, 2025. 3. 24.). 또한 카카오는 2025년 7월 '강소 매체' 신규 입점 심사를 발표하였다. '강소 매체' 입점 심사의 경우, 양적 평가 기준[15] 진입장벽이 높게 설정되었다는 평가가 제기되었다(박서연·금준경, 2025. 7. 23.).

15) 강소 매체 신규 입점 심사 지원을 위해서는 필수 조건 4개 항목을 충족하고, 선택 조건 6개 항목 중 2개 이상을 충족해야 한다. 필수 조건은 재직 기자 수 20인 미만, 인·허가 또는 매체 등록 후 2년 초과, 카테고리 중 전문 분야 기사의 비율이 75% 이상, 해당 전문 분야의 연재 및 기획취재 기사 비율이 전체 기사 중 30% 이상 등이다. 선택 조건 6개 항목으로는 공공기관에서 모집하는 언론 공모 사업에 선정 및 수행 이력, 국내 기자상·언론상 수상 실적, 국제단체 협력·국제 언론상 수상 실적, 심층기사 생산 여부(전체 기사 중 1500자 이상의 기사가 50% 이상, 전체 기사 중 2000자 이상의 기사가 30% 이상), 변호사·공인회계사·약사·의료인 등 면허를 소지하고 있는 기자나 해당 분야와 관련한 박사학위를 보유한 기자 3인 이상, 해당 분야 경력 15년 이상 취재기자 3인 이상 재직 등이다(박서연·금준경, 2025. 7. 23.).

〈표 2-8〉 '네이버 뉴스제휴위원회' 운영 요소

<table>
<tr><td>정책위원회</td><td colspan="2">- 언론사 제휴 심사 기준 작성 및 개선작업. 정량평가 50% 이상 적용
- 학자, 법조인 및 각계 전문가, 전직 언론인, 정당 추천인 등으로 구성</td></tr>
<tr><td>제휴심사위원회</td><td>- 신규 제휴 언론 입점 평가 담당</td><td rowspan="2">- 언론 관련 평가를 수행하는, 미디어다양성위원회, 여론집중도조사위원회, 인터넷신문윤리위원회, 한국신문윤리위원회의 추천 인사. 언론사가 운영하는 독자·시청자위원회 전직 위원 중에서 위촉
- 전문가 위원 풀은 300~500명으로 구성</td></tr>
<tr><td>운영평가위원회</td><td>- 기존 제휴사 규정 준수 평가 담당</td></tr>
<tr><td>이의신청처리위원회</td><td colspan="2">- 독립적으로 운영되면서, 입점 및 평가 과정에 대한 검토 진행</td></tr>
</table>

출처: 최승영(2025. 5. 23.)

'네이버'의 경우 뉴스 제휴 매체 선정 및 기존 제휴 매체 운영에 대한 평가를 위해 '네이버 뉴스제휴위원회' 출범을 2025년 5월 공포하였다. '카카오'가 정량평가를 중심으로 입점 심사 과정을 운영하는 것과 달리, '네이버'는 기존 제평위 형태의 질적 평가를 유지하고 있다. 전체적인 운영 방식은 제휴 심사 및 운영평가 기준을 수립하는 '정책위원회'와 실제 심사를 담당하는 '제휴심사위원회', '운영평가위원회' 중심으로 운영된다. 기존 제평위 시스템과 구조적 차이는 심사를 담당하는 위원회의 객관적 공정성을 확보하기 위해, 300~500명으로 구성되는 전문가 풀을 중심으로 운영된다는 점이다.

03 포털 뉴스 서비스와 저널리즘 관련 이슈

1. 포털 뉴스 서비스와 공정성

1) 포털 뉴스 서비스의 등장과 편집의 공정성

디지털 기술의 등장 이전 한국의 언론 지형은 '조·중·동'으로 상징되는 소수의 거대 신문사와 지상파 방송사가 지배하는 과점적 구조였다. 이 시대는 뉴스의 생산과 유통을 동일한 주체가 수직적으로 통제하였다. 수용자는 일방적으로 전달되는 뉴스를 수동적으로 소비할 뿐이었다. 인터넷 서비스의 등장은 견고한 시장 구조에 균열을 내기 시작했지만, 초기 온라인 플랫폼은 기존 매체의 보조적이고 부차적인 채널로 인식되었다. 그러나 1998년 시작된 포털의 뉴스 서비스로 오래된 구질서는 뿌리부터 흔들리기 시작한다. 포털이 강력한 뉴스 중개자로 부상하면서 뉴스 생산과 유통이 분리되는 근본적인 구조 개편이 일어났다. 이 변화는 전통 저널리즘의 경제적 기반과 권위에 심각한 위기를 초래했을 뿐 아니라, 참여적이지만 혼란스러운 온라인 공론장을 탄생시켰다.

1990년대 중반 기존 신문사와 방송사들은 앞다투어 자체 웹사이트, 이른바 '언론사닷컴'을 구축하기 시작했다. 이는 디지털 기술 환경에 저널리즘을 구현하려는 '디지털 저널리즘'의 첫 시도였다. 초기에는 이들 언론사닷컴이 신생 포털 사이트보다 더 많은 방문자 수를 기록하며 디지털 뉴스 소비의 주요 창구 역할을 했다. 그러나 언론사들의 닷컴 사이트는 대부분 종이신문 콘텐츠를 그대로 옮겨 놓은 복제판에 가까웠고, 독자적인 온라인 전략이 부재했다. 당연히 기대한 만큼의 트래픽을 얻는 데 실패했다.

이 시기엔 온라인에서만 활동하는 인터넷신문들도 등장했다. "모든 시민은 기자다"라는 슬로건을 내걸고 창간한 '오마이뉴스'가 대표적이다. '오마이뉴스'는 소수의 상근기자와 수천 명에 달하는 '시민기자' 네트워크를 결합한 뉴스 생산 모델을 도입함으로써 뉴스 제작의 진입장벽을 낮췄다. 디지털 뉴스 생산으로 뉴스 시장의 경쟁은 전례 없이 치열해졌다. 이는 24시간 실시간으로 뉴스를 생산하고 유통하는 체제로의 전환을 의미했으며, 하루에 한 번 발행되는 신문이나 정해진 시간에 방송되는 뉴스의 제작 사이클을 완전히 파괴했다. 무한 속보 경쟁의 압박 속에서 기자들은 온라인상의 주목을 받기 위해 기사를 양적으로 늘리고 감정적인 논조를 취하는 방식으로 변화하는 환경에 적응했다.

그러나 이 경쟁의 승자는 언론사 닷컴도 인터넷신문도 아닌 포털이었다. '다음', '네이버' 등의 포털은 기존 언론과 새로운 인터넷신문의 뉴스를 모두 흡수, 재배열함으로써 콘텐츠 유통과 소비의 관문을 장악하였다. 포털이 제공하는 뉴스가 대중의 일상에 빠르게 파고들 수 있었던 데에는 대형 사건 사고와 국가적 대형 이벤트가 결정적인 역할을 했다. 특히 2001년 '9.11 테러', 2002년 한일월드컵과 제16대 대통령 선거 등을 속보 위주로 편집함으로써 큰 인기를 얻었다(류현정·장우정·유진우, 2014. 10. 20.). 국민은 실시간으로 정보를 확인하고 게시판을 통해 자신의 의견을 표출하는 등 상호작용적 미디어로서 인터넷의 힘을 체감했다. 이는 포털 트래픽의 폭발적인 증가와 뉴스 소비의 급증으로 이어졌다. 2005년 6월, 네이버는 순방문자수 기준으로 다음을 제치고 뉴스 서비스 1위에 오르며 포털 중심의 뉴스 유통 구조를 공고히 했다. 뉴스 유통의 권력이 포털로 넘어가는 명백한 징후였다.

인터넷과 포털 뉴스 서비스의 등장은 전통 저널리즘의 권위에 심각한 균열을 가져왔다. 언론사가 설정한 의제가 아닌, 포털 편집자와 이용자들의 관심사가 뉴스의 중요도를 결정하는 새로운 규범이 만들어졌다. 언론사들은 자신들이 생산한 기사가 포털이라는 플랫폼에서 자신들의 의도와는 전혀 다른 맥락에서 소비되고 평가받는 현실에 직면했다. 디지털 대전환의 시기에 언론사들은 생존을 위해 포털이 만든 질서를 받아들이고 온라인 저널리즘의 새로운 문법에 적응할 수밖에 없었다. 물론 이 과정은 순탄하지 않았고 저널리즘의 측면에서도 많은 문제를 초래했다.

포털이 언론사로부터 제공받은 뉴스를 자체적으로 선별하고 편집하여 이용자에게 제공하는 과정에서, 전통적인 언론사가 수행하던 게이트키핑 기능이 포털로 집중되는 현상이 나타났다. 포털은 어떤 뉴스를 중요하게 다룰지, 어떤 제목으로 노출할지를 결정함으로써 강력한 의제 설정 능력을 갖추게 되었고, 이는 곧 여론 형성 과정에 개입할 가능성을 의미했다. 전통 언론의 게이트키핑이 공익성 같은 저널리즘적 가치 판단에 기반을 두었다고 주장하는 반면, 포털의 게이트키핑은 트래픽 유발, 이용자 체류 시간 증대 등 플랫폼 사업자로서의 상업적 목표에 더 큰 영향을 받았다. 한 기사의 가시성이 언론사 자체의 저널리즘적 판단이 아닌, 포털 환경 내에서 클릭을 유발할 잠재력에 의해 결정되는 구조가 고착된 것이다(최승영, 2023. 8. 8.). 이는 포털 뉴스 편집의 정치적 편향성과 공정성 시비가 끊이지 않는 원인이 되었다.

이 시기 포털 뉴스의 핵심적인 편집 방식은 사람이 직접 기사를 선정하고, 제목을 편집하며, 페이지에 배열하는 것이었다. 이러한 인간 편집은 포털 권력의 원천인 동시에 가장 큰 취약점이기도 했다. 초기 편집은 단순히 기사 제목을 나열하는 수준에 그쳤으나, 점차 굵은 글씨체, 사진 첨부, 특정 기사의 전면 배치 등 정교한 편집 시스템으로 발전했다. 이 편집 과정은 본질적으로 상업적 동기에 의해 움직였다. 목표는 '클릭 수'와 '페이지뷰'를 극대화하는 것이었다(양삼승, 2005). 대표적인 사례로, 기사 제목을 클릭했을 때 해당 기사 페이지가 아닌 섹션 첫 페이지로 연결하는 방식이 비판받았다. 이는 사용자의 불편을 초래하면서도 추가 클릭을 유도해 페이지뷰를 늘리려는 의도에서 비롯된 것이었다(최호찬, 2004. 10. 05). 포털에게 뉴스는 대규모의 충성도 높은 이용자층을 지속적으로 유인하고, 사이트 체류 시간을 극대화하며, 포털의 핵심 수익원인 광고에 노출시킬 잠재고객을 확보하기 위한 효과적인 마케팅 도구였다.

그러나 포털의 거대한 규모와 뉴스 소비의 중앙 집중화는 그들에게 의도치 않은 공적 역할을 부여했다. 수백만 명의 시민들에게 포털은 제1의 정보 창구였다. 사적 기업이 윤리적 틀이나 법적 책임, 제도적 문화 없이 공적인 저널리즘 기능을 수행하는 모순이 처음부터 내재해 있었다. 따라서 주요 선거 시기마다 불거진 편향성 논쟁은 포털의 상업적 본질과 공적 역할 사이의 해결되지 않은 긴장이 드러난 현상에 불과하였다. 포털들은 나름의 가이드라인을 통해 정치적 중립을 지키려 했지만, 편집자의 사소한 단어 선택이나 기사 배치 순서 하나하나가 정치적 해석의 대상이

되었다. 특정 후보나 정당에 불리한 기사가 메인에 노출되면 해당 진영으로부터 거센 항의와 압박을 받았고, 이는 포털 편집의 독립성을 위축시키는 요인으로 작용했다. 결국, 인간 편집에 기반한 포털 뉴스는 '객관적이고 공정한 정보 제공'이라는 이상과 '정치적 외압과 사회적 비판'이라는 현실 사이에서 끊임없이 흔들릴 수밖에 없는 한계를 태생적으로 내포하였다.

포털의 영향력이 급격히 커지면서, 막강해진 권력을 어떻게 통제하고 공정성을 담보할 것인가에 관한 논쟁이 시작되었다. 포털, 기존 언론, 시민사회 등 주요 이해당사자들의 입장은 크게 갈렸다. 기존 언론은 포털에 대한 가장 강력한 비판자였다. 이들은 포털이 정당한 대가 없이 자신들의 콘텐츠를 이용해 막대한 이익을 얻고 있으며, 자의적인 편집을 통해 여론을 왜곡한다고 비판했다. 특히 포털 메인 화면에 어떤 기사가 오르느냐에 따라 언론사닷컴의 트래픽이 좌우되는 현실은 포털에 대한 종속과 위기감을 심화시키는 계기가 되었다.

학계와 시민사회는 포털을 비판하면서도 동시에 새로운 공론장으로서의 가능성에 주목했다. 이들은 댓글, 아고라 등 이용자 참여 기능에 주목하며, 포털이 전통 미디어의 일방적 정보 전달을 넘어 쌍방향 소통을 가능하게 하고 시민의 정치 참여를 촉진하는 긍정적 역할을 수행한다고 평가했다(장우영, 2012a). 그러나 동시에 포털이 상업적 이익을 위해 선정적인 뉴스를 과도하게 부각하고, 편집 과정의 투명성과 사회적 책임성이 부족하다는 점을 지적하며, 공적 규제와 시민 감시의 필요성을 강력하게 제기했다. '언론개혁시민연대'를 비롯한 시민단체들은 지속적으로 포털 뉴스를 감시하고, 모니터 보고서를 발간하며, 토론회를 개최함으로써 포털에 대한 비판적 자세를 견지했다.

이러한 비판에 맞서 포털은 자신들의 역할을 '다양한 뉴스를 모아 보여주는 통로'로 규정하며 방어 논리를 구축했다. 이들은 포털 뉴스 서비스가 다양한 매체에 노출 기회를 제공함으로써 전체 뉴스 생태계의 다양성을 높였으며, 궁극적인 뉴스 선택권은 이용자에게 있다고 주장했다. 포털은 자신들이 언론이 아니므로 언론법의 직접적인 규제 대상이 되어서는 안 된다고 주장하며, 편집에 대한 책임보다는 기술적 플랫폼으로서의 중립성을 강조하는 전략을 취했다. 이와 함께 업계 공동으로 자율 규제 방안을 마련하게 된다. 2005년 5개의 주요 포털(네이버, 다음, 야후, 엠파스, 파란)

은 뉴스 편집에서 편집자의 자의적 판단을 최소화한다는 원칙을 합의하고, '포털의 뉴스운영과 편집에 대한 공통 기준'을 마련했다(장우영, 2012b). 이는 포털 업계 최초의 자율 규약으로 이해할 수 있는데, 그 내용은 다양한 시각 보장, 개인의 인격권과 명예 보호, 건전한 댓글 문화 조성, 신속성, 독자들과 실시간으로 소통하는 쌍방향 뉴스 추구, 사회적 관심사에 공론장 제공, 사회적 책임 이행 등 7개 원칙을 담고 있었다.

2) 뉴스캐스트와 공정성

2009년 1월 등장한 네이버의 뉴스캐스트는 포털과 언론의 관계를 재정립하려는 시도였다. 네이버는 언론사에 대한 편집권 이양과 이용자의 뉴스 선택권 강화를 뉴스캐스트 도입의 명분으로 내세웠다. 이를 통해 언론사와의 상생 모델을 구축하고 뉴스 다양성을 증진하겠다고 밝혔다. 이는 네이버가 편집 책임에 대한 비판에서 벗어나는 동시에, 막대한 트래픽을 언론사로 직접 이전시켜 독립적 수익 기반을 마련해 준다는 취지를 담고 있었다. 그러나 실제 결과는 달랐다. 뉴스캐스트는 극단적 트래픽 경쟁을 유발함으로써 또 다른 차원의 불공정성을 야기하고, 뉴스의 획일화를 초래하여 공론장의 다양성을 저해했다.

가장 먼저 나타난 문제는 트래픽 양극화 현상이었다. 뉴스캐스트는 외형적으로는 모든 언론사에 동등한 기회를 제공하는 것처럼 보였다. 하지만, 실제로는 실시간 검색어에 신속히 대응하고 자극적 콘텐츠를 더 많이 생산할 수 있는 대형 언론사와 일부 온라인 매체로 트래픽이 집중되었다. 이에 따라 자본이 부족한 군소 언론이나 심층 보도 중심의 전문 매체, 그리고 지역 언론들은 트래픽 경쟁에서 소외되었다. 이는 언론사 간의 격차를 더욱 벌리는 빈익빈 부익부 현상으로 이어졌다.

또한 많은 언론사가 참여하여 다양한 목소리를 낼 수 있을 것이라는 예상도 기대와는 달랐다. 대부분의 언론사가 트래픽이라는 유일한 목표를 위해 유사하고 자극적인 콘텐츠를 생산하는 데 몰두했다. 이는 콘텐츠의 동질화를 초래하여 이용자들이 특정한 범위의 뉴스에만 노출되는 결과를 낳았다. 편집 책임을 언론사에 이양하여 공정성 논란에서 벗어나려 했지만, 플랫폼의 구조 자체가 유발하는 획일성과 양극화라는 새로운 형태의 불공정성 문제가 발생했다. 뉴스캐스트 시기 공정성 이슈의 중심이 '포털의 정치적 편향성'에서 '언론사의 상업적 선정성'으로 이동한 것이다. 언론사들은 네이버 메인 화면이라는 트래픽 유입 통로를 확보하기 위해 치열하게 경쟁했다. 이용자의 클릭이 지상 목표가 되면서 자극적이고 선정적인 제목과 사진을 남발하는 행태가 만연했다. 이 과정에서 저널리즘의 질과 품격은 추락했다.

언론사들은 뉴스캐스트 환경에서 트래픽을 수익과 직결되는 가장 중요한 지표로 인식했다. 이에 따라 '낚시성 기사', '실시간 검색어 기사', '기사 베끼기' 등 다양한 형태의 어뷰징이 만연했다(이현재, 2015). 이는 저널리즘의 본질적 가치인 정확성, 공정성, 균형성을 심각하게 훼손하는 결과를 낳았다. 이용자들은 선정적인 제목에 낚여 기사를 클릭했지만, 실제 내용은 부실하거나 다른 기사와 대동소이한 경우가 많아 뉴스 전체에 대한 불신이 커졌다. 결과적으로 포털은 뉴스캐스트를 통해 편집 책임은 회피하고 트래픽을 통해 광고 수익은 극대화하는 구조를 만들었다. 반면, 그 과정에서 발생한 저널리즘의 품질 저하와 선정성 경쟁의 책임은 고스란히 언론사에 전가되었다. 공정성 문제는 '트래픽 지상주의'라는 새로운 외피를 쓰고 더욱 교묘하고 심각한 형태로 저널리즘 생태계를 황폐화한 것이다.

3) 뉴스스탠드와 공정성

뉴스캐스트에 대한 비판이 고조되자, 네이버는 2013년 뉴스 서비스의 전면 개편을 단행하여 뉴스스탠드를 선보였다. 도입 명분으로는 언론사가 직접 뉴스를 편집해 자율성을 극대화하고 매체의 다양성을 확보하는 데 있었다(김위근·이동훈·조영신·김동윤, 2013). 이용자가 선호하는 언론사를 직접 선택하여 구독하고, 해당 언론사가 편집한 지면 형태의 뉴스를 보는 방식이었다. 네이버 메인 화면에서는 개별 기사 제목이 사라지고 언론사 로고만이 나열되었다. 이는 이용자의 능동적 선택을 통해 뉴스를 소비하게 함으로써, 자극적인 제목으로 낚시하던 행태를 근절하고 언론사들이 자사의 브랜드 가치와 콘텐츠의 질로 승부하게 만들려는 의도였다.

그러나 뉴스스탠드는 '노출 기회의 불평등'이라는 또 다른 차원의 공정성 문제를 일으켰다. 이용자들은 소수의 친숙하고 인지도가 높은 대형 언론사 위주로 구독하는 경향을 보였다. 이는 자연스럽게 대형 언론사로의 트래픽 쏠림을 심화시켰고, 인지도가 낮은 중소 언론사나 신생 인터넷 매체들은 이용자의 외면으로 고사 위기에

처하게 되었다(김경희·배진아·김유정, 2015). 결국 뉴스스탠드는 언론사 간의 격차를 더욱 벌리는 '기울어진 운동장'을 만들었다는 비판에 직면했다. 공정성 논쟁은 포털이 구조적으로 특정 언론사에 유리한 환경을 제공함으로써 발생하는 기회의 불공정성 문제로 확장되었다.

더욱이 뉴스스탠드는 언론사들의 트래픽을 급감시키는 결과를 초래했다. 메인 화면에서 자극적인 기사 제목이 사라지자, 이용자들의 뉴스 클릭률이 현저히 떨어졌고, 이는 언론사들의 광고 수익 감소로 직결되었다. 많은 언론사가 뉴스스탠드 도입 이후 경영난을 호소했으며, 이는 포털에 대한 언론사의 종속을 더욱 심화시키는 역설적인 결과를 낳았다. 언론사들은 생존을 위해 네이버의 정책 변화에 더욱 민감하게 반응할 수밖에 없게 된 것이다. 결국 뉴스스탠드는 저널리즘의 품질을 제고한다는 본래의 취지와 달리 플랫폼 사업자에 대한 언론사의 종속 구조를 고착화했다는 비판을 피할 수 없었다. 공정성 문제는 이제 누가 더 많이 노출될 기회를 얻느냐의 문제로 전환되었다.

뉴스스탠드는 언론사가 자체적으로 첫 화면을 구성함으로써 표면적으로는 편집권을 언론사에 돌려준 것으로 보였다. 그러나 이는 표면적인 현상일 뿐, 네이버의 전반적인 플랫폼 디자인, 정책, 경제적 영향력은 여전히 언론사의 행동을 규정하는 중요한 요소로 작용했다. 뉴스스탠드가 언론사에 부여한 편집권은 상당 부분 지정된 공간 내에서의 제한적인 통제권에 머물렀다. 반면, 뉴스의 발견 가능성, 중요도, 전반적인 이용자 동선에 대한 통제는 네이버의 플랫폼 아키텍처에 의해 좌우됐다. 언론사는 자사의 뉴스스탠드 페이지에 어떤 내용을 담을지 결정하지만, 이용자가 해당 페이지를 보기까지의 과정은 네이버의 탐색 구조와 'MY뉴스' 설정 등을 거쳐야 했다. 따라서 언론사들은 네이버가 설계한 뉴스스탠드라는 구조와 규칙 안에서 생존하기 위해, 자율적인 편집 판단보다는 플랫폼의 논리에 순응하는 방향으로 나아갈 수밖에 없었다.

4) 알고리즘 추천 서비스 시기: 자동화된 편집과 알고리즘의 공정성

뉴스스탠드가 언론사와 이용자 모두에게 외면받는 가운데, 네이버는 모바일 시대를 맞아 뉴스 유통의 패러다임 전환을 또다시 시도했다. 인간 편집자가 아닌 인공지능(AI) 알고리즘이 이용자 개개인의 관심사와 뉴스 소비 이력을 분석하여 맞춤형 뉴스를 추천해 주는 서비스를 전면에 내세운 것이다. 이는 '개인화(personalization)'와 '자동화(automation)'를 핵심 키워드로 하며, 포털이 편집이라는 행위에서 완전히 손을 떼고 기술적 중개자의 역할에만 충실하겠다는 선언처럼 보였다. 인간의 주관적 판단이 개입될 여지를 제거하여 수십 년간 지속된 정치적 편향성 논란에서 벗어날 수 있을 것이라는 기대가 있었다.

그러나 알고리즘의 등장은 공정성 논란을 종식 지키기는커녕, 더욱 복잡하고 기술적인 차원의 새로운 공정성 문제를 제기했다. 핵심 쟁점은 '알고리즘의 공정성(Algorithmic Fairness)'과 '투명성(Transparency)' 문제였다. 알고리즘은 가치중립적인 기술처럼 보이지만, 실제로는 그것을 설계한 개발자의 가치관이나 학습 데이터에 내재한 편향이 반영될 수밖에 없다. 예를 들어, 특정 유형의 기사에 가중치를 부여하거나, 과거 이용자의 편향된 소비 패턴을 그대로 학습하여 유사한 뉴스만을 지속적으로 추천할 수 있다. 문제는 이러한 알고리즘의 작동 원리가 개발자도 파악하기 어려울 정도로 복잡할 뿐만 아니라, 영업비밀이라는 이유로 공개되지 않는 '블랙박스(Black Box)'라는 점이다. 이용자들은 특정 뉴스의 추천 이유를 알 수 없으며, 언론사들은 어떤 기사가 알고리즘의 선택을 더 잘 받는지 파악하기 어렵다. 이러한 불투명성은 '알고리즘이 과연 공정한가?'라는 근본적인 의문을 제기하게 한다. 이런 측면에서 보면 포털 뉴스 서비스의 공정성 이슈는 인간 편집자의 손을 떠나 보이지 않는 알고리즘의 영역으로 이동했다고 할 수 있다.

알고리즘 추천 서비스는 이용자가 자신의 기존 관심사나 신념과 부합하는 정보에만 갇히게 되는 '필터버블(Filter Bubble)' 또는 '반향실 효과(Echo Chamber)'를 강화할 수 있다. 이는 사회적으로 다양한 관점의 정보가 유통되는 것을 막아 사회 구성원 간의 인식 격차를 확대하고 집단 극화(group polarization)를 초래할 수 있다(김위근·황용석, 2020). 이러한 특성들을 고려하면, 알고리즘이 저널리즘의 공공성을 담보하기보다는 이용자의 만족도와 체류 시간을 극대화하는 상업적 목표에 따라 설계될 가능성이 높다. 그리고 이는 민주주의 사회의 건전한 공론장 형성을 저해하는 결과로 이어질 수 있다.

2. 포털 뉴스 서비스와 의제 설정

1) 게이트키퍼로서 포털의 등장

포털은 뉴스 서비스를 시작하면서 자체적으로 고용한 편집 인력을 통해 언론사로부터 전송받은 기사들을 선별하고 재배치하여 포털 사이트의 초기 화면과 뉴스 섹션에 노출했다. 이 시기 포털은 전통적인 언론사의 편집국과 유사한 게이트키퍼(gatekeeper)의 역할을 수행했다. 포털 뉴스 편집자들은 사회적 영향력, 시의성, 흥미성 등을 종합적으로 고려하여 노출할 뉴스를 결정했다. 이는 전통적 저널리즘의 뉴스 가치 판단 기준과 크게 다르지 않았지만, '클릭 수'라는 온라인 환경의 즉각적 피드백이 중요한 고려 요인이었다는 점에서 차이가 있었다. 즉, 포털은 공적 의제를 설정하는 역할과 동시에, 대중의 흥미를 유발하여 사이트의 트래픽을 극대화해야 하는 상업적 목표를 동시에 추구했다. 이러한 이중적 속성은 포털이 설정하는 의제가 때로는 연성 뉴스(soft news)나 흥미 위주의 가십성 기사에 치우칠 수 있다는 비판을 낳는 배경이 되었다(최민재, 2006).

이 시기의 의제 설정 권력은 명백히 언론사로부터 포털로 이양되고 있었다. 언론사들은 포털이라는 새로운 유통 채널에 대한 의존도가 점차 높아졌고, 포털의 편집 방향에 따라 자사의 뉴스가 대중에게 전달되는 정도가 결정되었다. 최민재와 김위근은 다음과 네이버의 뉴스박스에서 실시간으로 제공되는 뉴스 중 가장 많은 조회수를 기록한 뉴스들에 대한 내용 분석을 통하여, 포털 사이트의 뉴스 에디터가 뉴스 박스의 기사 선정에 미치는 영향력이 강하게 나타남을 확인하였다(최민재·김위근, 2006). 언론사는 포털의 선택을 받기 위해 포털 편집자들의 관심을 끌 만한 기사를 생산하려는 유인을 느끼기 시작했다. 이는 아직 뉴스캐스트 시기처럼 노골화되지는 않았지만, 어뷰징의 초기 형태나 자극적인 제목 달기 경쟁의 맹아가 싹트는 계기가 되었다.

이용자들의 뉴스 소비 패턴 역시 포털을 중심으로 재편되었다. 개별 언론사닷컴을 방문하여 뉴스를 소비하던 방식에서, 포털이 일목요연하게 정리해 놓은 뉴스 목록을 소비하는 방식으로 변화했다. 이는 이용자들에게 다양한 언론사의 뉴스를 한 곳에서 편리하게 비교하며 볼 수 있다는 장점을 제공했지만, 동시에 포털 편집자들이 설정한 의제의 틀 안에서 뉴스를 소비하게 만듦으로써 뉴스 수용의 편향성을 심화시킬 수 있는 위험을 내포하고 있었다. 결국 뉴스캐스트 이전 시기는 포털이 전통 언론을 넘어 새로운 뉴스 의제 설정의 중심 권력으로 부상하고, 이후 전개될 포털과 언론사 간의 복잡한 권력관계와 저널리즘의 구조적 변화를 예고하는 중요한 전환기였다고 평가할 수 있다.

2) 의제 설정 권력의 이동과 새로운 문제의 대두

네이버가 뉴스캐스트 서비스를 도입하면서 포털 뉴스의 의제 설정 방식은 또 한 번의 변화를 맞이했다. 언론사들은 네이버 초기 화면에 할당된 자사의 공간에 어떤 뉴스를, 어떤 제목으로 노출할지를 직접 결정할 수 있게 되었다. 이는 표면적으로 포털이 '편집권'을 언론사에 돌려주어 '공정성'과 '여론 독과점' 논란에서 벗어나고, 언론사는 자사의 편집 가치를 자유롭게 구현할 수 있다는 명분을 내세웠다. 의제 설정의 주체가 포털에서 개별 언론사로 이동한 것이다.

언론사들은 뉴스캐스트를 통해 유입되는 막대한 트래픽을 확보하기 위해 무한 경쟁에 돌입했다. 이 과정에서 저널리즘의 본질적 가치인 공익성, 정확성, 중요성보다는 오직 클릭 수를 높이기 위한 선정적이고 자극적인 기사들이 난무하기 시작했다. 기사 어뷰징과 낚시성 제목으로 이용자를 모객하는 행위가 일상화되었다(이현재, 2015).

이러한 현상은 사회적 의제를 심각하게 왜곡하는 결과를 낳았다. 사회적으로 중요하게 다루어져야 할 정치, 경제, 사회 현안 대신 연예인 가십, 스포츠 소식, 자극적인 사건·사고 기사들이 포털 초기 화면을 차지했다. 언론사들은 "클릭되지 않는 기사는 존재하지 않는 기사"라는 생존 논리 앞에 속수무책이었고, 이는 결국 저널리즘의 품질 저하와 신뢰도 하락으로 이어졌다. 언론사가 의제 설정의 주체로서 공적 책임을 다하기보다는, 트래픽을 매개로 한 상업적 이익 추구에만 몰두하게 된 것이다.

뉴스캐스트 시기는 포털이 의제 설정의 책임은 회피하면서도 뉴스 유통 플랫폼으로서의 권력은 유지하는 역설적인 상황을 보여준다. 네이버는 언론사가 직접 편집하므로 책임이 없다는 입장을 견지했지만, 뉴스캐스트라는 서비스 구조를 설계하고 운영한 주체로서 그 결과에 대한 책임에서 자유로울 수 없었다. 결국 뉴스캐스트는 언론사에 편집권을 이양함으로써 포털의 의제 설정 영향력을 줄이려던 시도였으나, 결과적으로는 저널리즘의 황폐화와 사회적 의제의 파편화를 초래하였다.

3) 의제 설정 영향력 약화와 이용자 선택권 강화의 이면

뉴스스탠드는 과도한 선정성 경쟁을 완화하고, 이용자에게 언론사 선택권을 부여하여 건강한 뉴스 소비를 유도하겠다는 취지를 내세웠다. 의제 설정의 1차 관문을 이용자의 언론사 선택 행위에 맡기고, 2차 의제 설정은 이용자가 선택한 언론사의 편집에 의해 이루어지도록 설계한 것이다. 뉴스스탠드의 도입으로 포털 메인 화면에서 직접적으로 드러나는 의제 설정 기능은 약화하였다. 더 이상 특정 기사 제목이 메인 화면을 장악하며 사회적 이슈를 강제하는 현상은 사라졌다. 대신 각 언론사는 자사의 브랜드 가치와 편집 방향성을 드러내며 충성도 높은 독자를 확보해야 하는 과제를 안게 되었다. 이는 언론사들이 트래픽 경쟁보다는 콘텐츠의 질을 높이고 브랜드를 관리하도록 유도하는 긍정적인 효과를 기대하게 했다.

하지만 뉴스스탠드는 또 다른 문제를 낳았다. 이용자들은 자신이 선호하는 특정 언론사를 찾아 들어가는 적극적인 행위보다, 네이버가 자체적으로 편집해 제공하는 '뉴스홈'이나 실시간 검색어 관련 기사를 소비하는 경향을 보였다(김지현, 2013.7.2.). 이는 언론사들의 포털 의존성을 더욱 심화시키는 결과를 낳았다. 뉴스스탠드를 통해 브랜드 가치를 높이려던 언론사들은 오히려 이용자들과의 접점을 잃고 영향력이 약화하는 딜레마에 빠졌다.

이용자 측면에서는 자신의 관심사와 정치적 성향에 맞는 언론사만 선택적으로 소비함으로써, 다양한 관점을 접할 기회를 잃고 기존의 신념을 강화하는 '확증편향(confirmation bias)'이 심화할 수 있다는 우려가 제기되었다. 뉴스스탠드가 의도한 이용자 선택권 강화가 오히려 균형 잡힌 의제에 대한 노출을 줄이고, 사회적 공론장을 파편화시키는 부작용을 낳을 수 있다는 것이다. 결국 뉴스스탠드는 언론사의 생존 기반을 위협했을 뿐 아니라, 이용자의 뉴스 소비 편식을 유발하고 의제 설정의 공공성을 확보하는 데 뚜렷한 한계를 보였다.

4) 알고리즘의 의제 설정과 게이트키퍼의 비가시성

모바일 미디어의 확산과 인공지능 기술의 발전은 포털 뉴스 서비스를 새로운 차원으로 이끌었다. 네이버와 다음은 뉴스 추천 알고리즘을 도입하여, 이용자의 과거 뉴스 소비 이력(클릭, 체류 시간 등), 성별, 연령대 등을 분석해 맞춤형 뉴스를 자동으로 추천하기 시작했다. 의제 설정의 주체가 포털 편집자나 언론사로부터 알고리즘이라는 보이지 않는 손으로 넘어가게 된 것이다.

알고리즘에 의한 뉴스 추천은 이용자 개인의 선호도를 극대화한다는 점에서 강력한 효용성을 지닌다. 이용자는 자신의 관심사에 부합하는 뉴스를 손쉽게 제공받음으로써 정보 탐색의 비용과 시간을 줄일 수 있다. 반면에 개인 맞춤형 의제 형성에 대한 우려도 크다. 알고리즘이 추천하는 자신만의 뉴스 피드를 소비함에 따라 전통적인 의미의 공통된 사회적 의제가 사라지고 의제가 파편화될 수 있기 때문이다. 민주사회는 다양한 의견이 공존하고 토론을 통해 합의를 형성하는 공론장이 필요하다. 하지만 알고리즘이 개개인을 고립된 정보의 섬에 가두면, 사회 전체가 공유하고 함께 토론해야 할 공통의 의제가 사라지게 된다. 이는 사회 통합을 저해하고 정치적 양극화를 심화시키는 요인으로 작용할 수 있다(문상현, 2022).

인기 있는 뉴스 중심의 의제 설정도 문제가 있다. 알고리즘은 다수가 클릭하고 공유하는 뉴스를 중요한 뉴스로 간주해 더 많은 이용자에게 추천한다. 이러한 경향은 대중의 흥미를 끄는 연예, 스포츠, 사건·사고 뉴스가 사회의 중심 의제처럼 부각되는 결과를 낳을 수 있다. 이는 저널리즘이 추구해야 할 공적 의제와 대중의 상업적 관심사 사이의 괴리를 심화시킨다. 또한 알고리즘은 의제를 매우 빠르게 생성하고 소멸시킨다. 실시간 검색어나 급상승 뉴스 등은 특정 이슈를 단시간에 폭발적으로 확산시키지만, 동시에 새로운 자극적 이슈가 등장하면 기존 이슈는 순식간에 관심 밖으로 몰아낸다. 이러한 의제의 휘발성은 중요한 사회 문제에 대한 지속적인 관심과 숙의 과정을 방해할 위험이 있다.

더욱이 알고리즘의 작동 원리는 대부분 기업의 사유재산이나 영업비밀이라는 이유로 투명하게 공개되지 않는다. 어떤 기준으로 뉴스를 추천하는지 알 수 없으므로, 알고리즘이 특정 가치나 이념에 편향되거나 의도치 않은 차별을 초래하더라도 이를 검증하고 바로잡기 어렵다. 결국 알고리즘 추천 시대의 의제 설정은 과거보다

훨씬 더 교묘하고 강력한 방식으로 작동할 수 있다.

3. 포털 뉴스 서비스의 뉴스 어뷰징과 선정성

포털에 대한 의존도가 심화하면서 포털의 뉴스 유통 정책과 서비스 방식의 변화는 언론사들의 존립에 큰 영향을 미치게 되었다. 전통적인 저널리즘의 가치나 독자와의 신뢰 관계 구축보다 포털 플랫폼의 논리에 순응하는 것이 언론사의 최우선 과제가 되었다. 이러한 기형적인 환경 속에서 등장한 현상이 뉴스 어뷰징이다. 최수진과 김정섭(2014)은 뉴스 어뷰징의 특징을 다음과 같이 정리했다.

- 거의 동일한 기사 또는 제목만 바뀐 기사
- 해당 기사의 반복 전송 및 게재
- 뉴스 검색 결과 웹페이지 상단 노출 도모
- 대체로 1~2일의 짧은 시간 내에 발생
- 실시간 검색어와 연계된 기사
- 선정적이고 자극적인 기사 제목
- 기자명이 없거나 '디지털 뉴스팀' 등으로 갈음
- 정치·경제 등 경성 뉴스보다 연예·스포츠·사회 등 연성 뉴스에서 주로 발생
- 이슈에 대한 근원적 접근보다 지엽적·말초적, 신변잡기의 요소에 보도의 초점 존재
- 기사 클릭 수 증가를 통한 광고 수익 증대가 주목적

이처럼 뉴스 어뷰징은 단순히 다른 매체의 기사를 베끼는 저작권 침해 문제를 넘어, 저널리즘의 공적 가치를 훼손하고 언론 전체의 신뢰를 추락시키는 행위였다. 언론사들은 포털을 통해 유입되는 막대한 트래픽을 온라인 광고 수익으로 연결하기 위해 이용자의 원초적인 호기심을 자극하여 클릭을 유도하는 데에만 몰두하게 되었다. 이에 따라 가십성, 선정적, 폭력적 뉴스가 포털 화면에서 부각되는 뉴스의 연성화 현상이 극심해졌다(김위근·김성해·김동윤, 2013).

1) 뉴스캐스트 이전의 뉴스 어뷰징

포털의 초기 뉴스 서비스가 채택한 '인링크(in-link)' 방식은 이용자의 뉴스 소비 편의성과 포털의 상업적 목표를 고려한 것이었다. 이용자 입장에서는 별도의 사이트 이동 없이 빠르고 편리하게 뉴스를 볼 수 있었고, 포털 입장에서는 이용자를 자사 플랫폼 안에 더 오래 머물게 하여 광고 수익을 극대화할 수 있었기 때문이다. 이 시기 언론사들의 주된 수익원은 포털로부터 받는 일정한 전재료였다(송해엽·양재훈, 2017). 전재료는 언론사의 규모, 인지도, 제공하는 기사의 양과 질 등을 종합적으로 고려하여 책정되었으며, 트래픽의 많고 적음에 따라 변동되는 것이 아닌 계약 기반의 안정적인 수입원이었다. 이러한 구조에서 뉴스 선택과 배열의 모든 권한은 전적으로 포털의 뉴스 편집 팀에 있었다. 따라서 이 시기 언론사들의 일차적 목표는 어떻게 하면 포털 편집자의 선택을 받아 기사를 걸 수 있는가였다.

이 시기의 어뷰징은 체계적이고 조직적으로 이루어지기보다는 포털 편집자의 눈에 띄기 위한 초기적이고 산발적인 형태로 나타났다. 수익이 트래픽에 직접 연동되지 않았기 때문이다. 언론사들은 자사의 기사가 노출될 확률을 조금이라도 높이기 위해, 다소 자극적이거나 흥미 위주의 낚시성 제목을 사용하는 경향을 보이기 시작했다. 그러나 이는 '트래픽=수익'이라는 공식이 확립된 이후 나타난 노골적이고 대량화된 어뷰징 기사와는 성격과 강도 면에서 큰 차이가 있었다. 당시 언론사들의 가장 큰 목표는 포털에 뉴스를 공급하는 제휴사로 선정되는 것이었는데, 일단 제휴사가 되면 안정적인 전재료 수익을 보장받을 수 있었기 때문이다. 따라서 이 시기의 어뷰징은 언론사의 생존을 위한 필수 전략이라기보다는, 타사보다 조금 더 주목받아 브랜드 인지도를 높이려는 부가적인 전략에 가까웠다. 어뷰징의 맹아가 싹트고 있었지만, 아직은 통제할 수 있는 수준의 문제로 인식되었다.

2) 뉴스캐스트: 트래픽 경쟁과 어뷰징의 만연

뉴스캐스트가 도입되면서 한국 언론은 전례 없는 트래픽 광풍에 휩싸였다. 수천만 명이 방문하는 뉴스 유통 채널에 대한 편집권이 언론사에 주어지자, 이는 한정된 공간에서 더 많은 이용자의 클릭을 얻기 위한 극심한 경쟁으로 변질되었다. 뉴스캐스트의 아웃링크를 통한 직접적인 트래픽 이전으로 트래픽은 언론사들의 강력한 유인책이 되었다. 그 결과 언론사들은 기사의 질적 가치나 사회적 중요성보다는 당장의 클릭을 유발할 수 있는 기술적인 방법을 찾는 데 몰두하였다. 이 과정에서 어뷰징 관행이 확산하였다.

뉴스 어뷰징은 여러 형태로 나타났다. 첫째, 선정적이고 자극적인 헤드라인의 남발이다. '충격', '경악'과 같은 감정적 단어들이 기사 제목에 무분별하게 사용되었으며, 내용과 무관하거나 과장된 섬네일 이미지를 통해 이용자의 호기심을 자극하는 행태가 만연했다. 둘째, 실시간 급상승 검색어를 악용한 어뷰징이다. 언론사들은 순간적인 대중의 관심을 트래픽으로 연결하기 위해 관련 없는 기사에 인기 검색어를 끼워 넣거나, 검색어와 관련된 낮은 품질의 기사를 경쟁적으로 대량생산 했다. 실시간 검색 순위에 오른 인물이나 사건을 찾아서 뉴스를 소비하는 행태가 일반화되면서, 이 전략은 트래픽 확보에 매우 효과적이었다. 셋째, 동일 기사의 반복 전송 및 기사 쪼개기 관행이다. 언론사들은 거의 동일한 내용의 기사를 제목만 조금씩 바꿔 반복적으로 전송하거나, 하나의 사건을 여러 건의 기사로 나누어 송고하는 방식으로 인위적으로 노출을 늘렸다.

한편, 이현재(2015, 38~39쪽)는 언론사들이 어뷰징 뉴스를 작성하는 유형을 세 가지로 구분하였다. 첫째, 검색엔진이 콘텐츠의 중요도를 높게 평가하는 기준 중 하나인 문서 내 특정 키워드 반복 가중치를 활용하는 방식이다. 즉, 이용자가 관심을 가져 이슈가 된 특정 연예인의 이름 또는 사건명을 반복하여 기사 제목과 내용에 사용함으로써 검색 결과 상단에 배치되게 하는 방식으로 기사를 작성한다. 둘째, 반복된 키워드를 사용하는 어뷰징 사례와 달리 이슈가 된 키워드 여러 개를 나열하는 방식의 어뷰징도 있다. 예를 들어 네이버에서 제공하고 있는 '실시간 급상승 검색어', '핫이슈'와 다음의 '실시간 이슈'에서 노출된 여러 키워드를 하나의 콘텐츠로 구성하여 검색엔진의 콘텐츠 가중치를 높여 검색 결과 페이지 상위에 위치하도록 하는 방식이다. 셋째, 앞에서 설명한 두 가지의 방식을 하나의 기사에 넣는 것으로 핵심이 되는 키워드를 반복하여 기사 본문을 구성하고 하단에는 이슈가 되는 여러 키워드를 나열해 검색엔진이 반영할 확률을 높이는 것이다.

뉴스캐스트는 현실적으로 트래픽과 광고 수익이라는 선물을 언론사에 안겨주었다. 네이버에 따르면, 뉴스캐스트에 참여한 언론사는 2008년 대비 순수방문자(UV)가 344%, 페이지뷰(PV)는 104.7%, 그리고 광고 수익은 860% 증가했다(윤희상, 2010. 2. 5.). 하지만 이는 결국 언론사의 포털에 대한 종속을 구조적으로 심화시키는 결과로 이어졌다. 뉴스캐스트 트래픽을 경험한 언론사들은 그 영향력에서 벗어날 수 없게 되었고, 이는 뉴스 생산의 생태계를 왜곡시키는 결과를 낳았다. 뉴스캐스트를 통해 유입되는 트래픽은 곧바로 언론사 웹사이트의 광고 수익으로 연결되었기 때문에, 언론사들의 재정은 네이버 플랫폼에 절대적으로 의존하게 되었다. 이러한 구조는 네이버가 뉴스 유통 정책을 변경할 때마다 언론사 전체가 흔들리는 취약한 생태계를 만들었다. 실제로 뉴스캐스트가 뉴스스탠드로 전환되면서 발생한 '트래픽 급감'은 많은 언론사를 경영 위기로 내몰았다. 트래픽과 수익을 네이버에 의존하게 되면서, 언론사들은 독자적인 디지털 전략을 수립하고 이용자와의 직접적인 관계를 구축하려는 노력을 소홀히 하게 되었다. 이는 결국 언론 산업 전체의 자생력을 약화하는 결과로 이어졌다.

뉴스룸 작동 방식 역시 포털 플랫폼의 논리에 맞춰 재편되었다. 뉴스캐스트의 실시간 경쟁 환경은 언론사 뉴스룸에 '온라인 우선(online-first)' 또는 '선출고 후보고'와 같은 관행을 낳았다. 기자들은 전통적인 지면 마감과는 별개로, 실시간으로 발생하는 이슈에 대응하고 트래픽을 유발할 수 있는 기사를 끊임없이 생산해야 하는 압박에 시달렸다. 이 과정에서 기사의 심층성이나 정확성보다는 속도와 양이 중시되었고, 업무 부담은 가중되었다. 일부 언론사들은 아예 트래픽 확보만을 목적으로 하는 별도의 온라인 대응팀을 운영하기도 했는데, 이는 전통적인 저널리즘 가치를 추구하는 편집국 내부의 문화적 분열과 갈등을 초래하는 요인이 되었다.

트래픽 경쟁과 어뷰징의 만연은 필연적으로 기사 품질의 저하라는 결과로 귀결되었다. 가장 먼저 무너진 것은 저널리즘의 윤리였다. 속보 경쟁에 매몰된 언론사들은 충분한 사실 확인 과정을 거치지 않은 채 미확인 정보를 기사화하는 경우가 빈번했다. 다른 언론사의 기사를 거의 그대로 베끼거나 짜깁기하는 표절 행위도 일상화되었으며, 이는 저널리즘의 가장 기본 원칙인 독창성과 검증의 의무를 저버리는 것이었다. 트래픽을 위해서라면 과장과 왜곡도 서슴지 않는 행태가 만연했다. 심층 보도의 위축도 두드러진 현상이었다. 시간과 자원, 그리고 전문 인력의 투입이 필수적인 탐사보도나 심층 기획 기사는 즉각적인 트래픽을 보장하기 어렵다는 이유로 우선순위에서 밀려났다. 대신 단편적인 사건 전달이나 가십성 정보, 인터넷 커뮤니티의 반응을 그대로 옮겨 적는 수준의 피상적인 기사들이 양산되었다. 이는 뉴스 소비의 극단적인 연성화를 초래했으며, 사회적으로 중요한 공적 의제가 형성되고 숙의 민주주의가 작동할 기회를 원천적으로 박탈했다(조화순 외, 2011).

궁극적으로 뉴스캐스트는 플랫폼의 권력을 더욱 공고히 하는 결과를 낳았다. 언론사들은 네이버 메인 화면이라는 한정된 공간에 노출되기 위해 경쟁하는 과정에서 자신들의 고유한 브랜드 가치를 희석시켰다. 이용자들은 특정 언론사의 기사를 소비하면서도, 그 뉴스를 '네이버 뉴스'로 인식하는 경향이 강화되었고, 이는 개별 언론사의 브랜드 충성도를 약화했다. 뉴스캐스트는 언론사에 편집권을 이양한다는 명분을 내세웠지만, 실제로는 모든 규칙을 설정하고 트래픽이라는 보상과 처벌을 통제하는 플랫폼 사업자의 영향력 아래 언론사들을 완벽하게 편입시켰다. 언론사들을 플랫폼 규칙에 순응하도록 길들이는 효과적인 메커니즘으로 작동한 것이다.

3) 뉴스스탠드: 어뷰징의 변형과 지속

뉴스스탠드는 참여하는 언론사에 동등한 기회를 제공했던 뉴스캐스트와 달리, 이용자의 선택과 구독을 기반으로 작동했다. 이용자는 자신이 선호하는 언론사를 구독 설정 하여 개인화된 가판대를 꾸미거나, 진열된 제호를 클릭하여 해당 언론사가 직접 편집한 1면 형태의 팝업창을 확인한 후, 다시 한번 기사를 클릭해야만 비로소 해당 언론사 사이트로 이동할 수 있었다. 이용자는 관심 있는 기사 하나를 보기 위해 최소 3~4번의 클릭을 거쳐야 하는 불편함을 감수해야 했다. 이는 강력한 브랜드 인지도와 충성도 높은 독자층을 가진 대형 언론사에만 절대적으로 유리한 제도였다. 결국 대다수의 중소 언론사 및 온라인 전문 매체들은 트래픽 급감이라는 현실에 직면했다. 뉴스스탠드 시행 6개월 후 이루어진 조사에 따르면, 전체 언론사 트래픽의 70% 이상이 상위 10개 매체에 집중되었다(김병철·이정환, 2013. 09. 25).

이러한 트래픽 격차는 단순히 방문자 수의 차이를 넘어, 언론사의 생존 자체를 위협하는 문제로 발전했다. 트래픽 감소는 곧 광고 수익의 급감으로 이어졌고, 많은 중소 언론사가 경영난에 봉착했다. 이는 언론 생태계의 균형 있는 성장 대신 소수

대형 언론 중심의 과점 체제를 더욱 공고히 하는 결과를 낳았다. 네이버는 언론사의 건강한 발전을 지원하겠다고 했지만, 뉴스스탠드의 구독 모델은 결과적으로 이미 시장을 지배하고 있던 강자들의 지위를 더욱 강화했다.

네이버는 뉴스스탠드를 통해 네이버 메인 화면에서 자극적인 기사 제목을 추방하고 선정성 문제를 해결할 수 있다고 주장했다. 그러나 선정성과 뉴스 어뷰징은 교묘하고 새로운 양상으로 진화하여 언론사 편집판이라는 공간에서 계속됐다. 이용자의 제호 클릭을 유도하기 위해 언론사 1면 팝업창에 선정적이거나 자극적인 이미지를 배치하는 '섬네일 어뷰징'이 대표적인 예다. 기사 내용과 무관한 여성의 신체나 잔인한 사건 사진을 흐릿하게 처리하여 호기심을 유발하는 방식이 만연했다. 또한, 이용자가 구독한 언론사의 기사 일부를 리스트 형태로 보여주는 'MY뉴스' 기능이 도입되자 이곳에 기사를 노출할 목적으로 자극적인 제목의 기사를 양산하였다. 어뷰징의 형태가 텍스트 중심에서 이미지 중심으로, 전면전에서 게릴라전으로 바뀌었을 뿐 본질은 크게 변하지 않았다.

4) 알고리즘 뉴스 추천 시기: 어뷰징의 고도화

뉴스 소비의 중심이 모바일로 이동하고 인공지능 기술이 비약적으로 발전하면서, 포털은 알고리즘 기반의 뉴스 추천을 도입하였다. 포털의 의도는 뉴스 편집의 공정성 및 편향성 논란에서 벗어나는 한편, 이용자에게 개인화된 뉴스 소비 경험을 제공하는 것이었다. 언론사들은 알고리즘의 선택을 받아 더 많은 노출 기회를 얻고자 알고리즘의 특성을 역으로 분석하여 고도화된 어뷰징 기법을 개발하기 시작했다.

첫째, 대부분의 추천 알고리즘이 클릭률, 체류 시간, 댓글, 공유 등을 중요한 평가 지표로 삼는다는 점을 파악한 언론사들은 이용자의 분노, 혐오, 불안 등 강한 감정을 유발하는 기사를 양산했다. 이는 사회적 갈등을 증폭시키고 여론의 양극화를 극단으로 몰아가는 심각한 부작용을 낳았다. 둘째, 과거에 송고했던 기사를 현재 시점의 새로운 이슈인 것처럼 위장하기 위해 제목과 일부 내용만 살짝 수정하여 새로운 기사로 둔갑시켜 재송고하는 '엎어치기' 기법이 성행했다. 이는 알고리즘이 기사의 최신성(recency)에 높은 가중치를 둔다는 허점을 악용한 대표적인 기만행위다(이현재, 2015). 셋째, 알고리즘이 기사의 주제와 핵심 키워드를 쉽게 인식하고 분류하여 추천 목록에 포함할 확률을 높이기 위해, 특정 단어를 반복하거나 정형화된 형태의 제목을 사용하는 '검색엔진 최적화(SEO)' 저널리즘이 새로운 트렌드로 자리 잡았다.

4. 포털 뉴스 서비스의 자율 규제 이슈

1) 뉴스캐스트 이전: 자율 규제 도입 및 아웃링크 모델의 한계

국내 포털 뉴스 서비스는 2000년대 초, 제휴 언론사들이 제공하는 기사 콘텐츠를 단순 나열 하는 수준에 머물렀다. 당시 주요 포털이었던 네이버, 다음, 야후코리아는 제공받은 기사를 자체적으로 편집하여 사용자에게 서비스했다. 이 시기에는 포털의 뉴스 서비스가 초기 단계에 있었기에 내·외부적으로 특별한 규제가 존재하지 않았다. 그러나 2003년 이후 포털 사이트의 규모가 급격히 성장하고, 포털들이 방문자 및 이용량 증대를 위해 뉴스 서비스를 확장하면서 뉴스 소비가 포털을 중심으로 재편되는 현상이 나타났다. 이에 따라 국내 뉴스 소비에 대한 포털의 영향력 확대로 인해 발생하는 문제점들이 제기되기 시작했으며, 이들에 대한 제도적 규율의 필요성이 대두되었다(안종묵, 2009).

이러한 상황에 대응하여, 포털 사업자들은 자체적인 자율 규제 방안을 모색하기 시작했다. 특히 네이트(Nate)는 2005년 5월, 학계, 법조계, 언론계, 시민사회, 이용자 대표 및 내부 전문가들로 구성된 '미디어 책무위원회'를 설립하고, 독립성, 중립성, 진실성, 다양성 등을 편집 원칙으로 명문화하는 편집 규약 및 가이드라인을 제정하여 선제적으로 적용하였다. 다음은 '미디어다음'을 주축으로 이용자 기반의 '열린사용자위원회'를 구축하여 뉴스 편집 및 운영에 대한 비판과 개선 사항을 제안하는 자문 기능을 수행하도록 했다. 이를 통해 다음은 포털 뉴스 서비스의 역할과 자율 규제 관련 사항들을 논의하는 내부 절차를 마련했다. 네이버 역시 다른 포털과 유사한 '이용자위원회'를 구성했으며, 2006년 아웃링크 방식으로 뉴스 편집 시스템을 개편하였다(정대필, 2006). 다른 포털들 또한 아웃링크 방식을 도입하며 포털 뉴스 서비스에 대한 규제 요구에 대응했다.

그러나 이러한 정책은 언론사들의 트래픽 증대를 위한 선정적이고 자극적인 연성 기사, 어뷰징, 낚시성 기사 등의 양산으로 이어지는 부작용을 초래했다. 이에 네이버는 2007년 3월 어뷰징을 방지하기 위한 '어뷰징 방지 가이드라인'을 발표하고, 같은 해 5월에는 기사 작성 시간 표시 방식을 최초 송고 시간으로 변경했다. 또한 뉴스 모니터링 전담 인력을 배치하고 신고센터를 개설하는 등 다각적인 노력을 기울였다. 더불어 2007년 6월 네이버는 어뷰징 완화를 위해 다양한 검색 차트 제공을 시도하며 '인기 검색어'를 '급상승 검색어'로 변경하고 주제별 검색어 서비스를 시행했다. 하지만 검색어에 어뷰징 기사가 상단에 노출되는 구조가 지속되면서 어뷰징 문제에 대한 근본적인 해결책을 마련하는 데에는 한계가 있었다(윤석민·홍종윤·정영주, 2017).

2) 뉴스캐스트/뉴스스탠드 시기: 자율 규제 기구의 출범

국내 뉴스 소비의 고착화와 더불어, 포털을 단순한 플랫폼 제공자가 아닌 언론으로서 인식하고 그에 상응하는 사회적 책임을 요구하는 목소리가 꾸준히 제기되었다. 이에 네이버는 뉴스캐스트를 도입하여 비판에 대응하고자 했다. 2009년 1월부터 네이버는 초기 화면에 뉴스캐스트, 오픈캐스트, 네이버캐스트 등 이용자에게 선택권을 부여하는 개방형 플랫폼을 구축했다(NHN, 2009). 다음 또한 아웃링크 방식의 연장선상에서 제휴 언론사에 선택권을 주는 인링크-아웃링크 혼합 방식으로 전환하며 편집 권한을 언론사에 위임하는 방향을 모색했다. 뉴스캐스트는 제휴 언론사들의 트래픽을 획기적으로 증대시키는 효과를 가져왔으나, 이는 역설적으로 언론사들의 어뷰징 기사 생산을 심화시키는 결과를 초래하였다. 따라서 포털의 뉴스 영향력과 책임에 대한 논의는 지속되었고, 주요 포털들은 여러 방면에서 자율 규제 방안을 모색하게 된다. 이러한 배경하에, 2009년 주요 포털 사업자들은 자율 규제 전문 기구인 한국인터넷자율정책기구(KISO: Korea Internet Self-governance Organization)를 공동으로 출범시켰다. 이후 KISO는 2012년 한국인터넷기업협회와 함께 '인터넷 뉴스 서비스 사업자의 기사배열에 관한 자율 규약'을 제정하여 뉴스 서비스의 공정성과 신뢰성 향상을 도모했다(배진아, 2017).

2013년 4월 네이버는 기사 어뷰징 문제에 대한 대응책으로 메인 페이지에 제휴 언론사들의 섬네일을 노출하는 '뉴스스탠드' 서비스를 도입하였다. 이는 기사 제목 중심의 소비 형태에서 언론사 브랜드 중심의 소비를 유도하여 어뷰징 기사를 완화하기 위함이었다. 그러나 뉴스스탠드 도입으로 기사 제목을 통한 어뷰징이 어려워지자, 자극적인 섬네일이나 인기 검색어를 활용하여 트래픽을 유도하는 새로운 형태의 경쟁이 발생했다. 결과적으로 이는 조회수와 방문자 수를 기반으로 하는 트래픽 경쟁을 지속시키는 결과를 낳았다. 이에 네이버는 2014년 2월 뉴스스탠드와 뉴스캐스트를 결합한 형태로 서비스를 개편했으나 어뷰징 문제는 여전히 개선되지 않았다.

네이버는 2014년 12월, 검색 키워드와 연관된 기사들을 자동으로 그룹화하여 노출하는 '뉴스 클러스터링' 서비스를 도입하여 다양한 이슈와 기사 접근성을 높이고자 했다(윤석민·홍종윤·정영주, 2017). 그러나 이 역시 새로운 유형의 어뷰징을 유도하는 한계를 드러내면서 어뷰징 문제에 대한 근본적인 해결책을 제시하지 못했다. 한편, 다음은 2014년 6월, 제휴 언론사의 어뷰징이 3차례 적발되면 계약을 해지하는 '3진 아웃제'를 도입했으나, 검색 제휴사가 아닌 콘텐츠 제휴 언론사에게는 계약 해지할 수 없다는 한계가 존재했다(최수진·김정섭, 2014).

이 시기에는 시장 영향력과 관련하여 저작권 협상, 뉴스 트래픽, 뉴스 검색 제휴 등 여러 이슈에 대응하기 위한 공동의 노력이 나타났다. 네이버와 카카오는 공동으로 '뉴스제휴평가위원회'를 구성하여 운영했다. 이 위원회는 미디어 관련 단체 및 포털 관계자들이 참여해 신규 뉴스 제휴 심사, 기존 제휴 언론사 계약 해지 여부 판단, 어뷰징 기사 심사 등을 수행하는 것을 목표로 했다(황용석, 2015). 또한 카카오는 2015년 6월 알고리즘 기반의 '루빅스(RUBICS)'를 도입하여 검색 키워드와의 관련성이 높고 정확도가 높은 기사를 상위에 배치함으로써 어뷰징 기사 노출을 최소화하고자 했다. 한편, 포털 뉴스 서비스의 주요 특징이자 이용자 소통 공간인 댓글 기능이 강화되면서 악성 댓글로 인한 사회적 문제가 대두되기 시작했다. 이에 포털들은 자체적인 댓글 규제 방안을 마련하게 되었다. 실질적으로 댓글에 대한 포털의 책임이 이슈화된 것은 2009년 4월 대법원의 판결 이후였다(안종묵, 2009). 이를 기점으로 포털들은 댓글 신고, 모니터링 등 자정 작용을 위한 자체적인 규제 방안을 모색했다.

3) 알고리즘 기반 서비스와 댓글 정책의 대변화

포털 뉴스 시장의 영향력, 어뷰징 기사, 악성 댓글 등 기존 문제들이 지속되자 포털 사업자들은 이에 대한 근본적인 해결책으로 알고리즘 기술을 뉴스 서비스에 적극적으로 도입하기 시작했다. 네이버는 2017년 3월부터 모바일 뉴스판에 알고리즘 기반의 추천 시스템인 '에어스(AiRS)'를, 카카오는 2015년 6월부터 루빅스를 도입하여 이용자 맞춤형 뉴스 서비스를 자동화했다. 이러한 알고리즘 기반의 자동화된 추천 시스템은 뉴스 편집으로 발생하는 영향력을 감소시키고, 이용자 중심의 맞춤형 서비스를 제공하며, 어뷰징 기사를 효과적으로 필터링하여 뉴스 서비스의 질적 향상을 도모하고자 하는 취지에서 출발했다. 그러나 이들 알고리즘의 구체적인 작동 원리가 투명하게 공개되지 않아 알고리즘 편향성 문제에 대한 비판이 끊임없이 제기되고 있다.

한편, 포털 뉴스 서비스의 핵심 특징인 댓글 및 실시간 검색어에 대한 정책 또한 지속적으로 변화해 왔다. 네이버는 2016년 12월부터 댓글 작성자가 삭제한 댓글 이력을 공개했으며, 2017년 6월에는 운영진에 의해 삭제된 댓글의 수와 시간을 공개하는 댓글 통계 기능을 추가하였다. 또한 공감 비율순 정렬 기능과 댓글 접기 요청 기능 등을 도입하여 자정 작용을 목표로 이용자의 댓글 관리 역할을 강화했다(윤석민·홍종윤·정영주, 2017). 그러나 이러한 정책들 역시 댓글 조작 및 여론 쏠림 현상을 유발하는 데 악용될 수 있다는 지적을 받았다. 이에 네이버는 2018년 댓글 작성 시간을 60초로 설정하고, 1인이 24시간 내 작성할 수 있는 댓글 수를 20개로 제한하는 정책을 도입하였다. 2019년 11월에는 인공지능 기술을 활용하여 악성 댓글을 필터링하는 클린봇 기능을 추가했다.

하지만 악성 댓글로 인한 유명인 사망 사건이 연이어 발생하자, 네이버는 2020년 2월 연예 뉴스 댓글 기능을 잠정 폐지하였다. 이후 2020년 3월에는 댓글 닉네임과 활동 이력 공개, 2020년 8월에는 스포츠 뉴스 댓글까지 잠정 폐지하게 된다. 카카오 또한 네이버와 유사한 과정을 거쳐 연예 및 스포츠 뉴스에 대한 댓글서비스를 폐지했다. 이와 동시에 네이버와 카카오는 2020년 4월 국회의원 선거를 기점으로 어뷰징 기사와 여론 왜곡 등의 문제에 대응하기 위해 실시간 검색어 서비스를 폐지하는 등 지속적인 뉴스 서비스 개편을 단행하고 있다.

〈표 3-1〉 포털 뉴스 서비스 관련 자율 규제 변천

시기	연도	주요 내용
제1시기 (2000~2008년)	2005	- 네이트: '미디어책무위원회' 구성 - 다음: '열린사용자위원회' 구성
	2006	- 네이버 및 다음: '아웃링크' 방식 도입
	2007	- 네이버: '이용자위원회' 구성, 인기 검색어를 급상승 검색어로 변경, 주제별 검색어 서비스 도입
	2008	- 다음: '인링크-아웃링크' 혼합 방식 도입
제2시기 (2009~2015년)	2009	- 포털사업자: 한국인터넷자율정책기구(KISO) 출범 및 댓글 자율 규제 시작 - 네이버: '뉴스캐스트' 도입
	2013	- 네이버: '뉴스스탠드' 도입
	2014	- 네이버: 뉴스스탠드와 뉴스캐스트 결합 서비스 및 뉴스 클러스터링 도입 - 다음: '3진 아웃제' 도입
	2015	- 네이버·카카오: '뉴스제휴평가위원회' 운영 - 다음: 알고리즘 기반 추천 시스템 '루빅스(RUBICS)' 도입
제3시기 (2016년 이후)	2016	- 네이버: 댓글 통계 제공
	2017	- 네이버: 알고리즘 기반 추천 시스템 '에어스(AiRS)' 도입
	2018	- 네이버: 댓글 작성 텀, 1일 댓글 개수 제한 도입
	2019	- 네이버: 댓글 필터링 '클린봇' 도입
	2020	- 네이버, 카카오: 연예 및 스포츠 뉴스 댓글 폐지

출처: 김위근·황용석(2020), 44쪽에서 인용

5. 포털 뉴스 배열 알고리즘으로 인한 이슈

뉴스캐스트와 뉴스스탠드를 거치며 한국의 디지털 뉴스 유통 환경은 또 한 번의 거대한 패러다임 전환을 맞이했다. 인간 편집자의 판단과 언론사의 편집권이 개입하던 시대를 지나, 이제는 정교한 코드로 설계된 알고리즘이 보이지 않는 편집자로서 뉴스 유통의 핵심적인 역할을 수행하는 시대가 본격적으로 열린 것이다. 네이버가 '에어스(AiRS)'와 같은 인공지능 기반의 뉴스 추천 시스템을 전면에 내세운 것은 이러한 변화를 상징적으로 보여주는 사건이었다. 플랫폼은 알고리즘을 통해 수많은 뉴스 콘텐츠 중에서 각 이용자의 관심사에 가장 부합하는 뉴스를 선별하여 제공함으로써, 정보 과잉 시대의 피로감을 줄이고 개인화된 만족을 극대화할 수 있다고 주장했다. 이러한 변화는 표면적으로 효율성과 기술적 진보의 성과로 비쳤다. 그러나 인간 편집자의 게이트키핑 역할이 기계의 '자동화된 큐레이션(Automated Curation)'으로 대체되는 과정에서, 과거와는 전혀 다른 차원의 새로운 저널리즘 이슈들에 직면하게 되었다.

1) 알고리즘 편향성

포털 사업자들은 뉴스 편집에 대한 정치적·사회적 비판에서 벗어나기 위한 해결책으로 알고리즘을 도입하면서, 기계적 중립성을 통해 '공정성'을 담보할 수 있다고 주장해 왔다. 알고리즘은 인간 편집자처럼 특정 이념이나 가치관을 가질 수 없으므로, 외부의 압력이나 내부의 편견 없이 객관적인 데이터에 기반하여 뉴스를 추천한다는 논리이다. 그러나 이러한 주장은 알고리즘의 작동 방식과 그 이면에 숨겨진 인간의 개입을 간과한 기술 결정론적 시각에 불과하다. 알고리즘은 결코 진공 상태에서 만들어지지 않으며, 그 설계와 운영 과정 곳곳에 인간의 가치와 편향이 개입될 수밖에 없다.

첫째, 알고리즘의 설계 단계에서부터 편향이 개입될 수 있다. 어떤 데이터를 수집하고, 각 데이터에 어느 정도의 가중치를 부여하며, 어떤 변수를 추천 모델에 포함할지를 결정하는 것은 전적으로 개발자의 몫이다. 예를 들어, 이용자의 클릭이라는 행위에 높은 가중치를 부여하는 알고리즘은 본질적으로 선정적이고 자극적인 뉴스를 선호하게 될 가능성이 크다. 또한, 체류 시간을 중요한 변수로 설정하면, 짧고 명료한 스트레이트 기사보다는 논쟁을 유발하여 댓글 참여를 유도하는 기사가 더 많이 추천될 수 있다. 이러한 설계 과정에서의 결정들은 특정 유형의 콘텐츠나 특정 관점을 가진 뉴스에 체계적으로 유리하거나 불리하게 작용함으로써 일종의 기울어진 운동장을 만들 수 있다.

둘째, 알고리즘이 학습하는 데이터 자체에 이미 사회적 편견이 내재하여 있을 수 있다. 알고리즘은 과거 이용자들이 소비했던 방대한 양의 데이터를 학습하여 미래의 선호를 예측한다. 만약 과거 데이터에 특정 집단에 대한 편견이나 특정 이념에 대한 선호가 반영되어 있다면, 알고리즘은 이러한 편견을 그대로 학습하고 심지어 증폭시켜 추천 결과에 반영하게 된다. 예를 들어, 특정 정치인에 관한 부정적인 기사가 과거에 많은 클릭을 받았다면, 알고리즘은 해당 정치인에 대한 부정적인 뉴스를 선호하는 경향을 학습하게 되어 유사한 기사를 지속적으로 추천할 수 있다.

이는 이용자의 기존 편견을 강화하고 사회적 낙인을 재생산하는 결과를 초래할 수 있다.

2) 필터버블 현상

알고리즘 뉴스 추천의 가장 큰 장점이라 여겨지는 개인화는 필터버블로 이어질 수 있다. 알고리즘은 이용자의 과거 뉴스 소비 이력, 검색 기록, 클릭 패턴 등을 분석하여 이용자의 정치적 성향이나 관심사를 추론한다. 그리고 그 추론을 바탕으로 이용자가 동의할 만한, 혹은 좋아할 만한 콘텐츠를 우선하여 노출한다. 이러한 형태의 노출이 반복되면 이용자는 자신의 기존 신념과 가치관을 강화하는 정보만을 지속적으로 접하게 된다. 반면에 자신과 다른 관점이나 비판적인 의견에 노출될 기회는 제한되거나 차단된다.

이러한 현상은 민주주의 발전의 근간이 되는 건강한 공론장의 형성을 위협한다. 민주주의 사회는 다양한 의견이 자유롭게 경쟁하고 상호작용하며 사회적 합의를 형성해 나가는 과정을 통해 발전한다. 그러나 필터버블은 사회 구성원들이 공유하는 공통의 정보 기반을 무너뜨리고, 각자의 개인화된 현실 속에 고립시킨다. 이는 사회적 갈등과 정치적 양극화를 초래하며, 공동의 문제를 해결하기 위한 여론 형성과 숙의의 가능성 자체를 파괴할 수 있다.

3) 투명성 부족과 책임성의 문제

알고리즘이 추천한 뉴스로 인해 사회적 물의가 발생하거나 특정 집단에 대한 편견이 확산하면 책임의 소재를 묻기 어려운 경우가 많다. 뉴스 추천 알고리즘은 수많은 변수와 복잡한 연산 과정으로 이루어져 있어 내부 개발자조차 특정 뉴스의 추천 이유를 명확히 설명하기 어렵다. 이러한 투명성의 부족은 책임성의 공백으로 이어진다. 플랫폼 사업자들은 알고리즘에 의한 뉴스 추천은 인간의 개입이 없는 자동화된 기술적 과정일 뿐이라며 책임을 회피하곤 한다. 문제가 발생하면 그것은 알고리즘의 결정일 뿐 플랫폼의 의도가 아니었다는 논리이다. 이는 과거 인간 편집자가 뉴스를 배열했을 때 명확하게 존재했던 편집 책임의 주체를 모호하게 만든다.

언론사 역시 책임의 문제에서 벗어나 있지 않다. 자기 기사가 알고리즘을 통해 어떻게 유통되고 어떤 맥락에서 소비되는지를 통제할 수 없게 되면서 기사의 사회적 파장에 대한 책임감이 약화할 수 있다. 결국 알고리즘이라는 블랙박스는 플랫폼과 언론사 모두에게 책임을 전가하거나 회피할 수 있는 편리한 수단을 제공한다. 하지만 이용자와 사회 전체는 그로 인한 피해를 고스란히 감당해야 하는 부조리한 상황에 놓인다. 알고리즘의 작동 원리에 대한 최소한의 투명성 확보와 그 결과에 대해 사회적 책임을 물을 수 있는 제도 마련이 시급한 이유다.

4) 개인 데이터 및 프라이버시 침해

알고리즘이 제공하는 정교한 개인화 서비스는 공짜가 아니다. 그 이면에는 이용자 개인에 대한 방대한 양의 데이터 수집과 활용이라는 대가가 존재한다. 알고리즘이 이용자의 정치적 성향, 관심사, 심지어 감정 상태까지 추론하여 맞춤형 뉴스를 제공하기 위해서는 많은 개인 데이터가 요구된다. 이를 위해 플랫폼은 뉴스 소비 이력, 검색어, 클릭 및 공유 패턴, 체류 시간, 위치 정보 등 민감한 개인 데이터를 끊임없이 수집하고 분석해야 한다.

이러한 과정은 심각한 프라이버시 침해의 우려를 낳는다. 대부분의 이용자는 자신의 데이터가 어떤 범위까지 수집되고, 어떻게 분석되어 뉴스 추천에 활용되는지를 인지하지 못한 채 서비스를 이용한다. 플랫폼이 제공하는 서비스를 무상으로 이용하기 위해서나 혹은 데이터 수집에 저항할 수단이 없어서 체념해서이기도 하다(문상현, 2025). 플랫폼 사업자들은 포괄적인 약관 동의를 통해 합법적인 데이터 수집의 근거를 마련하지만, 이는 데이터 주체인 이용자의 실질적인 통제권이 보장되지 않는 형식적인 절차에 그치는 경우가 많다.

수집된 데이터는 뉴스 추천에 국한되지 않고, 제3자에게 판매되거나 타깃 광고 혹은 정치 캠페인에 활용될 수 있다(문상현, 2022). 또한, 대규모 개인 데이터의 수집은 해킹이나 유출의 위험에 항상 노출되어 있으며, 국가 권력에 의한 감시나 통제의 수단으로 악용될 가능성도 배제할 수 없다. 결국 개인화된 뉴스의 편리함을 얻는 대가로 자신의 데이터 주권을 상실하고, 디지털 감시 사회의 일부로 편입되는 위험을 감수하는 것이다. 개인정보 자기 결정권의 실질적인 보장과 데이터 활용에 대한 법적 규제가 없다면 알고리즘은 프라이버시를 위협하는 무서운 흉기가 될 수 있다.

5) 허위 정보의 확산

허위 정보(disinformation), 또는 '가짜뉴스'는 사실에 기반하지 않은 거짓 정보를 의도적으로 만들어 유포하는 것으로, 디지털 미디어 환경의 가장 심각한 병폐 중 하나이다. 포털은 소셜 미디어와 함께 허위 정보 확산과 유통의 대표적인 경로로 비판받는다. 허위 정보는 종종 사람들의 감정을 자극하거나 사회적 편견에 부합하는 내용을 담고 있기 때문에 더 높은 클릭과 공유를 기록하는 경향이 있다.

알고리즘은 기사의 진실성 여부를 판별할 능력이 없다. 알고리즘은 오직 이용자의 반응, 즉 클릭, 공유, 댓글, 체류 시간 등의 데이터만을 기준으로 기사의 가치를 판단한다. 따라서 이용자의 폭발적인 반응을 얻는 허위 정보는 알고리즘에 의해 인기 있는 또는 중요 콘텐츠로 인식되어 더 많이 추천되는 악순환이 발생한다. 소셜 미디어와 결합하면 이러한 확산 속도는 기하급수적으로 빨라진다. 이용자들은 자신이 신뢰하는 친구나 지인이 공유한 뉴스를 비판 없이 받아들이는 경향이 있다. 알고리즘은 이러한 사회적 관계망을 타고 허위 정보를 더욱 빠르고 효과적으로 퍼뜨린다.

허위 정보의 유통은 개인의 판단을 흐리게 할 뿐 아니라 사회 전체에도 심각한 해악을 끼친다. 미국 대통령 선거 사례에서도 보듯이, 선거 시기에 유포된 특정 후보에 대한 악의적 허위 정보는 유권자의 선택을 왜곡하고 선거의 공정성을 훼손할 수 있다(문상현, 2022). 또한, 특정 집단에 대한 혐오를 조장하는 허위 정보는 사회적 갈등을 유발하고 소수자에 대한 차별과 폭력을 정당화하는 도구로 악용될 수 있다. 지난 팬데믹에서 경험했듯이, 공중 보건과 관련된 위기 상황에서 잘못된 의학 정보가 퍼지면 국민의 생명과 안전이 직접적으로 위협받기도 한다.

이러한 문제의 심각성 때문에 포털 사업자들은 팩트체크 기관과의 협력을 강화하고, 허위 정보 신고 기능을 도입하는 등 다양한 대응책을 마련해 왔다. 그러나 교묘하게 조작된 허위 정보를 실시간으로 모두 걸러내는 일은 기술적으로 매우 어렵다. 또한, 표현의 자유를 침해할 수 있다는 우려 때문에 허위 정보에 대한 규제는 항상 조심스럽게 접근할 수밖에 없다.

04 포털 뉴스 서비스에 대한 제도적 규제

1. 포털 뉴스 서비스 법적 규제 도입

포털 뉴스 규제는 포털이 제공하는 뉴스 배열 서비스의 정치적 편향성, 상업적 연성 뉴스의 유통, 포털 뉴스 댓글 조작 등이 문제점으로 지적되어 지속적으로 규제 필요성이 제기되고 있다. 과거 윤석열 정부에서는 포털의 뉴스 유통에 대한 투명성 강화를 국정과제로 제시하기도 했다. 국회와 정부, 학계, 언론사 등이 모두 일정 정도의 포털 뉴스 규제에 대한 필요성에 공감한다. 포털 사업자들도 이러한 여론에 따라 포털 뉴스의 알고리즘 투명성 제고, 포털 뉴스 댓글 개편 등 자율 규제를 강화하는 방안을 마련하여 대응에 나서고 있다(최진용, 2023).

국내 포털사업자는 언론사의 편집 기능과 유사한 기사배열, 뉴스사업자를 검색과 콘텐츠 제휴 등으로 구분하여 뉴스 콘텐츠 노출 차등화, 추천 알고리즘 적용, 댓글 시스템을 특징으로 하는 뉴스 서비스를 제공한다. 국내 포털을 통해 유통되는 뉴스 콘텐츠는 트래픽이 증가하면 포털로부터 광고 수입이 증가한다. 언론사들이 포털과의 제휴를 위해 노력하고 적극적으로 자극적인 뉴스를 생산해서 기사 클릭 수를 늘릴 수밖에 없는 구조적 배경이 여기에 있다.

인터넷에서 뉴스를 유통하는 포털의 뉴스 서비스는 신문법의 등록 의무와 준수사항, 언론중재법의 적용대상으로 규정되어 언론에 준하는 최소한의 법적 책임과 의무를 부여받고 있다. 뉴스 유통에서 차지하는 포털의 압도적 영향력은 한국 사회에서 나타나는 특수한 현상이다. 검색서비스를 주요 기반으로 하는 구글과 달리 네이버와 다음은 뉴스 서비스가 이용자 활성화를 도모하는 주요 서비스의 하나다. 대다수의 국내 인터넷 이용자들은 포털에서 뉴스를 접한다. 포털이 여론을 결정하는 사회적 분위기가 가속화되는 가운데 기존 언론사의 포털 종속 현상 심화와 어뷰징 기사의 양산, 클릭 수를 높이기 위한 자극적인 타이틀 기사의 양산, 포털의 뉴스 서비스 언론사의 선정, 뉴스의 배열 방식 개선 요구가 지속되고 있지만 그에 상응하는 포털의 사회적 책임과 의무가 부재하다는 지적은 규제 도입을 위한 여론 형성의 밑거름이 되고 있다.

포털 뉴스 서비스는 정치적으로도 매우 민감한 사안이다. 특히 여론에 민감한 정치권은 정치적 유불리에 따라 포털 중심의 뉴스 유통 고착화에 대한 견해 차이가 극명하다. 포털에 유통되는 뉴스에 대해 정치권에서는 자신들에게 불리한 여론이 만들어지는 원인으로 포털의 뉴스 유통 서비스를 지적하고 있다. 이는 이념적 혹은 정파적 차이와도 무관하게 나타나고 있다. 포털의 뉴스 서비스 규제는 민주주의에 가장 큰 영향을 미치는 여론 형성 기능을 원활하게 작동시킬 수 있도록 함과 동시에 뉴스 이용자를 보호하는 것이 목적이다. 포털의 뉴스 서비스 규제가 결과적으로 특정 정치세력에 유리한 방식으로 작동하지 않도록 법제도의 설계가 이뤄져야 한다. 포털의 뉴스 서비스 규제가 실효성을 담보하기 위해서는 정치적 유불리에 초점이 맞춰지기보다는 포털 이용자들의 보호와 민주적 여론 형성에 기여할 수 있는가 라는 관점에서 접근해야 한다.

포털은 뉴스를 생산하지 않지만, 언론사가 생산한 뉴스를 배열 편집 하면서, 사회적으로 강력한 영향력을 갖게 되었다. 따라서 뉴스를 유통하는 기능만을 수행하는 포털에 대한 법적인 개념 규정의 필요성이 제기된다. 따라서 '신문 등의 진흥에 관한 법률'(이하 '신문법')과 '언론중재 및 피해구제 등에 관한 법률'(이하 '언론중재법')에서는 뉴스의 생산자로서 언론과 뉴스의 매개자인 '인터넷뉴스서비스'를 구분한다. 신문, 인터넷신문, 뉴스통신, 방송 및 잡지 등의 기사를 인터넷을 통하여 계속적으로 제공하거나 매개하는 전자간행물을 '인터넷뉴스서비스'라고 한다. 이는 2009년 '신문법'을 개정하면서 추가된 개념이다(김유석, 2021).[16)]

---

16) 포털의 뉴스 서비스는 '신문 등의 진흥에 관한 법률'(이하 '신문법') 제2조(정의) 제5호의 '인터넷뉴스서비스'에 해당한다. 인터넷뉴스서비스란 "신문, 인터넷신문, 「뉴스통신진흥에 관한 법률」에 따른 뉴스통신, 「방송법」에 따른 방송 및 「잡지 등 정기간행물의 진흥에 관한 법률」에 따른 잡지 등의 기사를 인터넷을 통하여 계속적으로 제공하거나 매개하는 전자간행물"을 말한다. 또한 동법 동조 제6호는 인터넷신문서비스사업자를 "제5호에 따른 전자간행물을 경영하는 자"로 규정하고 있다. 동법 제10조(인터넷뉴스서비스사업자의 준수사항)에 따르면, 인터넷뉴스서비스사업자는 "기사배열의 기본방침이 독자의 이익에 충실하도록 노력하여야 하며, 그 기본방침과

포털 뉴스 서비스에 대한 규제 움직임은 크게 포털 사업자와 언론사 간 갈등, 포털 뉴스 품질 논쟁, 정치권의 포털 뉴스 서비스 규제를 중심으로 나타난다. 2000년대 중반 포털의 뉴스 서비스를 언론의 성격을 갖는 것으로 규제하고자 하는 법률 개정안이 신문법과 언론중재법을 중심으로 발의되기 시작했다. 신문법은 2006년 심재철 의원과 윤원호 의원, 2007년에는 김영선 의원이 인터넷 포털과 인터넷의 정의를 신설하고 포털의 자의적 편집 금지, 독자권익의원회 설치, 기사 수정시 기사 생산자의 동의 의무화 등을 추진했다(정상우, 2007).

포털이 제공하는 뉴스 서비스를 정치권이 규제하기 시작한 본격적인 계기는 2008년 5월 촛불집회가 도화선이었다(안종묵, 2009b). 당시 정부와 여당은 포털을 규제하기 위해 2008년 7월 '신문 등의 자유와 기능 보장에 관한 법률 일부개정법률안' 발의에 이어 2008년 12월에는 '언론중재 및 피해 구제 등에 관한 법률 일부개정법률안'을 발의했다. 포털의 뉴스 서비스가 인터넷뉴스서비스사업자로부터 법적 지위 및 책무를 부여받은 것은 2009년 '신문 등의 진흥에 관한 법률'을 통해서다(황용석, 2015).

포털 뉴스의 공적 책무이행에 대한 국회 및 사회적 요구가 이어졌지만, 법률적 개정 논의에 앞서 포털은 자율정책기구인 한국인터넷자율기구(KISO)를 출범시키고 뉴스제휴평가위원회를 만들어 자율 규제를 시도하며 법적 규제를 막아왔다(배진아, 2017). 한편으로는 뉴스 서비스 방식에 대한 포털의 개선 노력도 지속됐다.

네이버는 2009년 포털이 뉴스를 스스로 편집하던 방식에서 이용자가 언론사를 선택하여 선택한 언론사의 자체 편집뉴스로 메인뉴스박스를 구성하고, 뉴스 선택 시 아웃링크를 통해 언론사 홈페이지로 이동하는 뉴스캐스트 방식을 도입했다(오세욱 외, 2022). 촛불집회 이후부터 포털의 뉴스 규제에 대한 정치권의 압박이 본격화되면서 포털 뉴스에 대한 공정성 확보와 사회적 책무를 요구하는 분위기가 형성되면서 인터넷 실명제 확대, 포털의 책임 강화, 사이버 모욕죄 신설 등 9개 관련법과 개정안이 발의되는 등 적극적인 포털 규제 시도가 이뤄졌지만 당시 야당의 반대

기사배열의 책임자를 대통령령으로 정하는 바에 따라 공개"해야 할 의무(제1항), "독자적으로 생산하지 아니한 기사의 제목·내용 등을 수정하려는 경우 해당 기사를 공급한 자의 동의를 받아야" 할 의무(제2항), "제공 또는 매개하는 기사와 독자가 생산한 의견 등을 혼동되지 아니하도록 대통령령으로 정하는 바에 따라 구분하여 표시하여야" 할 의무(제3항), "제공 또는 매개하는 기사의 제목·내용 등의 변경이 발생하여 이를 재전송받은 경우 인터넷뉴스서비스사업자의 인터넷홈페이지에 재전송받은 기사로 즉시 대체하여야" 할 의무(제4항)를 갖는다.

속에 「신문법」에서는 포털서비스의 기사배열 원칙 공개, 포털의 임의적 기사 제목 및 내용 수정 금지가 추가됐고, 2011년 「언론중재법」에서는 포털 뉴스를 언론중재 대상으로 포함시키는 일부 법률 개정이 이뤄진다(김위근·황용석, 2020).

2013년에는 이용자가 선택한 해당 언론사가 편집한 뉴스가 노출되는 뉴스스탠드 서비스를 도입한 뒤, 2016년부터 뉴스제휴평가위원회를 구성하여 언론사의 뉴스제휴 여부를 심사하고, 2017년에는 포털사업자가 맞춤형 뉴스콘텐츠를 추천해 주는 서비스를 도입하기도 했다. 뉴스의 댓글서비스와 관련해서는 2020년 연예 및 스포츠 뉴스의 댓글서비스를 폐지하고 댓글 작성자의 아이디, 프로필 사진, 닉네임이 노출되는 댓글 이력 공개를 하고 있다(최진응, 2023)

2. 최근 포털 뉴스 서비스 관련 법률 개정 추진 현황

지난 윤석열 정부가 출범했을 당시 미디어 분야 국정과제에 포털 개혁이 포함됐다. 포털이 미디어 분야 개혁의 대상이 된 이유는 추천 알고리즘을 통한 확증편향적인 미디어 소비 등의 문제를 해결하기 위해 위함이고, 포털 뉴스 서비스 제공 방식의 신뢰성과 투명성을 제고하기 위해 제도 설치를 목적으로 하고 있었다(국회입법조사처, 2022). 이 과정에서 제시된 포털 개혁의 주요 내용은 '알고리즘 투명성위원회'라는 법적 기구를 설치하고, 포털의 뉴스제휴평가위원회 회의록 공개를 의무화하고, 평가위원의 자격 기준을 법적으로 규정하여 뉴스제휴평가위원회의 투명성을 확보하는 것이 골자였다. 또한 아웃링크 시스템의 단계적 확산을 제시했다(제20대 대통령직인수위원회, 2022). 하지만 윤석열 정부가 추진했던 포털 개혁은 윤석열 정부 출범 이후 법적인 논쟁만을 양산하고 진척을 보이지 못한 채 마무리됐다.

그 결과 최근에는 제21대 국회부터 제22대 국회까지 다수의 관련 법률 개정안이 소관상임위원회인 문화체육관광위원회와 과학기술방송통신위원회에 상정됐다. 디지털 환경에서 뉴스의 유통권력을 포털이라는 기업이 거의 독과점적으로 점유하고 있기 때문이다. 이로 인해 과거 언론의 자유 보장이 정치권력과 언론사 간 문제였다면 인터넷을 기반으로 한 매체 시장에서는 국가라는 정치권력 외에 경제적 권력으로서 포털과 같은 온라인 플랫폼의 독과점 문제를 어떻게 해소할 것인가가 주요 이슈가 됐다.

포털의 뉴스 서비스에 직간접적으로 관련된 법률은 '신문 등의 진흥에 관한 법률', '언론중재 및 피해구제 등에 관한 법률', '정보통신망 이용촉진 및 정보보호 등에 관한 법률'의 3개 법이다. 포털이 제공하는 다양한 서비스 가운데 뉴스 제공 및 유통과 관련된 영역을 규제하는 것이 '신문 등의 진흥에 관한 법률'과 '언론중재 및 피해구제 등에 관한 법률'이다. 이 중에서 '신문 등의 진흥에 관한 법률'은 포털의 뉴스 서비스를 규제하는 핵심 법률이다.

최근 제21대 국회에서 발의된 신문법 개정안들은 해외 사업자의 인터넷뉴스서비스 등록 의무화, 포털 뉴스 서비스의 아웃링크 의무화, 알고리즘 편집 제한, 기사배열 기준 공개, 정정보도 표시 의무, 지역신문 및 지역방송 기사 일정 비율 이상 제공, 뉴스포털이용자위원회·인터넷뉴스편집위원회 설치 등의 내용을 담고 있다(정영주·오세욱·이현우, 2023). 2023년 김승수 의원이 발의한 '신문 등의 진흥에 관한 법률' 개정안에서는 일정 기준 이상의 인터넷뉴스서비스사업자로 하여금 대통령령으로 정하는 기관·단체의 추천을 받아 독자 등을 대표할 수 있는 위원들로 구성된 '인터넷뉴스진흥위원회'를 두도록 하며, 인터넷뉴스진흥위원회가 기사배열 기준 등에 대하여 심의하도록 하고, 기사배열 알고리즘의 주요 구성 요소 공개 요구 또는 검증에 관한 업무를 담당하며 인터넷뉴스서비스사업자에게 개선이 필요한 경우 의견제시 또는 시정권고를 하도록 함으로써 인터넷뉴스서비스의 책임성과 투명성을 강화하도록 하고 있다.

〈표 4-1〉 포털 뉴스 서비스 규제를 위한 신문법 개정 발의안

	발의일자	대표발의	주요 내용
제21대 국회	2020. 9. 9.	정희용 의원	- 기사배열의 구체적인 기준 공개 - 고의적 기사배열 조작 행위 금지
	2020. 11. 13.	김승원 의원	- 기사배열의 구체적인 기준 공개 - 지역신문 및 지역방송의 기사 일정 비율 이상 제공
	2020. 12. 7.	김예지 의원	- 연예·체육 분야 댓글에 명예훼손 정보 유통 금지하는 내용의 경고 문구 표기 의무
	2021. 1. 29.	김영호 의원	- 정정보도 동의 표시 의무
	2021. 2. 26.	이수진 의원	- 기사배열의 구체적인 기준 공개 - 기사배열 임의 수정 금지 - 기사배열의 공정성·투명성 확보 위한 인터넷뉴스편집자문위원회 운영
	2021. 4. 20.	김영식 의원	- 기사배열에 대한 대가지급 의무 신설

	발의일자	대표발의	주요 내용
			- 대가 분쟁 발생 시 문화체육관광부가 조정
	2021. 5. 6.	김남국 의원	- 고의적 기사배열 조작으로 언론의 공정성·객관성 해하는 행위 금지 - 기사배열의 구체적인 기준 공개 - 문화체육관광부 소속 뉴스포털이용자위원회 설치(기사배열 알고리즘 주요 구성 요소 공개 요구 또는 검증에 관한 업무) - 뉴스포털이용자위원회 요청 불응 시 과태료, 인터넷뉴스서비스 발행 정지, 등록취소심판청구 등 제재
	2021. 5. 18.	김상희 의원	- 해외 사업자의 인터넷뉴스서비스 등록 의무화
	2021. 6. 15.	김의겸 의원	- 독자가 검색한 결과로 기사를 제공·매개하는 경우, 신문사 등이 직접 선정·배열한 기사를 제공·매개하는 경우에만 인터넷뉴스서비스 가능 - 독자가 검색한 결과로 기사를 제공·매개하는 경우, 기사배열의 기본방침과 기사배열의 책임자 공개 - 인터넷뉴스서비스 과정 전반에 외부인사가 참여하는 자문기구 운영 시 언론진흥기금으로 지원
	2021. 6. 17.	임오경 의원	- 해외 사업자의 인터넷뉴스서비스 등록 의무화
	2021. 6. 23.	이병훈 의원	- 아웃링크 의무화
	2022. 1. 26.	조명희 의원	- 해외 사업자의 인터넷뉴스서비스 등록 의무화
	2023. 4. 3.	김승수 의원	- 인터넷뉴스서비스사업자로 하여금 독자 대표자로 구성된 인터넷뉴스진흥위원회 신설 의무화
	2023. 5. 12.	윤두현 의원	- 포털 뉴스의 사회적 책무 명시 - 뉴스 서비스로 인한 손익 현황 자료 제출 명시 - 인터넷뉴스서비스사업자의 준수사항 이행 여부 정부 조사권 부여
제22대 국회	2024. 7. 10.	임오경 의원	- 해외 사업자의 인터넷뉴스서비스 등록 의무화 - 해외 사업자의 국내 대리인 지정 의무화 - 뉴스 서비스사업자의 자료 제출 명시 및 위반 시 과태료 부과 조항 신설
	2024. 8. 6.	양문석 의원	- 인터넷뉴스서비스사업자의 고의적인 기사배열 조작 금지 - 기사배열의 기본방침과 기사배열 구체적 기준 공개
	2025. 9. 2.	최민희 의원	- 아웃링크 의무화 - 해외 사업자의 인터넷뉴스서비스 등록 의무화

22대 국회에서는 임오경 의원은 구글 등 해외 사업자도 인터넷뉴스서비스사업자 등록을 의무화하고 국내 뉴스서비스 제공 해외 사업자에게 관련 의무 및 책임을 부과하는 내용을 담아 신문법 개정법률안을 2024년 7월 발의했다. 해당 법률 개정안은 구글이 네이버와 다음과 동일하게 구글 뉴스를 통해 주요 뉴스를 보여주고 추천 기사까지 제공하면서도 인터넷뉴스서비스사업자로 등록하지 않고 그동안 국내의 규제를 회피해 왔다는 부분을 개선하는 데 목적을 두고 있다. 임오경 의원의 신문법 개정안이 통과되면 구글은 국내 대리인 지정, 관련 정보 공개, 뉴스 배열 방침 및 책임자 공개, 청소년보호책임자 지정, 시도지사 자료 제출 요구 시 응할

의무를 지며 위반 시 과태료 부과와 같은 각종 규제를 적용받게 된다.

한편 양문석 의원이 발의한 신문법 개정안은 기사 노출 방식의 편향성 문제를 지적하며 인터넷뉴스서비스사업자로 하여금 고의적으로 기사배열을 조작하는 행위를 금지하고 기사배열의 기본방침과 기사를 배열하는 구체적인 기준을 공개하도록 하고 있다. 현행 신문법은 기사배열과 관련하여 기사배열의 기본방침이 독자의 이익에 충실하도록 노력해야 한다고 규정하고, 기사배열의 기본방침과 기사배열의 책임자를 공개하도록 하고 있다. 양문석 의원의 신문법 개정법률안은 기사배열의 기본방침에 고의적으로 기사배열을 조작하는 행위를 금지하는 내용을 추가하고 공개 대상에도 기사배열의 기준을 공개하도록 하여 인터넷뉴스서비스의 기사배열에 대한 공정성과 투명을 제고하고자 한다. 가장 최근에는 최민희 의원이 포털 뉴스 서비스의 아웃링크 의무화를 골자로 하는 신문법 개정안을 발의했다.

〈표 4-2〉 포털 뉴스 서비스 규제를 위한 언론중재법 개정 발의안

	발의일자	대표발의	주요 내용
제21대 국회	2021. 8. 25.	위원장 대안	- 열람차단 청구권 신설 - 정정보도 등이 있음을 표시하고 내용을 쉽게 검색 및 확인할 수 있도록 필요한 조치 의무 신설
	2021. 11. 11.	김의겸 의원	- 정정보도 등이 있는 경우 검색배제 청구 허용
	2023. 5. 22.	윤두현 의원	- 언론 범위에 포털 뉴스를 포함
제22대 국회	2024. 6. 18.	김영호 의원	- 인터넷뉴스서비스사업자가 정정보도·반론보도 또는 추후보도에 관한 수용을 통지받은 때에는 기사의 제목 및 내용 상단에 정정보도·반론보도 또는 추후보도가 있음을 표시
	2025. 3. 10.	김장겸 의원	- 포털 사이트 또는 언론사가 정정보도 등을 청구받거나 언론중재위원회 조정 대상자가 된 경우 상호통보 의무화 및 조정 과정 참여권 부여

'언론중재법'에서도 포털 뉴스 서비스 사업자는 '인터넷뉴스서비스사업자'로 분류돼 규제된다.[17] 포털의 뉴스 서비스 규제를 목적으로 하는 언론중재법 개정안 제출도 단골 메뉴다. 신문법과 유사하게 언론중재법도 2000년대 중반부터 포털의 뉴스 서비스 규제를 위한 법률 개정안이 제출되기 시작했다. 2006년 박찬숙 의원의 개정안은 인터넷신문의 범위를 포털까지 확장하여 언론중재의 대상으로 삼는 내용을

17) 언론중재법 제2조(정의) 제1호는 '언론'을 "방송, 신문, 잡지 등 정기간행물, 뉴스통신 및 인터넷신문"으로 규정한 뒤, 제18호에서 "언론의 기사를 인터넷을 통하여 계속적으로 제공하거나 매개하는 전자간행물"을 '인터넷뉴스서비스'로 정의한다. 언론중재법은 뉴스의 배포자 또는 매개자로서 '인터넷뉴스서비스'를 정의한다.

담았고, 노웅래 뉴스서비스제공자라는 개념을 신설하여 언론중재 절차의 대상으로 삼도록 했고, 최구식 의원은 인터넷 언론 개념을 도입하여 포털에 적용하는 내용을 담은 법률 개정을 추진한 바 있다. 최근에도 포털 뉴스 규제 목적의 언론중재법 개정안이 2021년 8월 문화체육관광위원회 위원장 대안으로 발의됐다. 문화체육관광위원회 위원장이 발의한 대안은 열람차단 청구권 신설과 인터넷뉴스서비스사업자의 정정보도 표시 및 정정보도 내용 검색 등 필요 조치 의무화를 담았다. 한편 2023년 윤두현 의원은 언론중재법 발의를 통해 언론 범위에 포털 뉴스를 포함시켜 포털이 언론으로서 사회적 책임을 수행하도록 하는 법률 개정안을 발의하기도 했다.

22대 국회에서는 김영호 의원 대표 발의안으로 인터넷뉴스서비스사업자가 정정보도나 반론보도 등을 통지받았을 경우에 이를 기사 상단에 표기하는 안을 발의했다. 김장겸 의원 발의안에서는 포털 사이트 또는 언론사가 정정보도 등을 청구받거나, 언론중재위원회 조정 대상자가 될 경우 상호통보 의무화 및 조정 과정 참여권을 부여하는 안을 발의했다.

〈표 4-3〉 포털 뉴스 서비스 규제를 위한 정보통신망법 개정 발의안

	발의일자	대표발의	주요 내용
제21대 국회	2021. 3. 19.	이원욱 의원	- 기사배열 알고리즘을 매년 과학기술정보통신부 장관 및 방송통신위원장에게 제출
	2021. 6. 25.	류호정 의원	- 알고리즘 설계 및 적용 관련 분쟁조정을 위해 알고리즘분쟁조정위원회 신설 - 알고리즘 설계 시 준수 원칙 공개
	2021. 10. 5.	한준호 의원	- 일정 규모 이상 인터넷뉴스서비스사업자는 매체 선정 기준, 기사배열 및 관리 등에 관한 자료 제출 의무화
	2022. 4. 27.	김의겸 의원	- 포털의 기사 추천·배열·편집 금지 - 포털 제휴 언론사 차별 금지 - 아웃링크 의무화 - 위치 정보를 이용 지역 언론 기사 노출
제22대 국회	2025. 6. 26.	김장겸 의원	- 해외 사업자가 국내 대리인 지정 또는 변경 시 방송통신위원회 통보 의무화 - 해외 사업자가 설립한 국내 법인 또는 임원 구성·사업 운영 등에 지배적 영향력 행사하는 국내 법인이 있는 경우 해당 법인을 국내 대리인으로 지정

정보통신망법의 경우 허위조작정보에 대한 삭제 의무 부여, 알고리즘 관련 내용 제출 의무화, 인터넷뉴스서비스사업자의 언론사 선정 및 뉴스 배열 기준에 관한 자료 요청, 댓글 관련 게시판 운영 제한 조치, 매크로 프로그램을 이용한 여론조작 행위 금지, 알고리즘 투명성위원회 설치, 이용자위원회 설치 등 다양한 내용의 법안

들이 발의되어 있다. 2021년 더불어민주당의 한준호 의원이 발의한 정보통신망 이용촉진 및 정보보호 등에 관한 법률 일부개정법률에 따르면 정보통신망법을 개정하여 매출액, 이용자 수 등이 대통령령으로 정하는 기준에 해당하는 인터넷뉴스서비스사업자는 매년 방송통신위원회에 언론사를 선정하는 방침, 뉴스서비스의 배열, 관리 및 운영에 관한 기준에 관한 자료를 제출하도록 명할 수 있는 근거를 신설하여 포털과 언론사의 건강한 언론 지형 조성과 이용자 정보권익 보호의 법적 체계를 마련하도록 하고 있다. 2022년 발의된 김의겸 의원이 발의한 정보통신망법 개정안은 인터넷뉴스서비스사업자에게 독자가 검색한 결과로 기사를 제공 또는 매개하는 경우와 기사를 제공하는 신문 등이 직접 선정하여 배열한 기사를 제공 또는 매개하는 경우에만 인터넷뉴스서비스를 할 수 있도록 하고, 이용자가 뉴스를 제공하는 정보통신서비스 제공자인 해당 언론사의 홈페이지를 통해서만 뉴스를 열람할 수 있는 기술적 조치를 마련하도록 하고 있다. 정보통신망법 개정 법안의 경우 공정한 시장 질서를 만들고 정보통신 이용자의 정당한 권리를 확보하기 위해 포털 사업자의 기사배열 알고리즘 관련 내용을 과학기술정보통신부 장관과 방송통신위원장에게 의무 제출하도록 하고 있다(윤혜선, 2021).

22대 국회에서는 김장겸 의원의 경우 해외 사업자가 국내 대리인을 지정하거나 변경하는 경우 방송통신위원회에 통보 의무를 부과하고, 해외 사업자가 설립한 국내 법인을 국내 대리인으로 지정하는 안을 발의했다.

05 언론사 디지털 광고 환경 변화

1. 모바일 광고 성장과 국내 광고시장의 변화

2025년 1월 발표된 「2024 방송통신광고비 조사」에 따르면, 2023년 국내 총광고비는 16조 5,410억 원, 2024년은 17조 원을 돌파한 것으로 나타났다. 2023년 매체별 광고비를 살펴보면 방송 광고비는 3조 3,899억 원(20.5%), 온라인 광고비는 9조 3,653억 원(56.6%), 인쇄 광고비는 2조 261억 원(12.2%), 옥외 광고비는 1조 2,208억 원(7.4%), 기타 5,390억 원(3.3%)으로 집계되었다. 총광고비 추이를 보면 코로나19 직후 감소세를 보인 이후, 2021년 9.9%, 2022년 6.5% 성장률을 기록하였다. 그러나 2023년에는 성장세가 멈추었고, 2024년에는 2.8% 성장했으며, 2025년에는 2.7% 성장할 것으로 전망된다(과학기술정보통신부·한국방송광고진흥공사, 2025. 1.).

〈표 5-1〉 국내 매체별 광고비 변화 추이

(단위: 백만 원)

매체 유형	2019	2020	2021	2022	2023	2024(e)	2025(e)
방송	3,771,046	3,484,137	4,053,056	4,021,190	3,389,852	3,025,290	2,961,509
인쇄	2,372,993	1,920,054	2,020,766	2,127,737	2,026,075	2,039,377	2,024,613
온라인	6,521,929	7,528,378	8,003,643	8,706,170	9,365,256	10,135,816	10,648,035
옥외	1,256,765	835,759	930,197	1,069,335	1,220,803	1,259,140	1,280,470
기타	504,196	351,960	509,712	595,842	539,028	541,033	542,273
총광고비	14,426,928	14,120,289	15,517,375	16,520,276	16,541,014	17,000,656	17,456,901

출처: 과학기술정보통신부·한국방송광고진흥공사(2025. 1.)

이처럼 우리나라는 세계 최고 수준의 인터넷 인프라와 포털 중심의 미디어 환경을 기반으로 디지털 광고시장이 빠르게 성장해 왔으며, 광고 산업의 지형을 근본적으로 변화시켰다. 2016년 국내 총광고비에서 방송광고(4조 1,351억 원)가 온라인 광고(4조 1,547억 원)에 처음으로 선두를 내준 이래, 2017년에는 방송광고가 4조 514억 원으로 감소한 반면, 온라인 광고는 4조 7,751억 원을 기록해 전년도에 비해 14.9% 증가하였다. 특히 온라인 광고 중 PC 광고비는 2016년 대비 12.1% 감소한 1조 9,092억 원으로 집계되었으나, 모바일 광고 총액은 2조 8,659억 원으로 전년 대비 44.6%나 증가하였다. 이는 온라인 광고 시장 내에서도 PC에서 모바일로의 급격한 이동이 이루어지고 있음을 보여준다(아이뉴스 24, 2018. 12. 23).

모바일 광고의 성장은 스마트폰 보급 확대 및 이용 시간 증가, 개인화된 앱 환경 확산 등에 기인한 것으로 보인다. 2022년 한국광고총연합회의 조사에 따르면, 광고주들이 가장 선호하는 매체는 온라인(60.3%)으로 나타났으며, 지상파TV(15.1%), 케이블TV(12.3%), 옥외(2.7%)가 뒤를 이었다. 특히 온라인 광고 중 모바일 비중은 70~80%에 이르렀는데, 정교한 타기팅 광고, 동영상 및 소셜 미디어의 성장에 따른 결과로 해석된다(한국광고총연합회, 2022. 4. 15.).

2023년 국내 온라인 광고비 9조 3,653억 원 중 모바일 광고비가 7조 2,887억 원으로 77.8%를 차지하였다. PC 광고비는 약 2조 원으로 22.2% 수준에 머물렀다. 이는 모바일이 불과 몇 년 만에 온라인 광고의 주력 매체로 부상했음을 의미한다. 2023년 전체 광고시장에서도 온라인 광고가 56.6%를 차지하여 방송(20.5%)과 인쇄(12.2%)를 크게 상회하였다.

〈표 5-2〉 최근 3년간 온라인 광고시장 규모 추이

(단위: 백만 원)

	매출액			구성비(%)		
	2023년	2024년(e)	2025년(e)	2023년	2024년	2025년
PC	2,076,573	2,255,583	2,337,198	22.2	22.3	21.9
모바일	7,288,683	7,880,233	8,310,837	77.8	77.7	78.1
총계	9,365,256	10,135,816	10,648,035	100.0	100.0	100.0

출처: 과학기술정보통신부·한국방송광고진흥공사(2025. 1.)

포털의 광고 사업 성장세도 두드러진다. 네이버의 2024년 3분기 누적 디스플레이 광고(DA) 매출은 6,669억 원으로 전년 동기(6,164억 원) 대비 8.2% 증가했고, 검색광고(SA) 매출도 2조 1,811억 원으로 전년 동기(2조 331억 원) 대비 7.3%

증가하였다. 카카오 역시 2024년 3분기 누적 톡비즈 광고 매출이 8,780억 원으로 전년 동기(8,150억 원) 대비 7.7% 증가하였다(이혜미, 2024. 12. 27.).

2. 소셜 미디어의 성장으로 인한 광고시장 구조 변화

유튜브, 페이스북, 인스타그램, 틱톡 등 소셜 미디어의 급성장은 광고시장 구조에 중대한 변화를 가져왔다. 특히 유튜브와 메타(Meta) 계열 SNS 플랫폼은 국내 디지털 광고 예산의 상당 부분을 흡수하면서 포털 및 전통 매체의 입지를 약화시켰다(매드타임즈, 2022. 4. 25.). 2022년 한국광고총연합회가 국내 73개 주요 광고주를 대상으로 실시한 광고비 집행계획 및 선호 매체에 대한 설문조사 결과, 온라인·모바일 광고비 배분에서 유튜브는 32.8%로 가장 큰 비중을 차지하였다. 이어 페이스북·인스타그램이 24.9%로 나타났으며, 이는 네이버(17.5%)와 카카오(9.5%)를 상회하는 수치이다.

〈그림 5-1〉 2022년 73개 광고주 온라인/모바일 광고비 배분 비율

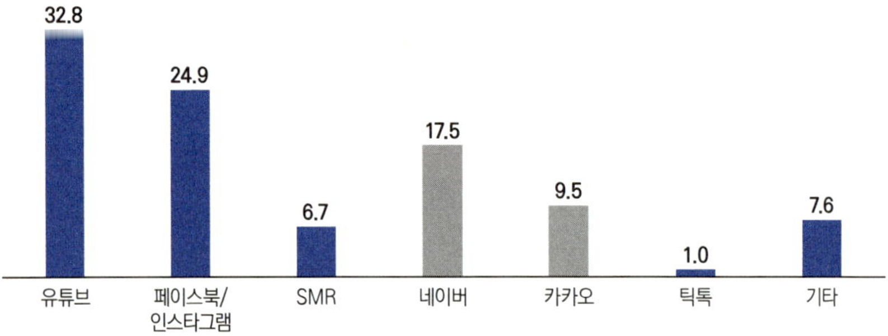

출처: 한국광고총연합회(2022. 4. 15.)

이러한 결과는 글로벌 소셜 플랫폼이 국내 광고시장에서 절반 이상을 점유하고 있음을 보여준다. 틱톡은 도입 초기 비중이 1% 미만에 불과했으나, 2023년 이후 단기간에 성장하며 MZ세대를 중심으로 영향력을 확대하였다. 이는 숏폼(short-form) 영상 콘텐츠의 확산과 맞물려 광고주의 관심을 집중시키는 계기가 되었고, 결과적으로 영상 기반 광고의 성장은 광고시장의 구조 변화를 가속하였다

(매드타임즈, 2023. 3. 17.).

광고주들은 성과형 광고의 효율성과 정교한 타기팅 기능을 활용하여 ROAS(Return on Ad Spend)를 극대화하려는 경향을 보이고 있으며, 이에 따라 소셜 미디어 광고 예산은 지속적으로 확대되고 있다. 반면, 전통 매체와 국내 포털은 광고 파이의 상당 부분을 글로벌 소셜 미디어에 내어주는 상황이다. 이에 대응하기 위해 국내 언론사는 자체 영상 콘텐츠 강화, 소셜 미디어와의 제휴, 멀티 플랫폼 확산 전략 등을 모색하고 있다. 이러한 시도는 광고 의존도를 분산시키고, 새로운 수익 기반을 창출하기 위한 불가피한 대응 전략이라 할 수 있겠다(매드타임즈, 2022. 4. 25).

3. 국내 디지털 광고의 발전 과정[18)]

1) 초창기(1990년대 중반~1990년대 후반): 디지털 광고의 탄생 및 성장

국내에서 디지털 광고가 본격적으로 시작된 것은 1990년대 중반 인터넷 보급과 함께 등장한 배너 광고였다. 미국에서는 1994년 최초의 온라인 배너 광고가 도입되었으며, 한국도 이를 빠르게 받아들여 1996~1997년경부터 언론사 웹사이트와 포털 초기 화면 등에 배너 광고를 게재하였다.

국내 디지털 광고시장은 1997년 약 210억 원 수준에 불과했으나, 매년 두 배에 가까운 성장세를 보이며 1999년 812억 원에 도달하였다. 이러한 폭발적 성장에는 네이버와 다음 등 포털의 부상이 중요한 배경으로 작용하였다. 포털은 언론사로부터 콘텐츠를 제공받는 대가로 광고 공간을 제공하였으며, 이를 통해 인터넷 광고의 초기 생태계가 형성되었다(제일기획, 2001).

광고 형식은 초기의 단순한 GIF 배너나 텍스트 링크 형태에서 점차 리치미디어 배너, 인터랙티브 배너, 팝업 광고 등으로 확대되었는데, 웹페이지 접속 시 자동으로

18) 문화체육관광부와 한국디지털광고협회가 공동 제작 한 〈디지털 광고 온라인 교재(digitaladbook.kodaa.or.kr)〉 내용 중 '디지털 광고의 역사 구분'(오창호, 2023. 12.)을 참조해 재구성하였다.

등장하는 팝업창 광고가 대표적이라 할 수 있겠다. 이러한 형식은 초기에 광고주로부터 주목을 받았으나, 동시에 이용자에게는 콘텐츠 이용을 방해하는 불편을 초래하였다. 이로 인해 팝업 광고는 브라우저 차단 기능 확산과 함께 점차 퇴조하게 되었다.

2) 성장기(2000년대 초반~2000년대 후반): 디지털 광고의 정착 및 확산

2000년대 들어서며 네이버가 뉴스 서비스를 시작하고, 2003년 다음이 '미디어 다음'을 출범시키는 등 대형 포털들은 언론사 뉴스 콘텐츠를 자사 화면에 노출하기 시작하였다. 이로써 포털 뉴스 트래픽이 곧 광고 수익으로 연결되는 새로운 수익 모델이 형성되었다(기자협회보, 2022. 5. 3.).

초기에는 포털이 언론사에 뉴스 사용료(전재료)를 지급하고 자체적으로 광고를 유치하는 구조였으나, 검색광고(search advertising)라는 혁신적 모델이 등장하면서 판도가 변화하였다. 검색광고는 사용자의 검색어와 연관된 광고를 검색 결과 페이지 상단에 노출하는 형태로, 클릭당 과금(CPC)이 되는 성과형 광고의 일종이다. 한국에서는 2002년 설립된 오버추어 코리아(Overture Korea)가 시장을 열었고, 이후 네이버의 파워링크가 이를 이어받으며 검색광고 시장을 선도하였다.

2000년 국내 전체 광고비 지출 중 2%(1,360억 원)에 불과해 변방의 매체로 머물렀던 디지털 광고가 2000년대 중반을 넘어서면서 핵심 광고매체로 자리 잡게 되었는데, 2009년에는 1조 2,430억 원으로 전체 광고비 중 17.1%를 차지하는 급성장세를 보였다(제일기획, 2010).

그 결과 2000년대 중반 이후 검색광고 매출은 디스플레이 배너 광고 매출을 앞지르기 시작했고, 포털들은 검색광고를 핵심 수익원으로 급성장시켰다. 검색광고의 성공은 네이버와 다음 등 포털이 국내 인터넷 광고시장의 핵심 플레이어로 부상하는 결정적 계기가 되었다. 이 시기 정부의 정책적 지원과 광고 기술 발전 역시 성장에 기여하였다.

3) 성숙기(2010년대 초반~2010년대 후반): 모바일이 주도하는 디지털 광고시장

2010년 스마트폰 보급이 확산되자 정부(당시 미래창조과학부)는 양방향·맞춤형 광고를 '스마트 광고'로 정의하고, 2013~2017년 650억 원을 투자하여 디지털 사이니지, 모바일 광고 플랫폼, 개인화 기술 등을 발전시키겠다는 계획을 내놓았다(아시아경제, 2013. 6. 3.).

스마트 광고란 스마트폰과 태블릿PC 등 스마트 미디어 기기를 통해 집행되는 양방향·개인 맞춤형 광고를 의미하며, 새로운 광고 패러다임으로 주목받았다. 이러한 정책적 지원 아래 국내 광고 업계에서는 동영상 광고, 리워드 광고(광고 시청 대가로 보상 제공), 게임형 인터랙티브 광고 등 다양한 신기술 기반 광고 상품들이 출시되었다.

2016년 이후에는 국내 총 디지털 광고비 중 특히 동영상 광고와 SNS 광고 예산이 큰 폭으로 증가하였다. 전통적인 배너 광고보다 네이티브 광고나 플랫폼 내 재생 동영상 광고가 주류를 이루었으며, 실시간 입찰 기반의 프로그래매틱 광고 기술이 도입되면서 광고 노출의 자동화 거래와 정교한 이용자 타기팅이 가능해졌다(오픈애즈, 2018. 10. 30.).

디지털 광고 거래는 사람이 직접 매체 구매를 담당하던 방식에서 DSP(광고주 측 플랫폼)와 SSP(매체 측 플랫폼)가 실시간으로 입찰을 주고받는 RTB(실시간 경매) 방식으로 전환되어 효율성이 극대화되었다. 이로써 중소 광고주들도 애드네트워크를 통해 손쉽게 다양한 언론사 사이트에 광고를 노출할 수 있게 되었으나, 동시에 광고 단가 하락과 품질 관리 문제가 대두되었다(더피알, 2017. 11. 2.).

4) 원숙기(2020년대 초반~현재): 인공지능 기반의 디지털 광고 집행

2020년대 초반부터 현재까지 한국 디지털 광고 산업은 완숙기에 접어들었는데, 온라인 광고 시장은 2017년 약 4조 원대에서 매년 두 자릿수 성장을 이어오며 2021년 8조 원대를 돌파하였다. 2020년부터는 성장세가 한 자릿수로 둔화되었으나 꾸준한 성장세를 유지하였으며, 2022년에는 전년 대비 8.8% 증가한 8조 7,062억 원을 기록하였다(제일기획, 2023).

2022년 말 기준으로 국내 광고시장에서 온라인 광고가 차지하는 비율은 52.7%(8조 7,062억 원)로 나타났고, 그 뒤를 이어 방송광고 24.3%(4조 212억 원), 인쇄광고 12.9%(2조 1,277억 원), 옥외광고 6.5%(1조 693억 원), 기타 광고 3.6%(5,958억 원)의 순으로 나타났다. 방송광고(-0.8%)를 제외한 모든 광고매체가 전년 대비 성장하였다(과학기술정보통신부·한국방송광고진흥공사, 2025. 1.).

그러나 성장률 둔화와 함께 새로운 도전 과제도 등장하였다. 글로벌 개인정보 보호 강화 추세로 인한 타기팅 제한과 쿠키 규제는 광고 업계의 성과 측정과 ROI 분석을 어렵게 만들었다. 특히 애플이 앱 추적에 대한 투명성 정책을 표명하고, 구글의 서드파티 쿠키[19] 지원 중단이 발표되면서 타깃 맞춤형 광고에 대해 제동이 걸렸다. 다만 2024년 7월 구글이 서드파티 쿠키 지원 중단 계획을 취소하면서 광고 업계는 위기를 넘기게 되었다(지디넷코리아, 2024. 7. 23.).

실제로 유럽의 GDPR(일반정보보호규정) 시행 이후 개인 데이터 활용이 엄격히 제한되자, 글로벌 광고주들은 크로스 채널 광고 효과를 과거처럼 정밀 분석 하기 어렵게 되었고, 이에 대한 대안 모델 모색이 본격화되기에 이르렀다(한창희, 2024).

이제 바야흐로 디지털 광고는 사물인터넷 기반의 커뮤니케이션 시대로 접어들고 있다. 인터넷과 연결되는 기기가 급속하게 늘어남에 따라 소비자의 모든 동선 추적이 가능해졌고, 여기서 얻어진 실시간 정보를 기반으로 고객과의 연계성을 강화해 나갈 것이다.

4. 모바일 광고 확대에 따른 신문 지면광고 침체 현황

디지털 온라인 광고로 광고의 중심축이 이동하면서 전통 신문 지면광고 시장은 지속적인 침체를 겪고 있다. 2020년대 들어 신문 지면광고는 코로나19 여파 등으로 일시적으로 7.2% 성장한 해(2021년)도 있었으나, 전반적으로 하락 추세를 보였다. 2023년에는 -4.3%의 성장률을 기록한 이후 정체 또는 소폭 감소가 예상된다.

---

19) 서드파티 쿠키는 사용자가 방문하지 않은 제3자 웹사이트에서 발행하는 쿠키로, 이용자의 온라인 활동을 추적하고 사이트 간 정보를 공유하여 광고와 개인화된 콘텐츠 제공에 활용되어 왔다.

〈표 5-3〉 **국내 신문광고비 변화 추이**

(단위: 백만 원)

연도	2019	2020	2021	2022	2023	2024(e)	2025(e)
신문광고	1,939,672 (1.9%)	1,593,369 (-17.9%)	1,708,087 (7.2%)	1,801,374 (5.5%)	1,723,915 (-4.3%)	1,736,890 (0.8%)	1,727,899 (-0.5%)

출처: 과학기술정보통신부·한국방송광고진흥공사(2025. 1.)
※ ( ) 수치는 전년대비 증감률

한국언론진흥재단의 「2024 신문산업 실태조사」에 따르면, 신문 지면광고 수익 감소로 인해 2023년도 전체 종이신문 매출 총액은 3조 5,980억 원으로 전년도에 비해 2.0% 감소하였다. 반면, 같은 기간 인터넷신문 매출은 43% 증가하여 전체 신문산업 매출 성장을 견인하였다. 이는 지면 기반 광고 수익이 정체되는 가운데 디지털 부문으로 언론사의 수익 기반이 이동하고 있음을 보여준다(한국언론진흥재단, 2024).

〈그림 5-2〉 **한국 신문산업 매출 구성 비율(2021~2025p)**

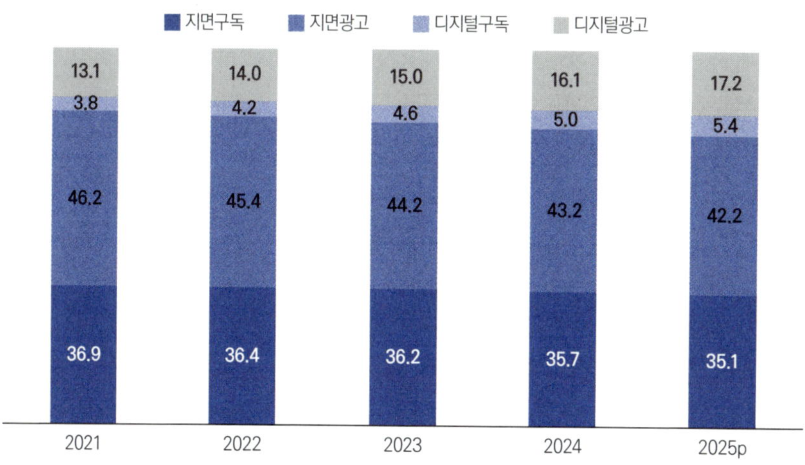

출처: 이현우·전창영(2025. 1. 24.)

실제로 2024년 현재 한국 신문산업 매출에서 가장 큰 비중을 차지하는 것은 지면광고 수익으로 전체의 43.2%였다. 이어 지면 구독수익이 35.7%, 디지털 광고 수익이 16.1%, 디지털 구독수익이 5.0% 순으로 나타났다. 최근 5년간 추이를 보면 지면 신문 수익은 구독과 광고 모두 감소한 반면, 디지털 신문 수익은 구독과 광고가 모두 증가하는 추세를 보였다(이현우·전창영, 2025. 1. 24.).

이처럼 모바일과 소셜 미디어 중심의 디지털 뉴스 소비가 확대되고 있으며, 생성형 AI의 도입으로 뉴스 생산 및 유통 방식에서도 혁신적 변화가 나타나고 있다. 인터넷신문사의 증가와 디지털 광고시장의 확장은 신문산업 성장의 핵심 요인으로 작용하고 있다. 그러나 동시에 독자의 뉴스 소비 방식 변화와 뉴스 회피 현상도 두드러지고 있다. 이러한 불확실성 속에서 국내 종이신문은 저널리즘의 신뢰를 유지하면서 새로운 기술을 활용한 혁신과 수익 모델 다각화라는 과제를 안고 있다(기자협회보, 2025. 1. 28.).

그동안 국내 신문산업 총매출은 2013년 약 3조 5천억 원 수준에서 2023년 4조 7,885억 원으로 36.8% 증가하였다. 그러나 이러한 성장은 주로 인터넷신문 신규 진입과 디지털 광고 증가에 기인한 것으로 분석된다. 점차 지면광고의 위상은 축소되고 있으며, 신문사들도 광고 의존에서 벗어나기 위한 새로운 수익원 모색에 나서고 있는 실정이다(한국언론진흥재단, 2024).

5. 언론사 웹사이트의 디지털 광고 유형과 장단점

1) 배너 광고(Banner Display Ads)

배너 광고는 언론사 웹페이지에서 가장 전통적이고 널리 쓰이는 디지털 광고 형식이다. 주로 페이지 상단 헤더, 사이드바 또는 본문 중간·하단 등에 정해진 크기의 이미지 또는 HTML5 배너를 삽입하는 형태로, 일반적으로 디스플레이 광고(DA)라고도 불린다.

배너 광고의 장점은 첫째, 광고 크기와 위치가 표준화되어 있어 제작과 운영이 비교적 용이하다는 점이다. 광고주는 정형화된 배너 규격에 맞추어 시각적 브랜드 메시지를 전달할 수 있으며, 매체사 또한 별도 개발 작업 없이 해당 영역에 광고를 송출하기만 하면 되므로 효율적이다. 둘째, 즉각적인 노출 효과를 기대할 수 있다는 점이다. 눈에 잘 띄는 위치에 배너를 배치하면 방문자의 시선을 끌어 브랜드 인지도 향상이나 클릭 유도에 기여할 수 있다. 셋째, 트래픽 기반 수익 창출에 유리하다.

배너 광고는 일반적으로 노출(임프레션) 또는 클릭을 기준으로 과금(CPM 또는 CPC)이 되므로 페이지뷰(PV)가 많은 언론사일수록 유리하다(김병희 외, 2021).

그러나 단점 또한 뚜렷한데 가장 큰 문제는 이용자들의 광고에 대한 피로감이 크다는 점이다. 다수 언론사 홈페이지가 지나치게 많은 배너 광고로 넘쳐나면서 독자들은 기사 본문에 집중하기 어렵고, '배너 블라인드니스(banner blindness)' 현상으로 광고를 인지하지 못하거나 무시하는 경향이 있다.

또한 광고 내용 측면의 문제인데, 많은 언론사가 온라인 광고대행사를 통해 저가 광고로 지면을 채우는 구조가 형성되어 선정적 이미지나 과장된 투자 권유 등 이용자의 신뢰를 훼손하는 광고가 언론사 홈페이지에 빈번히 노출됨으로써 언론사 브랜드 가치 하락으로 이어진다는 비판의 목소리가 높다(기자협회보, 2023. 8. 8.).

2) 팝업 및 인터스티셜 광고(Pop-ups & Interstitials)

팝업 광고는 새로운 작은 창(window)이나 레이어로 콘텐츠 위에 겹쳐 표시되는 광고를 말하며, 인터스티셜 광고는 사용자가 페이지 간 이동할 때 전체 화면을 차지하며 일시적으로 노출되는 광고를 뜻한다. 특히 인터스티셜 광고는 앱이나 웹사이트에서 자연스러운 전환 지점, 즉 페이지 이동이나 콘텐츠 로딩 사이에 전체 화면을 덮는 형태로 나타나 전환이 일어나는 시점에 삽입되어 이용자의 시선을 사로잡고 높은 주목도를 얻을 수 있다(김병희 외, 2025).

이러한 광고의 주요 장점은 이용자의 주목을 거의 강제적으로 얻을 수 있다는 점이다. 팝업이나 인터스티셜은 배너처럼 무시되기 어려워 광고 도달률이 높다. 광고주 입장에서는 짧은 기간에 강렬한 노출 효과를 얻고자 할 때 선호하는 방식이며, 언론사도 일부 프리미엄 광고를 팝업 형식으로 판매하여 일회성 고수익을 올릴 수 있다.

그러나 이 형식의 단점과 이용자 반감은 다른 어떤 광고보다 크다. 예기치 않게 돌출되는 팝업창은 독자의 기사 읽기를 방해하고, 심할 경우 브라우저나 앱의 안정성을 해칠 수도 있다. 이러한 이유로 대부분의 사용자는 팝업 차단 기능을 활성화하여 팝업 광고를 보지 않으며, 브라우저들도 기본 설정으로 팝업을 차단하는 추세이다. 플로팅 배너 광고의 경우도 비슷한데, 화면 위를 부유하며 따라다니는 광고는 잠시 관심을 끌 수는 있으나 사용자에게 극심한 거부감을 일으킬 수 있다(김동후 외, 2023).

3) 동영상 및 기타 광고(Video Ads and Other Formats)

동영상 광고의 장점은 시청자의 주의를 집중시켜 브랜드 메시지를 풍부하게 전달할 수 있다는 점이다. 특히 영상 뉴스를 제공하는 언론사의 경우, 뉴스 시작 전 15초~30초 분량의 광고를 삽입함으로써 TV 광고와 유사한 효과를 얻고 높은 광고 단가(CPM)를 확보할 수 있다. 예컨대 포털 연동 영상 뉴스에 삽입되는 동영상 광고는 완시율(Completion Rate)이 높아 광고주의 선호도가 높으며, 언론사에도 중요한 수익원이 되고 있다. 또한 기사 페이지 내 GIF 또는 Motion 배너 등은 정적인 이미지보다 눈길을 끌어 브랜드 임팩트를 강화하는 효과가 있다(권오윤, 2023).

그러나 이러한 형식은 이용자 경험 측면에서 단점도 존재한다. 자동 재생 영상 광고는 소음 문제나 데이터 소모를 유발해 불편을 초래할 수 있고, 웹페이지 로딩 속도를 늦춰 심각한 기능 저하를 야기할 수도 있다. 또한 사용자가 임의로 제어할 수 없는 광고는 거부감을 불러일으키기 쉬우므로, 언론사는 광고 노출과 이용사 이탈 간의 균형을 세심하게 고려할 필요가 있다.

그 밖의 기타 광고 유형으로는 추천 링크 광고, 텍스트형 검색 연관 광고, 스폰서십 배너 등이 있다. 예를 들어 많은 언론사 사이트 기사 하단에는 'OO도 추천합니다' 또는 '많이 본 연예 뉴스'와 같은 형태로 외부 콘텐츠 링크 광고가 삽입되는데, 이는 클릭 유도형 광고로 트래픽 기반 수익을 제공하지만, 낚시성 제목 등으로 콘텐츠 품질 논란을 초래하기도 한다(더피알, 2017. 11. 2.).

6. 언론사 사이트의 저질 네트워크 광고 사례와 문제점

대다수 뉴스 사이트는 트래픽 기반의 네트워크 광고를 게재하면서, 선정적이거나 저품질의 광고 콘텐츠가 언론사 페이지에 노출되는 문제를 안고 있다. 실제로 일부 언론사 웹사이트 상·하단 배너에는 도박 사이트, 부동산 투기, 과장된 다이어트 약품 광고 등이 무분별하게 등장하고 있다(기자협회보, 2015. 3. 4).

저질 네트워크 광고가 초래하는 가장 심각한 문제는 언론사 신뢰도 저하이다. 문윤택(2017)의 연구에 따르면, 이용자가 언론사 사이트에서 선정적 광고를 경험할수록 해당 언론사와 기사에 대한 신뢰도가 유의미하게 하락하는 상관관계가 확인되었다. 허위·과장 광고를 접했을 경우에도 동일한 결과가 나타났으며, 이는 뉴스 콘텐츠에 대한 신뢰 자체를 약화시키는 요인으로 작용하게 된다.

이러한 문제는 허위성 및 선정성에 국한되지 않는다. 광고 메시지가 노골적으로 과장되거나, 뉴스 형식을 빌린 광고가 등장하는 경우, 언론사 신뢰도는 물론 뉴스 신뢰도 전반에 치명적 악영향을 끼친다.

특히 2023년 하반기 이후 확산된 유명인 사칭 금융 사기 광고는 문제의 심각성을 단적으로 보여준다. 페이스북·인스타그램을 비롯한 소셜 미디어를 거쳐 유튜브 등으로 퍼져나간 이 범죄는 피해 당사자인 유명인들이 오히려 방조한다는 대중의 오해와 질타까지 받게 만들었다. 이로 인해 유명인들이 직접 기자회견을 통해 온라인 플랫폼과 정부에 해결 노력을 촉구하기도 했다(연합뉴스, 2024. 3. 22.).

또한 청소년 보호 문제도 꾸준히 지적되었다. 여성가족부가 일부 뉴스 사이트를 '청소년 유해사이트'로 지정하는 방안을 논의했을 정도로 선정적 광고 노출이 심각했으며, 미성년 이용자들이 부적절한 광고를 접하고 클릭할 위험성에 항상 노출되어 있다(대한민국 정책브리핑, 2011. 7. 19.).

신문윤리위원회는 그 원인으로 "다수 매체가 네트워크 광고대행사에 광고 영업과 제작을 턴키로 맡기는 관행"을 지적하며, 언론사가 자사 광고를 사실상 통제하지 못하는 현실을 비판한 바 있다(더피알, 2017. 11. 2.). 즉, 언론사가 자극적 클릭 유도형 광고라도 수익만 보장된다면 게재되는 구조가 형성되어 업계에서는 이를 '자해적 광고 행태'로 규정하며, 장기적으로 언론사의 브랜드 가치를 스스로 훼손하는 결과를 낳는다고 지적한다. 그 결과 언론사 사이트는 콘텐츠 집중도 저해, 이용자 불쾌감, 신뢰도 하락, 광고 효과 저하라는 악순환에 빠지게 된다(미디어오늘, 2023. 5. 28.).

7. 포털 사이트의 디지털 광고 수익 구조 변화가 언론사에 미치는 영향

1) 포털 뉴스 서비스의 부상과 전재료

한국 디지털 뉴스 유통의 가장 두드러진 특징은 포털 사이트(네이버, 다음 등)가 뉴스 소비의 중심 채널로 자리 잡았다는 점이다. 1990년대 말 야후코리아가 최초로 시도한 이후, 2000년대 초 네이버와 다음이 뉴스 서비스를 본격화하면서 대다수 이용자가 언론사 사이트 대신 포털을 통해 뉴스를 접속하는 구조가 확립되었다(기자협회보, 2023. 8. 8.).

포털은 인링크(in-link) 모델을 유지하기 위해 언론사와 개별 계약을 맺고, 기사 콘텐츠 사용 대가로 '전재료'라 불리는 고정 사용료를 지급하였다. 이 시기에는 언론사가 갑이고, 포털이 을의 위치에 있었으며, 네이버 등장 초기에는 언론사들의 힘이 막강하여 포털이 언론사에 콘텐츠 대가를 지불하는 종속적 관계였다(기자협회보, 2022. 5. 3.).

포털은 언론사로부터 기사를 제공받아 뉴스 트래픽을 확보하고, 그 주변에 배너 광고·검색광고를 붙여 수익을 창출하였다. 언론사는 전재료 수입을 통해 온라인 부문에서 일정한 고정 수익을 보장받는 구조였다. 이 모델은 2010년대 중반까지 지속되며, 포털은 뉴스 편집 및 노출 알고리즘을 통해 막대한 영향력을 행사했고, 언론사는 포털 제공 대가를 받으며 상호 보완적 공생 관계를 형성했다.

그러나 시간이 지나면서 포털 중심 뉴스 생태계의 문제점이 부각되었다. 첫째, 언론사는 포털 의존 심화로 인해 자사 웹사이트의 직접 독자 유입이 부진해졌다. 둘째, 독자의 기사 소비 데이터가 포털에 집중되면서 언론사는 독자와 직접 관계를 구축하기 어려운 구조적 한계에 직면하였다. 셋째, 포털이 뉴스 편집권을 행사하면서 뉴스 노출의 공정성 및 여론 형성 영향력이 사회적 논란으로 확대되었다(기자협회보, 2022. 5. 3.).

이에 따라 포털 뉴스 서비스 개혁에 대한 목소리가 높아졌으며, 인링크와 아웃링크 방식을 두고 논쟁이 벌어지기도 했다. 실제로 2022년 카카오는 뉴스 서비스 개편을 통해 언론사에 인링크/아웃링크 선택권을 부여하였으나, 다수 언론사가 수익 감소를 우려해 인링크를 유지하면서 아웃링크 전환은 제한적으로만 이루어지고 있다(미디어오늘, 2023. 2. 1.).

2) 네이버의 뉴스 광고 수익 공유 모델 전환(2020)과 배경

근본적인 변화는 2019년 말 네이버가 발표하고 2020년 4월부터 시행한 새로운 뉴스 수익배분 모델에서 비롯되었다. 네이버는 전재료 지급을 폐지하고 "뉴스로 발생하는 광고 수익을 언론사에 전액 지급" 하는 방향으로 정책을 전환하였다. 즉, 개별 언론사가 네이버 플랫폼 내 자기 기사에 부착되는 광고를 통해 벌어들인 수익을 모두 해당 언론사에 돌려주는 한편, 언론사가 직접 광고 영업을 할 수 있도록 허용하였다. 이와 함께 네이버는 기사 목록 중간에 언론사가 자체 판매한 중간광고를 삽입할 수 있는 공간을 제공하고, 언론사별 뉴스 구독 페이지 등을 통해 브랜드 노출과 독자 데이터 확보를 지원하겠다고 밝혔다(머니투데이, 2024. 2. 15.).

이러한 변화의 배경 요인은 복합적이다. 우선 포털과 언론사 간 역학 관계의 변화를 들 수 있다. 2000년대와 달리 2010년대 후반에는 포털의 영향력이 크게 강화되어 언론사가 포털에 의존하는 구조로 전환되었다. 네이버는 매년 수십 개 언론사와 전재료 계약을 개별 협상하는 방식이 행정적으로 비효율적이고 갈등의 소지가 많다고 판단하여, 글로벌 플랫폼과 유사하게 일괄된 약관에 따라 자동화된 관계를 정착시키고자 하였다.

또한 언론계 내부의 경쟁 유도도 하나의 배경으로 작용하였다. 전재료 체계에서는 트래픽이 많은 언론과 적은 언론 간 수익 격차가 크지 않았으나, 광고 수익배분 체계에서는 클릭 유도 성과에 따라 수익 차이가 커지는 구조가 되었다. 네이버는 이를 통해 "콘텐츠 경쟁력을 높이고 독자가 선호하는 매체가 더 많은 보상을 받는 환경"을 조성하겠다고 설명했으나, 언론계 일각에서는 포털이 언론사에 무한 클릭 경쟁을 부추긴다는 비판도 제기되었다(한겨레, 2019. 11. 20.).

이와 같은 수익 공유 방식은 글로벌 플랫폼(예: 페이스북, 유튜브 등)이 창작자에게 수익을 배분하는 모델과 궤를 같이한다. 카카오(다음) 역시 2021년경 뉴스 전재료 지급을 폐지하고 광고 수익 배분 체계로 전환하여, 현재 양대 포털 모두 유사한 모델을 채택하고 있다.

3) 포털 수익 구조 변화의 영향: 언론사 수익, 경쟁, 저널리즘

포털의 뉴스 광고 수익배분 정책은 언론사 경영과 뉴스 생산 양식에 결정적인 영향을 미치고 있는데, 긍정적으로는 과거에 비해 언론사가 포털로부터 더 많은 수익을 확보할 가능성이 커졌다는 점을 들 수 있다.

과거 전재료 체계에서는 트래픽 증가가 추가 수익으로 연결되지 않아 콘텐츠 질 향상에 대한 경제적 인센티브가 약했다는 지적이 있었다. 반면 새로운 모델에서는 조회수와 체류 시간이 곧 수익으로 이어지므로, 언론사들이 독자 친화적인 콘텐츠와 서비스에 투자하게 되는 구조가 형성되었다(매일경제, 2024. 5. 26.).

그러나 부정적 영향도 크다. 첫째, 언론사 간 빈익빈 부익부 심화 가능성이다. 광고 수익배분 체계에서는 트래픽 상위권 언론의 광고 수입이 증가하는 반면, 규모가 작은 매체나 전문지는 오히려 전재료보다 적은 수익을 얻어 수익 양극화가 심화될 가능성이 크다.

둘째, 저널리즘의 연성화 및 선정성 심화 문제이다. 20여 년간 포털 뉴스 환경에서 자극적인 제목, 연예·사건사고 기사 남발 등 타블로이드화 경향이 지속되어 왔는데, 새로운 수익 체계는 이러한 현상을 더욱 강화할 수 있다.

셋째, 포털 종속의 지속과 위험성이다. 광고 수익배분 체계는 언뜻 보면 언론사에 유리해 보이나, 실질적으로 플랫폼 권한은 포털에 집중되어 있다. 네이버의 알고리즘이나 정책 변경에 따라 언론사 수익은 쉽게 변동될 수 있으며, 포털 뉴스 서비스가 축소되거나 중단될 경우 언론사는 독자와 수익을 동시에 상실하는 충격을 받을 수 있다(미디어오늘, 2023. 2. 1.).

결과적으로, 포털 광고 수익 구조 변화는 언론사에 성과 기반 보상의 기회를 제공하면서도 경쟁과 상업주의를 격화시키는 양면성을 가진다. 언론사들은 자사 플랫폼 경쟁력 강화와 함께 포털 의존도를 낮추지 않는 한, 향후 심각한 경영난에 봉착할 가능성이 높다.

8. 언론사의 최근 디지털 광고 운영 변화

디지털 환경 변화에 대응하여 언론사들도 광고 운영 방식을 전환하고 있다. 최근 주요 흐름은 크게 세 가지로 요약된다. 첫째, 프리미엄 광고 전략이다. 무분별한 저가 배너 대신 고급 광고 상품을 개발하여 제한된 지면에 높은 단가의 광고를 유치하려는 시도가 확산되고 있다. 일부 언론사는 웹사이트의 광고 슬롯 수를 줄이고, 대형 스크롤링 애드, 인터랙티브 광고, 스폰서십 배너 등 프리미엄 광고 형태를 도입하였다. 이를 통해 광고 노출 품질을 높이고 이용자 경험을 개선함으로써 광고 효율성과 단가를 동시에 제고하고자 한다(전자신문, 2025. 5. 28.).

둘째, 자체 플랫폼 도입 움직임이다. 언론사들은 구글 등 외부 플랫폼 의존을 줄이고 독자적인 광고 관리 플랫폼과 콘텐츠 플랫폼을 구축하기 시작하였다. 예컨대 일부 CMS 개발업체는 자동화 광고 솔루션을 연동하여 언론사가 외부 애드 서버 없이도 자체적으로 프리미엄 광고를 운영할 수 있도록 지원하고 있다. 이를 통해 언론사는 광고주로부터 직접 프리미엄 광고를 수주하고 데이터를 자사에 축적할 수 있는 구조를 마련하고 있다(반론보도닷컴, 2025. 6. 11.).

셋째, 매체 환경 변화로 인해, 특히 신문사를 비롯한 전통 매체의 수익 모델은 이미 구조적인 한계에 직면한 지 오래다. 이러한 상황에서 신문사들은 다양한 방식으로 OOH(옥외광고) 시장에 진출하며 새로운 수익원을 모색하고 있다. 중앙일보, 조선일보, 매일경제, 한국경제, 동아일보 등 주요 일간지들은 본사 사옥 외벽에 디지털 스크린을 설치하거나, 외부 광고 사업자를 통해 옥외광고 운영을 시도하는 등 다양한 방식으로 DOOH 사업을 전개하고 있는 것으로 알려졌다(반론보도닷컴, 2025. 6. 11.). 이 외에도 온·오프라인 통합 및 유료 구독 모델 실험을 들 수 있다. 네이버가 '프리미엄 콘텐츠' 플랫폼을 개설하여 언론사들의 유료 구독 실험을 지원하고 있으며, 일부 유력지가 참여하여 포털을 통한 유료화 시도를 이어가고 있다. 이는 장기적으로 자체 유료 모델 도입을 위한 교두보로 평가된다(기자협회보, 2021. 5. 18.).

9. 광고주의 디지털 미디어 플래닝 전략과 광고대행사 및 미디어렙의 역할 변화

광고주의 미디어 플래닝 전략은 디지털 환경 변화에 맞추어 성과 지향적 접근, 정교한 타기팅 중심, 옴니채널 통합이라는 세 가지 핵심 키워드로 발전하고 있다. 첫째, 성과형 광고(Performance Marketing)에 대한 선호가 두드러진다. 과거처럼 단순 노출 중심의 광고가 아니라, 클릭, 전환, 구매 등 명확한 KPI를 설정하고 이에 기반하여 비용을 지불하는 성과 기반 광고가 보편화되었다. 검색광고, 리타기팅 광고, 앱 설치 광고 등은 광고주가 원하는 행동당 과금(CPC, CPA) 방식으로 운영된다. 이를 위해 매체사들은 실시간 성과 측정 대시보드와 캠페인 최적화 도구를 제공하고 있으며, 자동화된 입찰 시스템과 데이터 기반 타기팅 기술을 통해 광고 효과를 높이고 있다(이경렬, 2019).

둘째, 타기팅 광고의 고도화가 이루어지고 있다. 광고주는 더 이상 불특정 다수에게 무분별하게 노출되는 비효율을 용인하지 않는다. 매체별 이용자 데이터를 활용해 세분화된 타깃군에게만 광고를 노출하는 방식이 일반화되었다. 페이스북의 맞춤타깃, 구글의 인마켓 세그먼트, DMP를 활용한 서드파티 데이터 타겟팅 등이 대표적이다. 또한 리마케팅과 리타기팅을 통해 사이트 방문자나 구매 이력을 가진 고객에게 다시 광고를 노출함으로써 전환율을 극대화하는 전략도 활발히 활용되고 있다(아이티데일리, 2020. 7. 22.).

셋째, 옴니채널 전략이 부상하고 있다. 이는 온라인과 오프라인, 다양한 디지털 채널을 통합하여 일관된 마케팅 경험을 제공하는 접근이다. 광고주는 소비자가 스마트폰, PC, TV, 오프라인 매장 등 어느 접점에 있든 연결된 메시지를 접할 수 있도록 캠페인을 설계한다. 예컨대 TV광고를 본 시청자가 모바일 검색 시 연관 검색광고를 접하거나, 오프라인 매장 방문 고객에게 이메일 쿠폰을 발송하고, 소셜 미디어 광고를 본 고객에게 웹사이트 재방문을 유도하는 방식이 활용된다. 이러한 전략을 가능하게 하기 위해 크로스 채널 데이터 통합과 어트리뷰션 분석이 도입되며, CDP(Customer Data Platform)를 구축하여 채널별 고객 행동 데이터를 통합 관리하는 사례도 확산되고 있다(천혜선 외, 2025. 1.).

한편, 광고대행사와 미디어렙의 역할은 전통적 매체 판매에서 데이터 기반 전략 파트너로 변화하고 있다. 과거 광고대행사는 매체에 광고를 대신 집행하고 수수료를 받는 영업 대행 역할에 충실하였지만, 디지털 시대에는 실시간 성과 측정과 정교한 타기팅이 중요해지면서 테크놀로지와 데이터 역량을 갖춘 전문 에이전시로 진화하고 있다(매드타임스, 2023. 6. 19.).

또한 초기 디지털 에이전시는 검색광고와 배너 광고 집행에서 출발하여, 이후 SNS 운영, 퍼포먼스 마케팅, 온라인 콘텐츠 제작 등 특화 서비스를 제공하며 성장하였다. 이어서 애드테크와 데이터 분석을 활용해 광고 효과를 실증하고, 성과 기반 최적화를 제안함으로써 광고주의 신뢰를 확보하였다(오픈애즈, 2021. 11. 24.).

하지만 전통 대행사와 신규 디지털 에이전시의 경계는 붕괴되고 있다. 디지털 전문 대행사는 부족했던 ATL 역량을 보완하여 종합 캠페인을 수행하고, 기존 대형 광고대행사는 디지털·데이터 역량 강화를 위해 인수합병과 조직 개편을 단행하고 있어 결과적으로 양측의 역량은 평균적으로 수렴하는 추세를 보이고 있다.

미디어렙사 또한 단순 광고 판매 대행에서 벗어나 데이터 분석 기반 매체 전략 컨설팅과 프로그래매틱 광고 플랫폼 운영 등으로 전환하고 있다. 한편 글로벌 플랫폼들은 광고 집행 및 분석을 위한 애널리틱스를 무료로 제공하며 광고주의 빠른 의사결정과 성과 확인을 지원하고 있다. 네이버, 카카오 등도 자체 광고 집행 플랫폼과 크리에이티브 제작 도구를 운영하여 광고주가 직접 효율적인 집행을 할 수 있도록 유도하고 있다(천혜선 외, 2025. 1.).

10. 디지털 광고와 이용자 데이터 측정

디지털 광고시장의 급격한 성장은 디지털 플랫폼에 대한 이용량 증가가 가장 중요한 원인이지만, 디지털 공간에서 이뤄지는 광고 노출 과정에 대한 구체적인 정보를 제공한다는 점 역시 중요한 원인으로 작용한다. 즉, 아날로그 광고에 비해 누구에게 얼마만큼 광고 메시지가 노출되고 이를 기반으로 마케팅 성과가 어떻게 도출되었는지 확인할 수 있는 점이 디지털 광고의 가장 중요한 장점이다.

하지만, 모바일 앱에 대해 외부 조사 기관의 접근이 어려워지면서, 객관적인 차원에서 인터넷 이용행태에 대한 시장 조사데이터를 확보하기 어려운 환경이 도래했다. 그 결과 언론사를 비롯한 중소 플랫폼들이 광고주들에게 자체 플랫폼을 홍보하기가 더욱 어려운 환경에 처해있고, 이용자 데이터를 대량으로 보유한 글로벌 미디어 플랫폼들의 광고시장 독과점은 더욱 심화되고 있다. 따라서 언론사를 비롯한 중소 플랫폼들을 위해서는 다양한 디바이스와 플랫폼을 대상으로 한 인터넷 이용행태 데이터 확보 방안 모색이 필요하다.

인터넷 이용행태 조사 방법은 방식에 따라 크게 3가지로 구분된다. 먼저 이용자 중심(user-centric) 기법은 추정된 모집단을 대표할 수 있는 패널을 구축하고, 패널에 이용행태를 수집할 수 있는 미터기(소프트웨어 또는 애플리케이션)를 설치하여 조사하는 방식이다. 패널을 구축하는 과정에서 패널의 인구통계학적 속성을 이미 파악하고 있어 인구통계학적 속성별로 이용행태를 구분할 수 있으며, 구축된 패널이 이용하는 다양한 사이트나 서비스의 이용행태를 취합하여 분석하기 때문에 사이트 간 비교가 가능하다. 특히 패널의 이용 기록을 바탕으로 이용행태를 추정하기 때문에 사이트나 서비스에서 제공하는 쿠키나 테그를 활용하지 않아도 되는 장점이 있다. 하지만 조사패널을 구축하기 위해서는 각 미디어별 모집단을 설정해야 하고 그에 부합하는 대표성 있는 패널을 보장해야 하는 이슈가 있다. 더욱이 조사패널 다수가 이용하는 사이트나 서비스의 이용행태를 추정하는 데 용이하지만, 조사패널이 이용하지 않은 사이트나 서비스의 이용자 수가 존재하지 않는 이슈가 발생할 수 있다. 또한 조사패널에 설치하는 이용행태 조사 미터기(소프트웨어)의 특성에 따라 조사 대상이 안정되거나 자료를 수집하지 못하는 이슈가 발생할 수 있다. 대표적인 예로는 미국의 Alexa, Comscore가 있으며 국내에는 닐슨코리안클릭이 대표적이다.

〈표 5-4〉 인터넷 이용 조사 방식 비교

방식	장점	단점	사례
User -centric	이용자 중심 웹사이트 간 비교 가능	패널 대표성 이슈 이용자 S/W설치	Alexa, Comscore Nielsen Korean click
Site -centric	이용자 S/W 설치 불필요 특정 사이트 심도 있는 분석	사이트 S/W설치 쿠키, 테그 중심, 실사용 이슈 특정 사이트에 한정	google Analytics Adobe Analytics IBM Analytics Naver 뉴스
Network -centric	간편한 자료수집 S/W설치 불필요 웹사이트 간 비교 가능	자료수집에 이슈 사이트 간 자료만 가능, 특정 사이트 분석 제한	Hitwise SEMRush SpyFu

다음으로는 특정 사이트가 자신이 재공하는 서버에 특정 소프트웨어를 설치하고 이를 통해 수집한 자료를 제공하여 분석하는 방법이다. 이 방식은 사이트에 소프트웨어가 설치되기 때문에 이용자에게 이용행태 추적용 소프트웨어를 설치하지 않아도 되는 장점이 있고, 사이트 내의 모든 서비스에 대한 심도 있는 분석을 할 수 있는 장점이 있다. 하지만 사이트에 접근하는 이용자를 구분하기 위해 사이트에서 제공하는 쿠키나 테그를 이용하기 때문에 이용자가 사람인지 아니면 매크로나 소프트웨어를 이용하여 접근하지는 구분하지 못하는 단점이 있다. 더욱이 소프트웨어가 설치되지 않은 사이트의 경우에는 이용행태 자료를 수집하지 못하는 단점이 있다. 대표적인 서비스로 포털 운용사인 구글, 네이버, 페이스북과 서버 제작사인 IBM, Adobe 등이 자체적으로 제공하고 있는 사이트 분석 자료가 여기에 해당한다.

〈그림 5-3〉 **구글 애널리틱스의 구성**

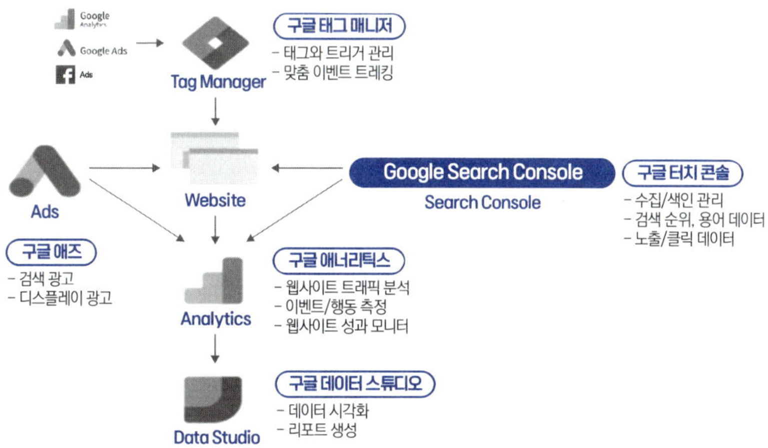

출처: 구글 애널리틱스

마지막으로 인터넷 서비스 제공사(ISP: Internet Service Provider)로부터 네트워크 트래픽 데이터를 구매하여 사용하는 네트워크 센트릭 방법이다. 이 방식은 ISP로부터 데이터를 직접 구매하기 때문에 자료수집을 위한 측정 소프트웨어를 설치가 필요 없으며, 네트워크를 통해 접근한 다양한 사이트의 데이터를 수집할 수 있는 장점이 있다. 하지만 구매를 통해 자료를 수집하는 만큼 자료를 구매한 부분만큼만 분석이 가능하며, 사이트 내의 다양한 서비스를 구분하여 분석하기 쉽지 않은 단점이 있다. 대표적인 서비스로 미국의 Hitwise, SEMRush, spyfu 등이 있으며, 국내의 경우 네트워크 데이터의 수집 및 판매의 한계로 인해 관련 시장은 형성되어 있지 않은 상황이다.

현재 상황을 보면 과거 이용자 트래픽 데이터로 많이 사용되던 이용자 중심 기법의 이용행태 조사는 구조적 한계에 봉착해 있다. 패널기반으로 이용행태를 분석하는 '코리안클릭'의 경우를 보면, 조사 대상이 다른 애플리케이션의 이용행태를 추적할 수 있는 안드로이드 스마트폰만 가능하며, 다른 애플리케이션의 이용행태를 추적하는 기능이 IOS에게만 있는 아이폰은 조사할 수 없어 이용행태 추정 과정에서 안드로이드 스마트폰 이용자로 조사 모집단을 한정하여 사용한다.[20]. 안드로이드 스마트폰에서도 언론사의 애플리케이션이나 일반적인 웹 브라우저를 이용한 행태는 추적이 가능하지만, 애플리케이션 내에서의 뉴스 소비는 추적할 수 없다. 예를 들어 특정 언론사 애플리케이션의 전체적인 이용행태는 조사가 가능하지만, 애플리케이션 내에서 어떤 기사를 이용했는지는 조사할 수 없다. 이러한 제한점은 네이버나 다음 애플리케이션을 이용하여 뉴스를 이용할 때도 동일하다.

PC도 상당한 한계가 존재한다. 먼저 직장에서 이용하는 PC(노트북)에 대한 조사는 기업의 네트워크 보안 수준에 따라 조사 가능 여부가 판단되며, 포털 사이트 내에서의 뉴스 이용은 전체 규모를 조사하는 것은 스마트폰에 비해 용이하지만 포털 사이트에서의 언론사별 뉴스 이용행태는 포털의 운용 정책에 따라 조사 여부가 결정된다. 예를 들어 네이버의 경우 동일 언론사의 기사는 유사한 URL 패턴을 가지고 있어 이를 바탕으로 언론사별 이용행태 취합이 자동으로 가능하지만, 그 외의 포털 사이트의 경우 유사한 URL 패턴이 없어 언론사별 이용행태를 취합하기 위해서는 상당한 작업이 요구된다.

20) 최근 IOS의 스크린 타임 기능을 이용하여 애플리케이션의 전체 이용을 추정해 볼 수 있어 이를 활용할 수 있는 다양한 시도가 이루어지고 있지만 안드로이드 스마트폰과 유사한 수준의 이용행태 추적은 어려운 상황이다.

〈그림 5-4〉 PC 포털 사이트별 URL 주소의 차이 조사 한계

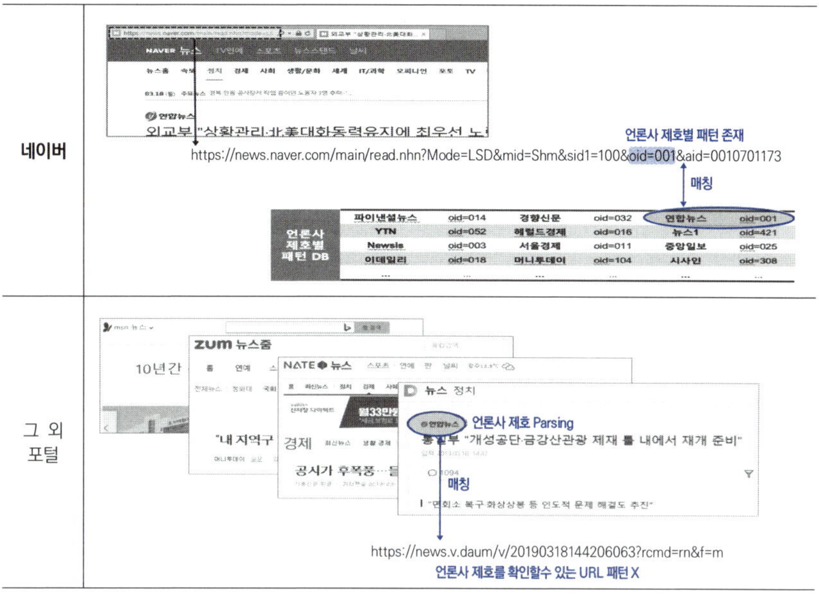

반면에 포털 등 대형 플랫폼들은 자체 사이트에 대한 데이터를 기반으로 활발한 광고마케팅이 가능하고, 외부에서 해당 데이터에 대한 검증은 불가능한 상황이다. 즉, 디지털 공간에서 발생되는 이용자들의 이용행태 정보를 소수 글로벌 플랫폼이 독점하는 상황이 되었다.

디지털 공간의 이용행태 데이터는 디지털 공간에서 마케팅 활동을 위해서는 가장 핵심적인 정보다. 따라서 언론사들 비롯한 중소 사이트들의 마케팅 활동 지원을 위해서도 필요하지만, 디지털 지형에 대한 정책 수립 및 공적 감시 체계 확보를 위해서도 반드시 필요한 정보다. 따라서 이 문제에 대한 해결 방안 도출을 위해 미디어업계, 학계, 공적영역에서 공동의 해결 방안 도출을 위한 논의가 필요한 상황이다.

11. 향후 언론사의 디지털 광고 전략

한국의 디지털 광고 산업은 지난 수십 년간 기술 발전과 매체 환경 변화에 발맞추어 비약적인 성장과 구조적 변화를 거듭해 왔다. 언론사 웹사이트의 광고를 살펴보면, 배너 광고부터 팝업, 네이티브 광고, 동영상 광고에 이르기까지 다양한 형식이 혼재하고 있었다. 이러한 광고 형식들은 광고 효과와 이용자 경험 사이에서 상충되는 면이 존재하였으며, 과잉 광고는 언론 신뢰도 저하 문제를 심화시켰다. 특히 기사형 광고(네이티브 애드)의 확산은 언론의 상업화와 윤리적 딜레마를 극명하게 드러내는 사례로 평가된다(슬로우뉴스, 2022. 5. 18.).

또한 포털 사이트의 광고 수익 구조 변화는 한국 디지털 뉴스 생태계의 향방을 결정짓는 핵심 요인으로 부각되었다. 네이버와 카카오 등 주요 포털 사업자는 뉴스 전재료 지급을 폐지하고 광고 수익 배분 모델로 전환하였으며, 이로 인해 언론사들은 트래픽 기반의 수익 경쟁에 뛰어들게 되었다.

이러한 변화는 일부 언론사에 새로운 경제적 기회를 제공한 반면, 콘텐츠 질 저하와 포털 종속 심화라는 부작용도 초래했다. 또한 뉴스 이용 패턴은 젊은 세대를 중심으로 소셜 미디어와 모바일 앱으로 분산되는 경향이 확대되었으며, 생성형 AI의 등장은 포털 뉴스 서비스의 미래를 불확실하게 만들고 있다. 이러한 환경에서 언론사들은 포털 플랫폼에 대한 과도한 의존을 줄이고 자생적 디지털 전략을 구축할 필요성이 점점 더 강조되고 있다(최은정, 2024).

최근 가장 유력한 대안으로 디지털 유료 구독 모델, 커뮤니티 구축, 브랜드 저널리즘 강화 등이 제시되고 있으며, 동시에 포털 역시 뉴스 콘텐츠의 공적 가치를 고려한 상생 모델을 마련해야 한다는 요구가 커지고 있다. 즉, 디지털 광고의 경제적 성과는 뚜렷하지만 그 이면에는 저널리즘의 위기와 새로운 과제가 공존하고 있다.

향후 발전은 수익성과 공익성의 균형 위에서 이루어져야 하며, 언론사·포털·광고주·독자·정부 등 주요 이해관계자가 모두 이를 인식하고 투명성 제고, 이용자 중심 혁신, 정책적 보완을 병행할 때 비로소 지속가능한 디지털 광고 생태계와 건전한 언론 환경을 함께 구축할 수 있을 것이다.

한편 언론사 홈페이지에 무분별하게 게재되는 저가형 광고는 광고 공해를 심화시키고 있다. 결국 이러한 방식은 장기적으로 대기업이나 고급 광고주의 이탈을 초래하고, 결과적으로 저가 광고 의존도가 더욱 심화되는 악순환을 반복하게 한다. 전문가들은 이를 끊기 위해 언론사가 트래픽 지상주의를 버리고, 충성도 높은 독자층을 확보함으로써 고품질 트래픽을 기반으로 광고 생태계를 전환해야 한다고 지적한다(천혜선 외, 2025. 1.).

우리나라 언론사의 효과적인 디지털 광고 집행을 위한 전략적 대응 방안을 정리하면 다음과 같다. 첫째, 독자 데이터에 기반한 정교한 타기팅 광고 집행이 필요하다. 언론사는 자체 보유한 독자 데이터를 분석하여 세분화된 타깃 그룹을 정의하고, 이를 기반으로 맞춤형 광고를 제공함으로써 광고 효율성과 수익성을 극대화해야 한다.

둘째, 콘텐츠 기반 광고 상품을 개발해야 한다. 독자들은 유용하고 가치 있는 콘텐츠를 선호하기 때문에, 콘텐츠와 광고의 자연스러운 융합을 통해 광고 수용성을 높여야 할 것이다.

셋째, 프로그래매틱 광고 시스템을 적극 도입해야 한다. 즉, 이용자에 대한 정밀 타기팅과 실시간 메시지 전송 등을 통해 광고 운영의 효율성을 높이고 광고주의 ROI를 향상시켜야 한다(매드타임즈, 2025. 7. 11.).

넷째, 멀티 플랫폼 광고 전략을 추진해야 한다. 다양한 디지털 플랫폼에 콘텐츠를 배포함으로써 광고 도달 범위를 최대한 확대시켜야 할 것이다.

다섯째, 실시간 데이터 분석을 기반으로 광고 성과를 최적화해야 한다. 광고 캠페인 성과를 지속적으로 모니터링하고 이에 맞게 전략을 조정함으로써 광고 효과와 광고주의 만족도를 높여줄 수 있도록 노력해야 할 것이다.

마지막으로 광고 수익 다각화를 위한 제휴 마케팅을 실행해야 한다. 다양한 우량 기업과의 제휴를 통해 안정적인 수익 구조를 구축해 나감으로써 장기적으로 광고 수입에 대한 의존도를 완화할 수 있어야 할 것이다.

결론적으로, 언론사의 디지털 광고 전략은 데이터 기반 정교화, 콘텐츠 연계 강화, 기술 혁신, 플랫폼 확장, 수익 다각화라는 방향으로 전개되어야 한다. 이를 통해 수익성과 공익성을 동시에 확보하는 지속가능한 발전이 가능하며, 나아가 언론 산업의 신뢰와 생존력을 제고할 수 있을 것이다.

06 포털 뉴스 서비스 이용실태 및 사회적 기능에 관한 인식조사

1. 조사 개요

본 조사는 지난 20여 년간 국내 디지털 뉴스 생태계를 과점해 온 포털 뉴스 서비스에 대한 일반 이용자들의 이용실태와 더불어 포털 뉴스 서비스의 사회적 기능에 대한 이용자들의 평가를 분석하기 위해 이루어졌다. 본 조사는 리서치 패널을 대상으로 한 웹 서베이 방식으로 2025년 9월 19일부터 30일까지 12일간 진행되었다. 조사 내용은 인터넷 포털 사이트 뉴스에 대한 이용실태, 언론의 사회적 기능에 대한 일반 이용자들의 인식, 포털 뉴스 서비스의 언론 기능에 대한 인식, 뉴스 배열 알고리즘에 대한 인식, 포털 뉴스 서비스 정책에 대한 인식 등으로 구성되었다.

조사를 위해 선정된 조사 대상은 포털 뉴스 서비스에 대한 이용실태와 이용 과정에서 형성된 인식을 조사하기 위해 포털 뉴스 서비스 이용자를 대상으로 선정하였다. 전체 메일발송은 9,418명에게 이뤄졌고, 조사 참여자는 1,347명이었다. 이 중에서 연령대별 쿼터를 넘어서 제외된 사례는 158명이었고, 중도 포기자는 189명이었다. 조사 대상 연령층은 20대에서 60대까지 성인층을 대상으로 하였다. 이 외 성별, 연령별, 지역별 응답자 표집은 비례 할당을 통해 이루어졌다. 하지만, 포털 뉴스 이용자만을 대상으로 한 조사이기 때문에, 본 조사 결과를 전 국민을 대상으로 한 일반 이용실태로 일반화하여 볼 수 없다. 응답자 중 남성은 509명으로 50.9%, 여성은 491명으로 49.1%를 차지한다. 연령대별로는 20대가 160명, 30대가 179명, 40대가 207명, 50대가 239명, 60대가 215명으로 구성되었다.

〈표 6-1〉 응답자 특성

구 분		사례 수(명)	구성비(%)
성별	남성	509	50.9
	여성	491	49.1
연령	20대	160	16.0
	30대	179	17.9
	40대	207	20.7
	50대	239	23.9
	60대	215	21.5
권역별	서울	189	18.9
	인천/경기	335	33.5
	대전/세종/충청/강원	140	14.0
	대구/경북	94	9.4
	부산/울산/경남	142	14.2
	광주/전라/제주	100	10.0
학력별	고등학교 졸업 이하	241	24.1
	대학교 재학 이상	759	75.9
직업별	전문가/관리자	240	24.0
	사무직	198	19.8
	서비스/판매직	165	16.5
	기술/기능직	97	9.7
	학생	53	5.3
	가정주부	145	14.5
	무직/기타	102	10.2
월평균 가구소득	299만 원 이하	275	27.5
	300~599만 원	466	46.6
	600만 원 이상	259	25.9
정치적 귀속의식	보수	200	20.0
	중도	570	57.0
	진보	230	23.0
전체		1,000	100.0

2. 포털 사이트 뉴스 서비스 이용실태

포털 뉴스이용자 중에서 주로 뉴스를 이용하는 포털에 대한 조사 결과 '네이버'를 선택한 비율이 75.2%로 압도적인 비중을 차지하고 있었다. 연령대별로는 20대가 89.4%로 가장 높은 비율을 보였고, 30대가 87.7%, 40대가 73.4%, 50대가 67.8%, 60대가 64.2%로 연령대가 높아질수록 이용률이 감소하였다. '다음'의 경우 14.9%

로 두 번째로 높은 이용률을 보였다. 성별 이용률의 차이는 크지 않았지만, 연령대별로는 60대 24.7%, 50대 19.7%, 40대 18.4%, 30대 3.9%, 20대의 경우 2.5%의 비율을 보였다. 전체적으로는 연령대가 높을수록 높은 이용률을 보이고 있었다. '구글'의 경우 성별로는 남성이 6.9%, 여성이 2.9%로 남성의 비율이 높게 나타났다. 전체적으로 국내 포털 이용률(네이버, 다음, 네이트)은 93.5%로 압도적인 비중을 차지했다.

〈표 6-2〉 주로 뉴스를 이용하는 포털

(단위: 명, N=1,000)

구 분		네이버	다음	구글	네이트	빙(bing)	MSN	줌(ZUM)	전체
성별*	남성	370	85	35	12	1	5	1	509
		72.7%	16.7%	6.9%	2.4%	0.2%	1.0%	0.2%	100.0%
	여성	382	64	14	22	3	3	3	491
		77.8%	13.0%	2.9%	4.5%	0.6%	0.6%	0.6%	100.0%
연령**	20대	143	4	7	4	2	0	0	160
		89.4%	2.5%	4.4%	2.5%	1.3%	0.0%	0.0%	100.0%
	30대	157	7	8	7	0	0	0	179
		87.7%	3.9%	4.5%	3.9%	0.0%	0.0%	0.0%	100.0%
	40대	152	38	4	10	0	3	0	207
		73.4%	18.4%	1.9%	4.8%	0.0%	1.4%	0.0%	100.0%
	50대	162	47	18	9	0	1	2	239
		67.8%	19.7%	7.5%	3.8%	0.0%	0.4%	0.8%	100.0%
	60대	138	53	12	4	2	4	2	215
		64.2%	24.7%	5.6%	1.9%	0.9%	1.9%	0.9%	100.0%
전체		752	149	49	34	4	8	4	1000
		75.2%	14.9%	4.9%	3.4%	0.4%	0.8%	0.4%	100.0%

*χ^2=17.274, df=6, p=0.008 **χ^2=93.160, df=24, $p<.001$

〈표 6-3〉 '네이버'에서 주로 이용하는 뉴스 서비스 형태

(단위: 명, N=752)

구 분		언론사 편집 페이지	My뉴스 페이지	키워드 검색	전체
성별*	남성	179	115	76	370
		48.4%	31.1%	20.5%	100.0%
	여성	184	110	88	382
		48.2%	28.8%	23.0%	100.0%
연령**	20대	75	34	34	143
		52.4%	23.8%	23.8%	100.0%
	30대	82	47	28	157
		52.2%	29.9%	17.8%	100.0%
	40대	76	49	27	152
		50.0%	32.2%	17.8%	100.0%
	50대	72	57	33	162
		44.4%	35.2%	20.4%	100.0%
	60대	58	38	42	138
		42.0%	27.5%	30.4%	100.0%
전체		363	225	164	752
		48.3%	29.9%	21.8%	100.0%

*x^2=0.867, df=2, p=0.648 **x^2=13.959, df=8, p=0.083

'네이버'를 통해 주로 뉴스를 이용하는 이용자들이 네이버 뉴스 서비스 중에서 주로 이용하는 서비스 영역은 '언론사 편집 페이지'가 48.5%로 가장 높은 비율을 차지했고, 'My뉴스 페이지'가 29.9%, '키워드 검색' 방식이 21.8%의 비중을 차지했다. '언론사 편집 페이지'의 경우 연령대별로는 20대가 52.4%를 차지해 가장 높은 비율을 보였고, 30대가 52.2%, 40대가 50.0%, 50대가 44.4%, 60대가 42.0%로 연령대가 높아질수록 이용률이 감소하였다. 'My뉴스 페이지'의 경우 성별 이용률의 차이는 크지 않았다. 연령대별로는 50대가 35.2%로 가장 높은 비율을 보였고, 20대가 23.8%로 가장 낮은 비율을 보였다. 하지만 연령대별 특별한 경향성을 보이지는 않았다. '키워드 검색' 서비스의 경우도 성별로 특별한 차이를 보이지는 않았다. 연령대별로는 60대가 30.4%로 가장 높은 비율을 보였지만, 연령대별로 특별한 경향성을 보이지는 않았다.

〈표 6-4〉 '네이버 언론사 편집' 페이지에서 구독 언론사 선택 경험

(단위: 명, N=752)

구 분		있다	없다	전체
성별*	남성	191	179	370
		51.6%	48.4%	100.0%
	여성	169	213	382
		44.2%	55.8%	100.0%
연령**	20대	82	61	143
		57.3%	42.7%	100.0%
	30대	80	77	157
		51.0%	49.0%	100.0%
	40대	78	74	152
		51.3%	48.7%	100.0%
	50대	64	98	162
		39.5%	60.5%	100.0%
	60대	56	82	138
		40.6%	59.4%	100.0%
전체		360	392	752
		47.9%	52.1%	100.0%

*χ^2=4.103, df=1, p=0.043 **χ^2=13.944, df=4, p=0.007

'네이버' 뉴스 서비스 중에서 '언론사 편집' 서비스는 네이버와 콘텐츠 제휴 계약을 맺고 있는 언론사 중에서 스포츠나 연예 전문 매체를 제외한 80여 개 언론사 중에서 이용자들이 노출되는 언론사를 선택할 수 있는 구조로 운영된다. 또한 개별 언론사의 뉴스는 포털이 아닌 언론사가 직접 편집하고 있기 때문에, 포털이 개입하지 못한다. 따라서 '언론사 편집' 서비스는 이용자들이 능동적으로 참여할 경우 자신이 원하는 언론사의 뉴스를 선별할 수 있는 특징을 지니고 있다.

'네이버'를 통해 주로 뉴스를 보는 이용자 중에서, 자신이 보고 싶은 언론사를 직접 구독 선택한 비율은 47.9%(360명)로 나타났다. 이 규모는 '네이버 언론사 편집' 서비스를 통해 주로 뉴스를 이용한다고 응답한 응답자 규모 363명과 유사한 규모를 보이고 있었다. 즉, '언론사 편집' 서비스를 주로 이용하는 이용자들은 언론사 구독 여부를 직접 선택하고 있음을 보여준다.

〈그림 6-1〉 '네이버 언론사 편집' 페이지 언론사별 구독자 규모(중복 응답)

(단위: %, N=360)

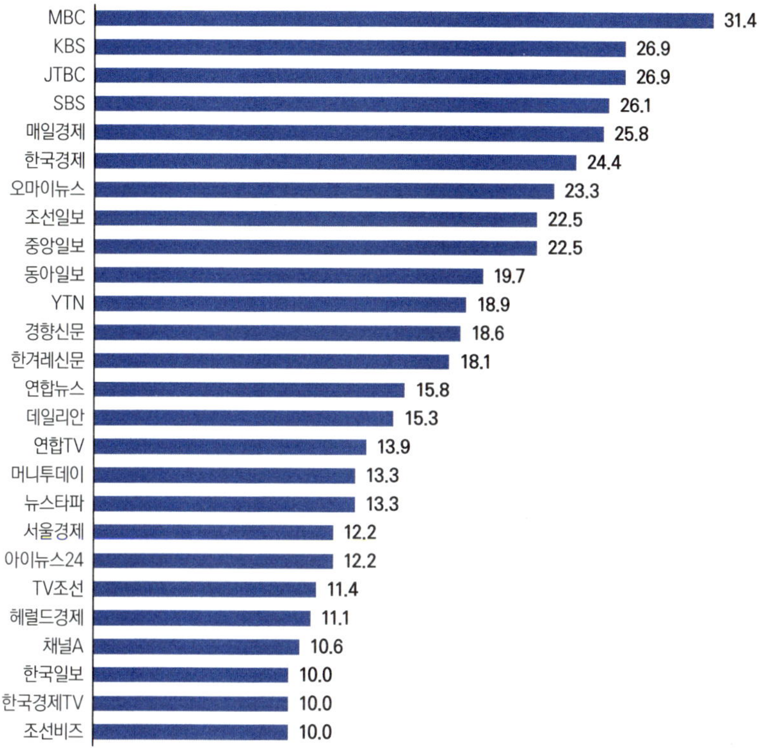

'네이버 언론사 편집' 서비스에서 구독 언론사를 선택한 경험이 있는 360명이 중복 응답으로 선택한 구독 언론사는 2,350개로 1인당 평균 6.5개 언론사를 구독하고 있었다. 조사 대상 언론사 중에서 10%(36명) 이상의 구독자를 확보한 언론사는 26개사로 나타났고, 방송사가 9개사로 가장 높은 비중을 차지했다. 종합일간지는 6개사, 경제지 6개사, 인터넷신문 4개사, 통신사 1개사가 포함되었다. '언론사 편집' 서비스에서 구독자 수가 가장 많은 언론사는 MBC로 113명이 선택하여 31.4%의 이용자가 구독을 선택한 것으로 나타났다. 연령대별로는 일정한 경향성을 보이지는 않았지만, 50대가 37.5%로 가장 높은 비율을 보였고, 20대가 22.0%로 가장 낮은 비율을 보였다. 본 조사에서 10% 미만 5% 이상 구독 응답률을 보인 매체는 13개사로 나타났고, 5% 미만 구독 응답률을 보인 매체는 29개사로 나타났다. 가장 낮은 구독 응답률을 보인 매체는 1.1% 의 응답률을 보였다. 본 조사에서 특이점은 과거 포털 뉴스 서비스에서 가장 노출량이 많았던 '연합뉴스'의 경우 15.8%의 구독률을 보이면서 언론사 순위에서 10위권에 포함되지 못하고 있다는 점이다.

이용자들이 '언론사 편집' 페이지에서 구독 언론사를 선정하는 가장 중요한(1순위) 이유는 '언론사에 대한 신뢰도가 높아서'가 29.4%로 가장 높은 비율을 차지했고, '언론사 브랜드 호감도가 높아서'가 28.6%로 비슷한 규모로 높은 비율을 보였다. 두 항목 모두 성별 차이가 크게 발생하지는 않았고, 연령별로도 특별한 경향성을 보이지는 않았다. 다음으로 '속보를 빨리 전해주기 때문에'가 15.8%로 세 번째로 응답 비율이 높았다. '언론사의 논조와 나의 정치적 성향이 비슷해서' 항목은 3.9%로 비교적 낮은 응답 비율을 보였다. 언론사들의 기사 내용에 해당하는 항목 중에서는 '기사 소재, 주제의 차별성이 높아서'가 9.4%로 상대적으로 높은 비중을 차지했지만, '내가 살고 있는 지역의 정보 제공', '사회적 여론을 잘 반영', '심층보도가 많아서'의 항목에서는 0.6~2.2%의 낮은 응답률을 보였다.

〈그림 6-2〉 '네이버 언론사 편집' 페이지에서 구독 언론사 선정 사유(1순위)

(단위: %, N=360)

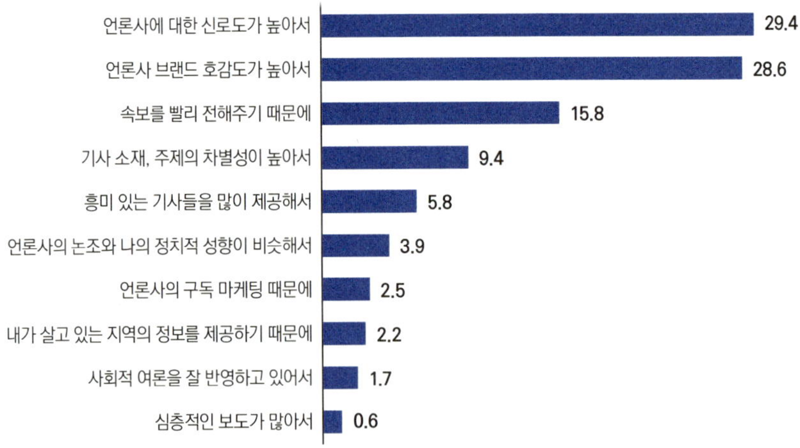

〈그림 6-3〉 '네이버 언론사 편집' 페이지에서 구독 언론사 선정 사유(1~3순위 복수 응답)

(단위: %, N=360)

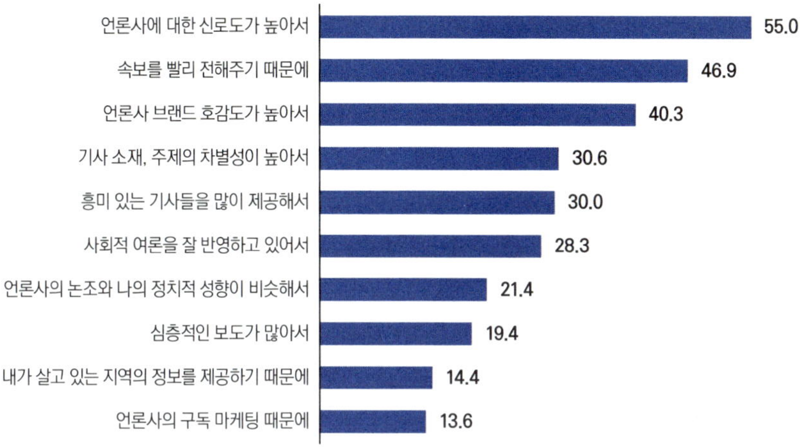

이용자들이 '언론사 편집' 페이지에서 구독 언론사를 선정하는 가장 중요한 이유를 3가지 선정한 문항에서도 '언론사에 대한 신뢰도가 높아서'가 55.0%로 가장 높은 비율을 차지했다. 성별로는 남성이 60.7%, 여성이 48.5%로 남성의 응답률이 상대적으로 높게 나타나고 있었다. 연령대별로는 30대가 48.8%로 가장 낮은 응답률을 보였고, 40대가 60.3%로 가장 높은 응답률을 보였다. 연령대별 특별한 경향성을 보이지는 않았다.

다음으로는 '속보를 빨리 전해주기 때문에'가 46.9%의 응답률을 보였다. 앞서서 살펴본 1순위 응답률과는 다르게, 1~3순위 중복 응답에서는 뉴스 이용의 기능적인 측면이 중요한 선택 요인이 되고 있음을 보여준다. 연령대별로는 20대가 58.5%로 가장 높은 비율을 보이고 있었고, 60대가 41.1%로 가장 낮은 비율을 보였다. 전체적으로 연령이 낮을수록 높은 응답 비율을 보이고 있었다. '언론사 브랜드 호감도가 높아서' 항목도 40.3%로 상대적으로 높은 응답률을 보이고 있었다. 연령대별로는 특별한 경향성의 차이는 나타나지 않았다. 또한 '기사 소재, 주제의 차별성이 높아서', '흥미 있는 기사를 많이 제공해서', '사회적 여론을 잘 반영해서'와 같이 기사의 내용적 품질을 평가하는 항목들도 28.3~30.6%의 비율로 높은 비중을 차지했다.

〈표 6-5〉 '다음'에서 주로 이용하는 뉴스 서비스 형태

(단위: 명, N=149)

구 분		언론사 페이지	뉴스 페이지	키워드 검색	전체
성별*	남성	7	75	3	85
		8.2%	88.2%	3.5%	100.0%
	여성	2	55	7	64
		3.1%	85.9%	10.9%	100.0%
연령**	20대	2	2	0	4
		50.0%	50.0%	0.0%	100.0%
	30대	1	6	0	7
		14.3%	85.7%	0.0%	100.0%
	40대	0	36	2	38
		0.0%	94.7%	5.3%	100.0%
	50대	3	40	4	47
		6.4%	85.1%	8.5%	100.0%
	60대	3	46	4	53
		5.7%	86.8%	7.5%	100.0%
전체		9	130	10	149
		6.0%	87.2%	6.7%	100.0%

*χ^2=4.586, df=2, p=0.101 **χ^2=17.949, df=8, p=0.022

포털 뉴스 서비스 중에서 '다음' 플랫폼을 주로 이용하는 응답자는 전체 응답자의 14.9%(149명)로 조사되었다. 이들이 다음 뉴스 서비스 중에서 주로 이용하는 뉴스 서비스 영역은 '뉴스 페이지' 영역으로 전체 응답자 중에서 87.2%를 차지했다. 즉, '다음' 뉴스 서비스 이용자는 알고리즘에 의해 배열되는 기존 뉴스 서비스 형태와 동일한 형태의 서비스를 주로 이용하고 있는 것으로 나타났다. 집단별 차이를 보면, 성별로는 남성이 88.2%, 여성이 85.9%로 차이가 미미했다. 연령대별로는 30대가 94.7%로 가장 높은 비율을 보였다. 이용자들의 정치적 성향을 기준으로 보면 자신을 진보라고 응답한 집단의 경우 90.7%, 중도라고 응답한 집단의 경우 87.8%, 보수라고 응답한 집단의 경우 79.2%가 '뉴스 페이지'를 주로 이용하고 있었다. 언론사가 직접 편집하여, 이용자가 언론사를 선택하는 '언론사 페이지'를 주로 이용한다고 응답한 집단은 6.0%에 불과했다.

〈표 6-6〉 '다음 언론사 페이지'에서 구독 언론사 선택 여부

(단위: 명, N=149)

구 분		있다	없다	전체
성별*	남성	31	54	85
		36.5%	63.5%	100.0%
	여성	21	43	64
		32.8%	67.2%	100.0%
연령**	20대	4	0	4
		100.0%	0.0%	100.0%
	30대	3	4	7
		42.9%	57.1%	100.0%
	40대	13	25	38
		34.2%	65.8%	100.0%
	50대	17	30	47
		36.2%	63.8%	100.0%
	60대	15	38	53
		28.3%	71.7%	100.0%
전체		52	97	149
		34.9%	65.1%	100.0%

*χ^2=0.215, df=1, p=0.643 **χ^2=8.713, df=4, p=0.069

'다음' 플랫폼을 통해 주로 뉴스를 이용하는 집단 중에서, 언론사가 자체적으로 뉴스를 편집하여 제공하는 '언론사 페이지' 서비스에서 '구독 언론사'를 선택한 비율은 34.9%(52명)로 조사되었다. 반면에 '구독 언론사'를 선택해 본 경험이 없는 집단의 비율은 65.1%(97명)로 나타났다. '구독 언론사'를 선택한 집단의 경우 남성은 36.5%, 여성은 32.8%로 집단 간 차이는 미미했다. 연령대별 차이는 빈도수가 적기 때문에 통계적인 유의미성은 부족하지만, 연령대가 높을수록 언론사를 구독해 본 경험이 없는 비율이 높게 나타났다. 정치적 성향을 기준으로는 자신이 진보라고 응답한 집단(43명)의 경우 37.2%, 자신이 중도라고 응답한 집단(82명)의 경우 36.6%, 자신이 보수라고 응답한 집단(24명)의 경우 25.0%가 '구독 언론사'를 선택하였다. '다음' 뉴스 서비스가 '뉴스 페이지' 중심으로 이용하는 집단이 많은 상황에서도 '언론사 페이지'에 대한 이용도 어느 정도 이뤄지고 있음을 보여주고 있었다.

〈그림 6-4〉 포털 사이트 뉴스 서비스 선호 장르(1~3순위 복수 응답)

(단위: %, N=511)

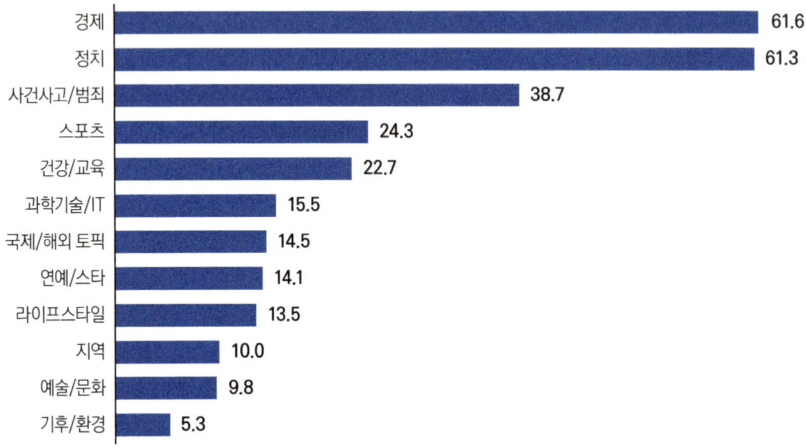

포털 뉴스 서비스 중에서 선호하는 뉴스 장르에 대한 조사(1~3순위 복수 응답)결과 경제 뉴스(61.6%)와 정치 뉴스(61.3%)에 대한 선호도가 여타 장르 뉴스보다 높은 선호도를 보였다. 경제 뉴스의 경우 남성(67.0%)이 여성(55.3%)보다 선호 비율이 높게 나타나고 있었고, 연령대별로는 20대가 46.5%로 가장 낮았고, 30~60대가 63.3%~69.5%로 큰 차이를 보이지 않았다. 정치 뉴스의 경우도 남성(65.6%)이 여성(56.2%)보다 선호도가 높게 나타나고 있었다. 연령대 별로는 20대가 43.4%로 가장 낮은 선호도를 보였고, 30대 58.2%, 40대 64.8%, 50대 67.6%, 60대 71.6%의 비율을 보이면서, 연령대가 높아질수록 선호도가 증가했다.

다음으로는 사건·사고/범죄 뉴스에 대한 선호도가 38.7%로 세 번째로 높은 선호 장르로 나타났다. 집단 간의 차이를 보면 남성의 경우 27.9%, 여성의 경우 51.5%로 선호도의 차이가 크게 발생했다. 연령대별로는 20대가 55.6%로 가장 선호도가 높게 나타났고, 30대 41.8%, 40대 43.5% 50대 29.7%, 60대 23.2%로 연령대가 높아질수록 선호도가 상대적으로 감소했다. 스포츠 장르에서는 연령별 차이가 미미했고, 건강/교육은 60대, 과학기술/IT는 20대의 선호도가 높았다. 국제/해외토픽은 20대와 30대의 선호도가 높았다.

〈표 6-7〉 포털 뉴스 서비스 이용 시 언론사명 확인 여부

(단위: 명, 점, N=1000)

구 분		전혀 확인하지 않는다	확인하지 않는 편이다	보통이다	확인하는 편이다	자주 확인한다	전체	평균
성별*	남성	28	73	142	201	65	509	3.40
		5.5%	14.3%	27.9%	39.5%	12.8%	100.0%	
	여성	34	112	144	170	31	491	3.11
		6.9%	22.8%	29.3%	34.6%	6.3%	100.0%	
연령**	20대	8	26	51	60	15	160	3.30
		5.0%	16.3%	31.9%	37.5%	9.4%	100.0%	
	30대	12	21	63	67	16	179	3.30
		6.7%	11.7%	35.2%	37.4%	8.9%	100.0%	
	40대	12	35	69	73	18	207	3.24
		5.8%	16.9%	33.3%	35.3%	8.7%	100.0%	
	50대	18	56	52	89	24	239	3.19
		7.5%	23.4%	21.8%	37.2%	10.0%	100.0%	
	60대	12	47	51	82	23	215	3.27
		5.6%	21.9%	23.7%	38.1%	10.7%	100.0%	
전체		62	185	286	371	96	1000	3.25
		6.2%	18.5%	28.6%	37.1%	9.6%	100.0%	

*χ^2=23.132, df=4, $p<.001$ **χ^2=22.417, df=16, p=0.130

포털 뉴스 서비스에서는 수십 개 언론사가 뉴스를 제공하고 있고, 어떤 언론사의 뉴스가 얼마나 노출되는지는 포털 뉴스 서비스의 다양성을 평가하는 매우 중요한 척도로 평가되고 있다. 이런 상황에서 일반 이용자들은 포털 뉴스 서비스 이용 과정에서 언론사명을 확인하는 정도는 평균 3.25점(5점 만점)으로 언론사명을 확인하는 경우가 그렇지 않은 경우보다 조금 많은 것으로 나타났다. 집단별 차이를 보면 남성이 평균 3.40점, 여성이 평균 3.11점으로 남성 집단이 여성 집단에 비해 언론사명을 확인하는 비율이 높게 나타났다. 연령대별로는 20대와 30대가 평균 3.30점으로 타 연령대보다 높은 평균값을 보이고 있지만, 연령대별 차이는 크지 않았다. 정치적 성향을 기준으로는 자신이 진보라고 응답한 집단(230명)의 경우 평균 3.59점, 중도라고 응답한 집단(570명)의 경우 3.14점, 보수라고 응답한 집단(200명)의 경우 3.20점의 평균값이 도출되었다.

〈표 6-8〉 포털 뉴스 서비스 이용 시 언론사명이 신뢰도에 영향 여부

(단위: 명, 점, N=1000)

구 분		전혀 영향을 주지 않는다	영향을 주지 않는 편이다	보통이다	영향을 주는 편이다	매우 영향을 준다	전체	평균
성별*	남성	21	45	161	214	68	509	3.52
		4.1%	8.8%	31.6%	42.0%	13.4%	100.0%	
	여성	20	65	156	213	37	491	3.37
		4.1%	13.2%	31.8%	43.4%	7.5%	100.0%	
연령**	20대	6	18	54	65	17	160	3.43
		3.8%	11.3%	33.8%	40.6%	10.6%	100.0%	
	30대	9	10	72	68	20	179	3.45
		5.0%	5.6%	40.2%	38.0%	11.2%	100.0%	
	40대	4	26	64	96	17	207	3.46
		1.9%	12.6%	30.9%	46.4%	8.2%	100.0%	
	50대	14	33	63	104	25	239	3.39
		5.9%	13.8%	26.4%	43.5%	10.5%	100.0%	
	60대	8	23	64	94	26	215	3.50
		3.7%	10.7%	29.8%	43.7%	12.1%	100.0%	
전체		41	110	317	427	105	1000	3.45
		4.1%	11.0%	31.7%	42.7%	10.5%	100.0%	

*χ^2=12.574, df=4, p=0.014 **χ^2=21.864, df=16, p=0.148

포털 뉴스 서비스 이용 시 기사를 작성한 언론사명이 기사의 신뢰도에 영향을 미치는지에 대한 응답 결과는 평균 3.45점(5점 만점)으로 기사를 쓴 언론사가 어떤 언론사인지가 기사의 신뢰도에 영향을 받는 이용자들의 비율이 높게 나타났다. 집단별 차이를 보면 남성이 평균 3.52점, 여성이 평균 3.37점으로 남성 집단의 비율이 약간 높게 나타났다. 연령대별로는 60대가 평균 3.50점으로 가장 높은 평균값을 보였지만, 연령대별 차이는 크지 않았다. 정치적 성향을 기준으로는 자신이 진보라고 응답한 집단(230명)의 경우 평균 3.71점, 중도라고 응답한 집단(570명)의 경우 3.34점, 보수라고 응답한 집단(200명)의 경우 3.45점의 평균값이 도출되면서, 스스로 진보라고 생각하는 집단에서 언론사명이 기사의 신뢰도에 영향을 미친다고 평가하는 비율이 높게 나타나고 있었다.

〈표 6-9〉 포털의 실시간 검색어 서비스가 뉴스 선택에 영향 여부

(단위: 명, 점, N=1000)

구 분		전혀 영향을 주지 않는다	영향을 주지 않는 편이다	보통이다	영향을 주는 편이다	매우 영향을 준다	전체	평균
성별*	남성	23	44	159	233	50	509	3.48
		4.5%	8.6%	31.2%	45.8%	9.8%	100.0%	
	여성	11	53	149	248	30	491	3.47
		2.2%	10.8%	30.3%	50.5%	6.1%	100.0%	
연령**	20대	7	7	49	83	14	160	3.56
		4.4%	4.4%	30.6%	51.9%	8.8%	100.0%	
	30대	8	14	60	79	18	179	3.47
		4.5%	7.8%	33.5%	44.1%	10.1%	100.0%	
	40대	5	23	68	89	22	207	3.48
		2.4%	11.1%	32.9%	43.0%	10.6%	100.0%	
	50대	8	28	70	119	14	239	3.43
		3.3%	11.7%	29.3%	49.8%	5.9%	100.0%	
	60대	6	25	61	111	12	215	3.46
		2.8%	11.6%	28.4%	51.6%	5.6%	100.0%	
전체		34	97	308	481	80	1000	3.48
		3.4%	9.7%	30.8%	48.1%	8.0%	100.0%	

*x^2=10.542, df=4, p=0.032 **x^2=19.425, df=16, p=0.247

포털 검색어 서비스는 언론사가 이를 기반으로 어뷰징 기사를 대량 양산 하는 문제를 발생시켰기 때문에 디지털 저널리즘 영역에서는 매우 부정적인 요인으로 평가되고 있다. 포털의 실시간 검색어 서비스가 뉴스 선택에 영향을 미치는지에 대한 응답 결과 평균 3.48점(5점 만점)의 평균값이 도출되면서, 포털 검색어 서비스가 뉴스 선택에 영향을 미친다고 응답한 비율이 높게 나타났다. 집단별 차이를 보면 성별 차이는 없었다. 연령대별로는 20대가 평균 3.56점으로 가장 높은 평균값을 보였지만, 연령대별 차이는 미미했다. 정치적 성향을 기준으로는 자신이 진보라고 응답한 집단(230명)의 경우 평균 3.63점, 중도라고 응답한 집단(570명)의 경우 3.44점, 보수라고 응답한 집단(200명)의 경우 3.42점의 평균값이 도출되면서, 진보라고 생각하는 집단에서 영향을 받는 비율이 높게 나타나고 있었다.

〈표 6-10〉 **포털 뉴스 서비스 방식(인링크/아웃링크) 구분 여부**

(단위: 명, 점, N=1000)

구 분		전혀 구분하지 못한다	구분하지 못하는 편이다	보통이다	구분하는 편이다	정확히 구분한다	전체	평균
성별*	남성	23	79	190	176	41	509	3.26
		4.5%	15.5%	37.3%	34.6%	8.1%	100.0%	
	여성	17	125	176	156	17	491	3.06
		3.5%	25.5%	35.8%	31.8%	3.5%	100.0%	
연령**	20대	8	28	66	47	11	160	3.16
		5.0%	17.5%	41.3%	29.4%	6.9%	100.0%	
	30대	7	32	69	58	13	179	3.21
		3.9%	17.9%	38.5%	32.4%	7.3%	100.0%	
	40대	7	43	72	74	11	207	3.19
		3.4%	20.8%	34.8%	35.7%	5.3%	100.0%	
	50대	10	58	86	72	13	239	3.08
		4.2%	24.3%	36.0%	30.1%	5.4%	100.0%	
	60대	8	43	73	81	10	215	3.20
		3.7%	20.0%	34.0%	37.7%	4.7%	100.0%	
전체		40	204	366	332	58	1000	3.16
		4.0%	20.4%	36.6%	33.2%	5.8%	100.0%	

*x^2=22.627, df=4, p<.001 **x2=10.147, df=16, p=0.859

포털 뉴스 서비스는 서비스 유형에 따라 포털이 뉴스 콘텐츠를 공급받아 자체적인 시스템에서 운영하는 인링크 방식과 기사를 클릭할 경우 언론사 페이지로 넘어가는 아웃링크 방식이 병행되어 운영되고 있다. 이러한 서비스 형식의 차이를 인지하고 구분할 수 있는지에 대한 조사 결과 평균 3.16점(5점 만점)의 평균값이 도출되면서, 서비스 형태를 구분할 수 있다고 응답하는 응답자가 약간 많았다. 집단별 차이를 보면 남성이 평균 3.26점, 여성이 평균 3.06점으로 남성의 비율이 약간 높게 나타났다. 연령대별로는 30대가 평균 3.21점으로 가장 높은 평균값을 보였지만, 연령대별 차이는 미미했다. 정치적 성향을 기준으로는 자신이 진보라고 응답한 집단(230명)의 경우 평균 3.30점, 중도라고 응답한 집단(570명)의 경우 3.12점, 보수라고 응답한 집단(200명)의 경우 3.13점의 평균값이 도출되면서, 진보라고 생각하는 집단에서 차이를 인식하는 비율이 높게 나타나고 있었다.

〈표 6-11〉 포털 뉴스 서비스 아웃링크 형태 선호도

(단위: 명, 점, N=390)

구 분		전혀 그렇지 않다	그렇지 않다	보통이다	그렇다	매우 그렇다	전체	평균
성별*	남성	17	52	59	77	12	217	3.07
		7.8%	24.0%	27.2%	35.5%	5.5%	100.0%	
	여성	4	55	38	68	8	173	3.12
		2.3%	31.8%	22.0%	39.3%	4.6%	100.0%	
연령**	20대	3	18	8	24	5	58	3.17
		5.2%	31.0%	13.8%	41.4%	8.6%	100.0%	
	30대	8	25	14	21	3	71	2.80
		11.3%	35.2%	19.7%	29.6%	4.2%	100.0%	
	40대	6	23	19	33	4	85	3.07
		7.1%	27.1%	22.4%	38.8%	4.7%	100.0%	
	50대	3	25	24	29	4	85	3.07
		3.5%	29.4%	28.2%	34.1%	4.7%	100.0%	
	60대	1	16	32	38	4	91	3.31
		1.1%	17.6%	35.2%	41.8%	4.4%	100.0%	
전체		21	107	97	145	20	390	3.09
		5.4%	27.4%	24.9%	37.2%	5.1%	100.0%	

*x^2=9.190, df=4, p=0.057 **x^2=25.757, df=16, p=0.058

포털 뉴스 서비스 제공 방식인 인링크 방식과 아웃링크 방식을 구분할 수 있는 집단(390명)을 대상으로 아웃링크 방식에 대한 선호도를 조사한 결과 평균 3.09점(5점 만점)의 평균값이 도출되면서, 아웃링크 서비스를 선호하는 응답자가 약간 많았다. 집단별 차이를 보면 남성이 평균 3.07점, 여성이 평균 3.12점으로 여성의 비율이 약간 높게 나타났다. 연령대별로는 60대가 평균 3.31점으로 가장 높은 평균값을 보였고, 30대가 평균 2.80점으로 가장 낮은 평균값을 보였다. 연령대에 따른 특별한 경향성은 보이지 않았다. 정치적 성향을 기준으로는 자신이 진보라고 응답한 집단(230명)의 경우 평균 3.07점, 중도라고 응답한 집단(570명)의 경우 3.05점, 보수라고 응답한 집단(200명)의 경우 3.25점의 평균값이 도출되면서, 보수라고 생각하는 집단에서 아웃링크에 대한 선호도가 높게 나타나고 있었다.

〈표 6-12〉 **포털 뉴스 SNS·메신저 서비스 공유 경험**

(단위: 명, N=1000)

구 분		있다	없다	전체
성별*	남성	300	209	509
		58.9%	41.1%	100.0%
	여성	262	229	491
		53.4%	46.6%	100.0%
연령**	20대	103	57	160
		64.4%	35.6%	100.0%
	30대	95	84	179
		53.1%	46.9%	100.0%
	40대	132	75	207
		63.8%	36.2%	100.0%
	50대	120	119	239
		50.2%	49.8%	100.0%
	60대	112	103	215
		52.1%	47.9%	100.0%
전체		562	438	1000
		56.2%	43.8%	100.0%

*x^2=3.160, df=1, p=0.075 **x^2=14.830, df=4, p=0.005

디지털 뉴스 생태계에서 이용자들의 적극적인 뉴스 활용 행태 중에서 댓글 쓰기나 여타 플랫폼에 공유하는 활동이 주목을 받는다. 포털 뉴스 이용자를 대상으로 하는 본 조사에서는 전체 응답자의 56.2%가 포털 뉴스 서비스를 이용하면서 SNS나 메신저 서비스에 공유한 경험이 있다는 응답 결과가 도출되었다. 집단별 차이를 보면 남성이 58.9%, 여성이 53.4%로 남성의 비율이 약간 높게 나타났다. 연령대별로는 20대가 64.4%로 가장 높은 비율을 보였고, 50대가 50.2%로 가장 낮은 비율을 보였다. 하지만 연령대에 따른 특별한 경향성은 보이지 않았다. 정치적 성향을 기준으로는 자신이 진보라고 응답한 집단(230명)의 경우 62.6%, 중도라고 응답한 집단(570명)의 경우 54.6%, 보수라고 응답한 집단(200명)의 경우 53.5%의 비율이 도출되면서, 진보라고 생각하는 집단에서 뉴스 공유 비율이 높게 나타나고 있었다.

〈그림 6-5〉 포털 뉴스 공유 경험 뉴스 장르(1~3순위 복수 응답)

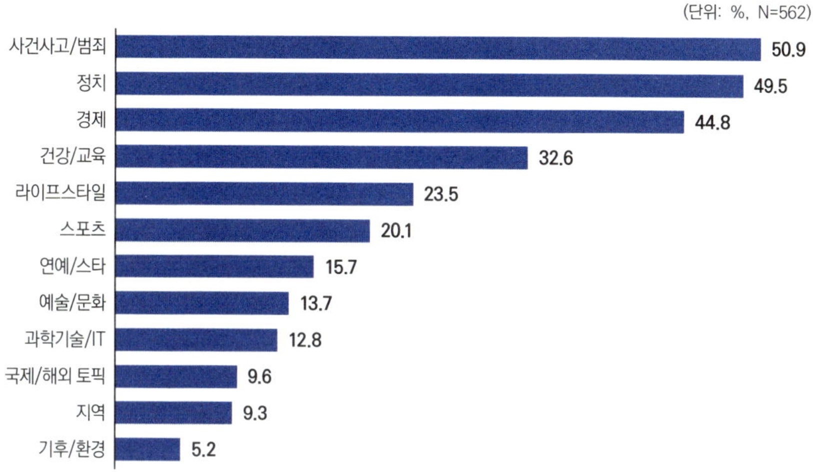

포털 뉴스 서비스를 이용하는 과정에서 공유한 뉴스 장르에 대한 조사(1~3순위 복수 응답)결과 사건사고/범죄 뉴스의 경우 50.9%, 정치 장르 뉴스 49.5%, 경제 장르 뉴스가 44.8%로 여타 장르 뉴스에 비해 높은 비율을 차지했다.

사건·사고/범죄 뉴스 공유 경험 비율을 보면 남성의 경우 44.0%, 여성의 경우 58.8%로 차이가 크게 발생했다. 연령대별로는 20대가 76.7%로 가장 공유 비율이 높게 나타났고, 30대 58.9%, 40대 56.8% 50대 34.2%, 60대 31.3%로 연령대가 높아질수록 공유 비율이 상대적으로 감소했다. 정치 뉴스의 경우 남성(54.7%)이 여성(43.5%)보다 공유 비율이 높게 나타났다. 연령대별로는 60대가 62.5%로 가장 높은 비율을 보였고, 20~50대의 경우 41.7~49.5%로 큰 차이를 보이지는 않았다. 경제 뉴스의 경우 남성(53.0%)이 여성(35.5%)보다 공유 비율이 높게 나타났다. 연령대별로는 20대가 35.9%로 비율이 가장 낮았고, 40대가 50.0%로 비율이 가장 높게 나타났다. 정치나 사건사고/범죄 뉴스에 비해 연령대별 차이가 작았다.

건강/교육 장르에서는 여성(37.4%)이 남성(28.3%)보다 높은 비율을 보이고 있었고, 연령대별로는 50대(44.2%)와 60대(47.3%)가 여타 연령대에 비해 높은 비율을 보이고 있었다. 라이프스타일(생활, 여행, 음식, 패션) 장르에서는 40~60대의 공유 비율이 높게 나타나고 있었다.

〈표 6-13〉 포털 뉴스 이용 시 댓글 작성 경험

(단위: 명, N=1000)

구 분		있다	없다	전체
성별*	남성	227	282	509
		44.6%	55.4%	100.0%
	여성	165	326	491
		33.6%	66.4%	100.0%
연령**	20대	45	115	160
		28.1%	71.9%	100.0%
	30대	71	108	179
		39.7%	60.3%	100.0%
	40대	85	122	207
		41.1%	58.9%	100.0%
	50대	103	136	239
		43.1%	56.9%	100.0%
	60대	88	127	215
		40.9%	59.1%	100.0%
전체		392	608	1000
		39.2%	60.8%	100.0%

*χ^2=12.670, df=1, p<.001 **χ^2=10.344, df=4, p=0.035

디지털 뉴스 생태계에서 댓글은 뉴스에 대한 독자들의 피드백을 확인할 수 있는 중요한 기능을 수행하기도 하고, 악플로 인한 사회적 문제를 야기하기도 한다. 본 조사에서는 포털 뉴스 이용시 댓글 작성 경험 비율이 39.2%로 조사되었다. 성별로는 남성의 경우 44.6%, 여성의 경우 33.6%로 남성의 댓글 작성 경험 비율이 상대적으로 높게 나타나고 있었다. 연령대별로는 20대가 28.1%로 가장 비율이 낮게 나타났고, 30대는 39.7%, 40대는 41.1%, 50대는 43.1%, 60대는 40.9%로 연령대가 높을수록 댓글 경험 비율이 높게 나타나고 있었다.

정치적 성향을 기준으로는 자신이 진보라고 응답한 집단(230명)의 경우 47.0%, 중도라고 응답한 집단(570명)의 경우 35.6%, 보수라고 응답한 집단(200명)의 경우 40.5%의 비율이 도출되면서, 진보라고 생각하는 집단에서 댓글 작성 비율이 상대적으로 높게 나타나고 있었다.

〈그림 6-6〉 포털 뉴스 댓글 작성 경험 뉴스 장르(1~3순위 복수 응답)

(단위: %, N=392)

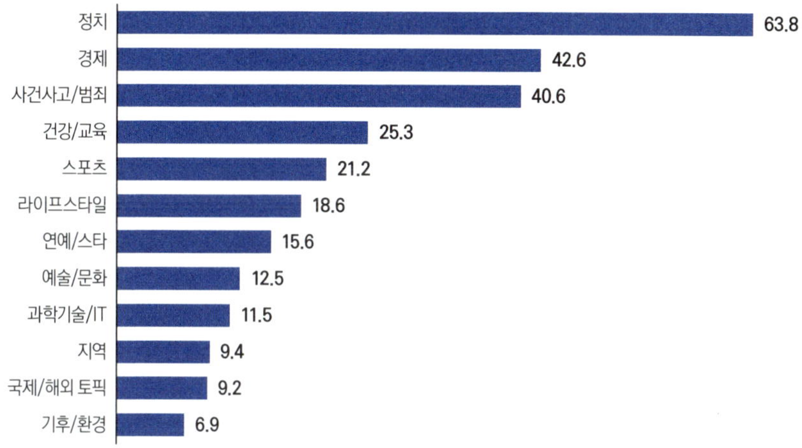

포털 뉴스 서비스를 이용하는 과정에서 댓글 작성 경험 집단(392명)에 대한 조사(1~3순위 복수 응답)결과 정치 장르 뉴스 댓글 작성 경험 비율이 63.8%로 여타 장르에 비해 압도적으로 높게 나타났다. 성별로는 남성의 경우 71.4%, 여성의 경우 53.3%로 남성이 정치 장르 뉴스에 대한 댓글 작성 경험이 많은 것으로 나타났다. 연령대별로는 20대가 46.7%, 30대가 57.7%, 40대가 61.2%, 50대가 71.8%, 60대가 70.5%로 연령대가 높아질수록 정치 뉴스에 대한 댓글 작성 비율이 높아졌다. 경제 장르 뉴스의 경우 남성의 경우 52.4%, 여성의 경우 29.1%로 댓글 작성 비율의 차이가 크게 나타났다. 연령대별로는 50대가 49.5%로 가장 높은 비율을 보이고 있고, 20대가 33.3%로 가장 낮은 비율을 보이고 있었고, 연령대별로 일정한 경향성은 도출되지 않았다. 사건·사고/범죄 장르 뉴스의 경우 성별로는 여성이 45.5%, 남성이 37.0%로 여성의 댓글 작성 비율이 높게 나타났다. 연령대별로는 20대가 53.3%, 30대가 43.7%, 40대가 45.9%, 50대가 37.9%, 60대가 29.5%로 연령대가 낮을수록 댓글 작성 비율이 높게 나타났다. 건강/교육 장르의 경우 60대가 39.8%로 가장 높은 비율을 보였고, 30대가 14.1%로 가장 낮은 비율을 보였다. 과학기술/IT 영역에서는 20대의 비율이 높게 나타났다.

〈그림 6-7〉 **포털 뉴스 내용에 따른 댓글 작성 동기(1순위)**

(단위: %, N=392)

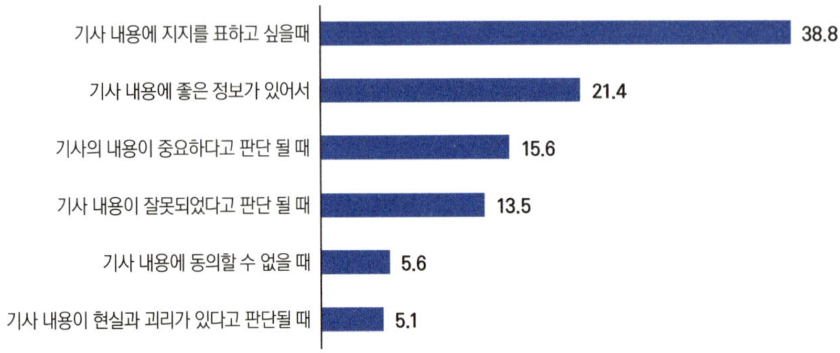

포털 뉴스 서비스를 이용하는 과정에서 댓글 작성 경험 집단(392명)에게 가장 중요한 댓글 작성 동기를 조사하였다. 조사 결과 '기사 내용에 지지를 표하고 싶을 때'가 38.8%로 가장 높은 비율을 차지하고 있었고, '기사 내용에 좋은 정보가 있어서'는 21.4%, '기사의 내용이 중요하다고 판단될 때'는 15.6%로 상대적으로 높은 비율을 차지하고 있었다. 이 세 항목은 뉴스 내용에 대한 긍정적 평가를 기반으로 하고 있다. 따라서 댓글을 작성하는 독자들은 뉴스 내용에 대한 긍정적인 평가를 확대하고자 댓글을 작성하는 비율이 높음을 보여준다. 반면에 '기사 내용이 잘못되었다고 판단될 때'는 13.5%, '기사 내용에 동의할 수 없을 때'는 5.6%, '기사 내용이 현실과 괴리가 있다고 판단될 때'는 5.1%로 기사의 내용에 대한 3가지 부정적 평가 요인들은 긍정적인 평가 요인보다 댓글 작성 동기에서 낮은 비율을 보이고 있었다.

'기사 내용에 지지를 표하고 싶을 때' 항목의 경우 여성(47.9%)이 남성(32.2%)보다 높은 비율을 차지하고 있었고, 연령대별로는 40~60대가 상대적으로 높은 비율(41.2~44.3%)을 보이고 있었다. '기사 내용에 좋은 정보가 있어서'와 '기사의 내용이 중요하다고 판단될 때' 항목의 경우 성별 및 연령대별로 뚜렷한 집단 간 차이가 발생하지 않았다. '기사 내용이 잘 못 되었다고 판단될 때' 항목에서는 남성(15.0%)이 여성(11.5%)보다 비율이 약간 높았고, 연령대별로는 20대가 22.2%, 30대가 18.3%, 40대가 11.8%, 50대가 12.6%, 60대가 8.0%로 연령대가 낮을수록 비율이 높게 나타나고 있었다. '기사 내용에 동의할 수 없을 때' 항목에서는 남성

(7.5%)이 여성(3.0%)보다 높은 비율을 보였다.

3. 언론의 사회적 기능에 대한 인식

언론의 사회적 기능에 대한 인식 평가는 포털 뉴스 서비스의 사회적 기능에 대한 인식 평가와의 비교 준거점을 확보하기 위해 실시되었다. 먼저 '언론은 사회적 여론 형성에 중요한 기능을 수행'하는지에 대한 질문에 전체 응답자 평균값이 3.82점(5점 만점)으로 도출되었다. 응답자의 68.3%가 동의한 것이다. 해당 질문에 부정적인 평가를 한 비율은 5.9%에 불과했다.

〈표 6-14〉 언론은 사회적 여론 형성에 중요한 기능 수행 여부에 대한 인식

(단위: 명, 점, N=1000)

구 분		전혀 그렇지 않다	그렇지 않다	보통이다	그렇다	매우 그렇다	전체	평균
성별*	남성	12	19	120	236	122	509	3.86
		2.4%	3.7%	23.6%	46.4%	24.0%	100.0%	
	여성	10	18	138	234	91	491	3.77
		2.0%	3.7%	28.1%	47.7%	18.5%	100.0%	
연령**	20대	3	5	40	78	34	160	3.84
		1.9%	3.1%	25.0%	48.8%	21.3%	100.0%	
	30대	4	9	55	74	37	179	3.73
		2.2%	5.0%	30.7%	41.3%	20.7%	100.0%	
	40대	5	10	55	92	45	207	3.78
		2.4%	4.8%	26.6%	44.4%	21.7%	100.0%	
	50대	8	8	63	115	45	239	3.76
		3.3%	3.3%	26.4%	48.1%	18.8%	100.0%	
	60대	2	5	45	111	52	215	3.96
		0.9%	2.3%	20.9%	51.6%	24.2%	100.0%	
전체		22	37	258	470	213	1000	3.82
		2.2%	3.7%	25.8%	47.0%	21.3%	100.0%	

*χ^2=5.663, df=4, p=0.226 **χ^2=14.026, df=16, p=0.597

집단별 차이를 보면, 남성이 평균 3.86점(5점 만점), 여성이 3.77점으로 차이가 거의 발생하지 않았고, 연령대별로는 30대가 평균 3.73점으로 가장 낮은 평균값을 보였고, 60대가 평균 3.96점으로 가장 높은 평균값을 보였으나, 연령대에 따른 특별한 경향성을 보이지 않았고, 연령대가 평균값의 차이도 미미했다. 정치적 성향을 기준으로는 자신이 진보라고 응답한 집단(230명)의 경우 평균 3.96점, 중도라고 응답한 집단(570명)의 경우 3.78점, 보수라고 응답한 집단(200명)의 경우 3.77점의 평균값이 도출되면서, 집단 간의 차이는 크지 않았다.

'언론은 민주주의 유지에 중요한 기능을 수행하는가?'라는 질문에 대해 3.39점(5점 만점)의 평균값이 도출되면서, 언론이 민주주의 유지에 중요한 기능을 수행한다고 평가하는 응답자들의 비율이 그렇지 않은 응답자들보다 많았다.

〈표 6-15〉 **언론은 민주주의 유지에 중요한 기능 수행 여부에 대한 인식**

(단위: 명, 점, N=1000)

구 분		전혀 그렇지 않다	그렇지 않다	보통이다	그렇다	매우 그렇다	전체	평균
성별*	남성	29	60	153	194	73	509	3.44
		5.7%	11.8%	30.1%	38.1%	14.3%	100.0%	
	여성	23	61	175	192	40	491	3.34
		4.7%	12.4%	35.6%	39.1%	8.1%	100.0%	
연령**	20대	7	22	52	67	12	160	3.34
		4.4%	13.8%	32.5%	41.9%	7.5%	100.0%	
	30대	12	21	61	67	18	179	3.32
		6.7%	11.7%	34.1%	37.4%	10.1%	100.0%	
	40대	7	24	76	82	18	207	3.39
		3.4%	11.6%	36.7%	39.6%	8.7%	100.0%	
	50대	13	25	82	83	36	239	3.44
		5.4%	10.5%	34.3%	34.7%	15.1%	100.0%	
	60대	13	29	57	87	29	215	3.42
		6.0%	13.5%	26.5%	40.5%	13.5%	100.0%	
전체		52	121	328	386	113	1000	3.39
		5.2%	12.1%	32.8%	38.6%	11.3%	100.0%	

*x^2=11.503, df=4, p=0.021 **x^2=16.866, df=16, p=0.394

집단 간 차이를 보면 남성의 경우 평균 3.44점(5점 만점), 여성의 경우 평균 3.34점으로 차이가 미미했다. 연령대별로는 차이가 거의 나타나지 않았다. 정치적 성향을 기준으로는 자신이 진보라고 응답한 집단(230명)의 경우 평균 3.53점, 중도라고 응답한 집단(570명)의 경우 3.41점, 보수라고 응답한 집단(200명)의 경우 3.16점의 평균값이 도출되면서 차이를 보이고 있었다.

'언론은 사회적으로 공적 기능을 수행하는가?'라는 질문에 대해 3.25점(5점 만점)의 평균값이 도출되면서, 언론이 사회적으로 공적 기능을 수행한다고 평가하는 응답자들의 비율이 그렇지 않은 응답자들보다 많았다. 집단 간 차이를 보면 남성의 경우 평균 3.30점(5점 만점), 여성의 경우 평균 3.19점으로 차이가 미미했다. 연령대별로는 차이가 거의 나타나지 않았다.

〈표 6-16〉 언론은 사회적 공적 기능 수행 여부에 대한 인식

(단위: 명, 점, N=1000)

구 분		전혀 그렇지 않다	그렇지 않다	보통이다	그렇다	매우 그렇다	전체	평균
성별*	남성	31	61	188	182	47	509	3.30
		6.1%	12.0%	36.9%	35.8%	9.2%	100.0%	
	여성	24	75	198	173	21	491	3.19
		4.9%	15.3%	40.3%	35.2%	4.3%	100.0%	
연령**	20대	8	17	63	62	10	160	3.31
		5.0%	10.6%	39.4%	38.8%	6.3%	100.0%	
	30대	9	24	72	65	9	179	3.23
		5.0%	13.4%	40.2%	36.3%	5.0%	100.0%	
	40대	8	31	81	75	12	207	3.25
		3.9%	15.0%	39.1%	36.2%	5.8%	100.0%	
	50대	14	36	96	70	23	239	3.22
		5.9%	15.1%	40.2%	29.3%	9.6%	100.0%	
	60대	16	28	74	83	14	215	3.24
		7.4%	13.0%	34.4%	38.6%	6.5%	100.0%	
전체		55	136	386	355	68	1000	3.25
		5.5%	13.6%	38.6%	35.5%	6.8%	100.0%	

*χ^2=12.441, df=4, p=0.014 **χ^2=13.486, df=16, p=0.637

〈표 6-17〉 언론은 공적 정보 제공 여부에 대한 인식

(단위: 명, 점, N=1000)

구 분		전혀 그렇지 않다	그렇지 않다	보통이다	그렇다	매우 그렇다	전체	평균
성별*	남성	27	51	200	196	35	509	3.32
		5.3%	10.0%	39.3%	38.5%	6.9%	100.0%	
	여성	23	73	200	176	19	491	3.19
		4.7%	14.9%	40.7%	35.8%	3.9%	100.0%	
연령**	20대	6	19	57	67	11	160	3.36
		3.8%	11.9%	35.6%	41.9%	6.9%	100.0%	
	30대	11	20	81	59	8	179	3.18
		6.1%	11.2%	45.3%	33.0%	4.5%	100.0%	
	40대	4	27	89	79	8	207	3.29
		1.9%	13.0%	43.0%	38.2%	3.9%	100.0%	
	50대	17	28	98	85	11	239	3.19
		7.1%	11.7%	41.0%	35.6%	4.6%	100.0%	
	60대	12	30	75	82	16	215	3.28
		5.6%	14.0%	34.9%	38.1%	7.4%	100.0%	
전체		50	124	400	372	54	1000	3.26
		5.0%	12.4%	40.0%	37.2%	5.4%	100.0%	

*χ^2=9.718, df=4, p=0.045 **χ^2=17.763, df=16, p=0.338

'언론은 사회적으로 필요한 공적 정보를 제공하는가?'라는 질문에 대해 3.26점(5점 만점)의 평균값이 도출되면서, 언론이 사회적으로 필요한 공적 정보를 제공한다고 응답자들의 비율이 그렇지 않은 응답자들보다 많았다. 집단 간 차이를 보면 남성의 경우 평균 3.32점(5점 만점), 여성의 경우 평균 3.19점으로 차이가 미미했다. 연령대별로는 30대가 평균 3.18점으로 가장 평균값이 낮았고, 40대가 평균 3.29점으로 가장 평균값이 높게 나타나면서, 연령대별 차이가 거의 나타나지 않았다. 정치적 성향을 기준으로는 자신이 진보라고 응답한 집단(230명)의 경우 평균 3.32점, 중도라고 응답한 집단(570명)의 경우 3.28점, 보수라고 응답한 집단(200명)의 경우 3.12점의 평균값이 도출되면서 집단 간 차이는 미미했다.

〈그림 6-8〉 국내 언론 보도에 대한 인식

(단위: 점, N=1000)

본 조사 집단의 언론 보도에 대한 인식조사를 위해, 언론 보도에 대한 긍정적인 평가 문항 4문항, 부정적인 평가 문항 4문항을 조사하였다. 조사 결과 부정적인 평가 항목들이 높은 평균값을 보였고, 긍정적인 평가 항목들이 대체로 낮은 평균값을 보였다. 즉, 국내 언론 보도에 대한 부정적인 평가가 우세한 것으로 나타났다. 개별적인 항목들을 살펴보면 '흥미 위주로 보도한다'라는 문항이 평균 3.60점(5점 만점)으로 여타 항목에 비해 평균값이 높게 나타났다. 성별, 연령대별, 정치적 성향별 차이는 미미했다. '내용이 편파적이다'라는 문항에 대해서는 평균 3.55점의 평균값을 보였다. '선정적으로 보도한다'라는 문항에 대해서는 평균 3.51점, '기사와 광고의 경계가 모호하다'라는 문항에 대해서는 평균 3.46점의 평균값을 보였다. 세 가지 문항에서도 성별, 연령대별, 정치적 성향별로 뚜렷한 차이를 보이지는 않았다. '기사 내용이 유익하다'라는 문항에 대해 평균 3.04점(5점 만점)의 평균값이 도출되면서 긍정적인 평가 비율이 부정적인 평가 비율보다 약간 높게 나타났다. 해당 문항에 대한 집단 간의 차이는 크게 발생하지 않았다. '기사 내용이 전문적이다'라는 문항에 대해서는 평균 2.94점이 도출되면서 부정적인 평가 비율이 약간 높게 나타났다. '객관적으로 보도한다'의 경우 평균 2.70점, '공정하게 보도한다'의 경우 평균 2.63점으로 두 문항 모두 부정적인 평가를 하는 비율이 긍정적인 평가를 하는 비율에 비해 높게 나타났다.

4. 포털 뉴스 서비스의 언론 기능에 대한 인식

포털은 TV방송 뉴스와 더불어 국내에서 가장 보편적인 뉴스 이용 플랫폼이다. 이러한 포털의 뉴스 서비스가 언론과 동등한 공적 책임을 수행해야 하는지에 대한 조사를 실시했다. 이에 대해 평균 3.91점(5점 만점)의 평균값이 도출되었다. 집단별 차이를 보면, 성별로는 남성이 평균 3.95점, 여성이 평균 3.87점으로 차이가 미미했고, 연령대별 차이는 거의 발생하지 않았다. 정치적 성향을 기준으로는 자신이 진보라고 응답한 집단(230명)의 경우 평균 4.05점, 중도라고 응답한 집단(570명)의 경우 3.90점, 보수라고 응답한 집단(200명)의 경우 3.79점의 평균값이 도출되었다.

〈표 6-18〉 언론사와 포털 뉴스 서비스의 동등한 공적 책임 수행 필요 인식

(단위: 명, 점, N=1000)

구 분		전혀 그렇지 않다	그렇지 않다	보통이다	그렇다	매우 그렇다	전체	평균
성별*	남성	6	16	109	243	135	509	3.95
		1.2%	3.1%	21.4%	47.7%	26.5%	100.0%	
	여성	6	14	123	241	107	491	3.87
		1.2%	2.9%	25.1%	49.1%	21.8%	100.0%	
연령**	20대	0	4	43	83	30	160	3.87
		0.0%	2.5%	26.9%	51.9%	18.8%	100.0%	
	30대	2	5	46	73	53	179	3.95
		1.1%	2.8%	25.7%	40.8%	29.6%	100.0%	
	40대	3	7	53	96	48	207	3.86
		1.4%	3.4%	25.6%	46.4%	23.2%	100.0%	
	50대	5	8	49	120	57	239	3.90
		2.1%	3.3%	20.5%	50.2%	23.8%	100.0%	
	60대	2	6	41	112	54	215	3.98
		0.9%	2.8%	19.1%	52.1%	25.1%	100.0%	
전체		12	30	232	484	242	1000	3.91
		1.2%	3.0%	23.2%	48.4%	24.2%	100.0%	

*χ^2=3.903, df=4, p=0.419 **χ^2=16.189, df=16, p=0.440

〈표 6-19〉 포털 뉴스 서비스가 사회적 여론 형성에 중요한 기능 수행 여부에 대한 인식

(단위: 명, 점, N=1000)

구 분		전혀 그렇지 않다	그렇지 않다	보통이다	그렇다	매우 그렇다	전체	평균
성별*	남성	11	19	136	257	86	509	3.76
		2.2%	3.7%	26.7%	50.5%	16.9%	100.0%	
	여성	9	21	162	224	75	491	3.68
		1.8%	4.3%	33.0%	45.6%	15.3%	100.0%	
연령**	20대	5	7	43	77	28	160	3.73
		3.1%	4.4%	26.9%	48.1%	17.5%	100.0%	
	30대	3	7	66	63	40	179	3.73
		1.7%	3.9%	36.9%	35.2%	22.3%	100.0%	
	40대	3	6	65	103	30	207	3.73
		1.4%	2.9%	31.4%	49.8%	14.5%	100.0%	
	50대	5	10	69	122	33	239	3.70
		2.1%	4.2%	28.9%	51.0%	13.8%	100.0%	
	60대	4	10	55	116	30	215	3.73
		1.9%	4.7%	25.6%	54.0%	14.0%	100.0%	
전체		20	40	298	481	161	1000	3.72
		2.0%	4.0%	29.8%	48.1%	16.1%	100.0%	

*x^2=5.262, df=4, p=0.261 **x^2=21.920, df=16, p=0.146

‘포털 뉴스 서비스가 사회적 여론 형성에 중요한 기능을 수행하는가?’ 하는 질문에 대해 3.72점(5점 만점)의 평균값이 도출되었다. 이는 ‘언론이 사회적 여론 형성에 중요한 기능을 수행하는가?’ 하는 질문에 대한 평균값 3.82점과 유사한 수치를 보여준다. 집단별 차이를 보면 남성은 평균 3.76점, 여성은 평균 3.68점으로 차이가 미미했고, 연령대별로도 차이가 없었다. 정치적 성향을 기준으로는 자신이 진보라고 응답한 집단(230명)의 경우 평균 3.91점, 중도라고 응답한 집단(570명)의 경우 3.71점, 보수라고 응답한 집단(200명)의 경우 3.56점의 평균값이 도출되었다. 즉, 정치적인 성향을 기준으로 보면 진보라고 응답한 집단이 보수라고 응답한 집단에 비해 포털 뉴스 서비스가 사회적 여론 형성에 중요한 기능을 수행하고 있다고 인식하는 비율이 높게 나타나고 있었다.

〈표 6-20〉 포털 뉴스 서비스가 민주주의 유지에 중요한 기능 수행 여부에 대한 인식

(단위: 명, 점, N=1000)

구 분		전혀 그렇지 않다	그렇지 않다	보통이다	그렇다	매우 그렇다	전체	평균
성별*	남성	23	50	167	212	57	509	3.45
		4.5%	9.8%	32.8%	41.7%	11.2%	100.0%	
	여성	21	52	207	171	40	491	3.32
		4.3%	10.6%	42.2%	34.8%	8.1%	100.0%	
연령**	20대	7	14	53	73	13	160	3.44
		4.4%	8.8%	33.1%	45.6%	8.1%	100.0%	
	30대	10	16	81	52	20	179	3.31
		5.6%	8.9%	45.3%	29.1%	11.2%	100.0%	
	40대	6	22	77	82	20	207	3.43
		2.9%	10.6%	37.2%	39.6%	9.7%	100.0%	
	50대	10	25	92	91	21	239	3.37
		4.2%	10.5%	38.5%	38.1%	8.8%	100.0%	
	60대	11	25	71	85	23	215	3.39
		5.1%	11.6%	33.0%	39.5%	10.7%	100.0%	
전체		44	102	374	383	97	1000	3.39
		4.4%	10.2%	37.4%	38.3%	9.7%	100.0%	

*χ^2=11.456, df=4, p=0.022 **χ^2=15.572, df=16, p=0.483

‘포털 뉴스 서비스가 민주주의 유지를 위해 중요한 기능을 수행하는가?’ 하는 질문에 대해 3.39점(5점 만점)의 평균값이 도출되었다. 이는 ‘언론이 민주주의 유지를 위해 중요한 기능을 수행하는가?’ 하는 질문에 대한 평균값 3.39점과 동일한 수치를 보여준다. 집단별 차이를 보면 남성은 평균 3.45점, 여성은 평균 3.32점으로 차이가 미미했다. 연령대별로도 30대가 평균 3.31점으로 가장 낮은 평균값을 보였고, 20대가 평균 3.44점으로 가장 높은 평균값을 보이면서, 연령대별 차이는 미미했다. 정치적 성향을 기준으로는 자신이 진보라고 응답한 집단(230명)의 경우 평균 3.51점, 중도라고 응답한 집단(570명)의 경우 3.43점, 보수라고 응답한 집단(200명)의 경우 3.12점의 평균값이 도출되었다. 즉, 정치적인 성향을 기준으로 보면 진보라고 응답한 집단이 보수라고 응답한 집단에 비해 포털 뉴스 서비스가 민주주의 유지를 위해 중요한 기능을 수행하고 있다고 인식하는 비율이 높았다.

〈표 6-21〉 **포털 뉴스 서비스의 사회적 공적 기능 수행 여부에 대한 인식**

(단위: 명, 점, N=1000)

구 분		전혀 그렇지 않다	그렇지 않다	보통이다	그렇다	매우 그렇다	전체	평균
성별*	남성	22	57	179	208	43	509	3.38
		4.3%	11.2%	35.2%	40.9%	8.4%	100.0%	
	여성	21	55	223	158	34	491	3.26
		4.3%	11.2%	45.4%	32.2%	6.9%	100.0%	
연령**	20대	6	16	54	74	10	160	3.41
		3.8%	10.0%	33.8%	46.3%	6.3%	100.0%	
	30대	11	17	87	47	17	179	3.23
		6.1%	9.5%	48.6%	26.3%	9.5%	100.0%	
	40대	5	20	86	75	21	207	3.42
		2.4%	9.7%	41.5%	36.2%	10.1%	100.0%	
	50대	11	28	98	88	14	239	3.28
		4.6%	11.7%	41.0%	36.8%	5.9%	100.0%	
	60대	10	31	77	82	15	215	3.28
		4.7%	14.4%	35.8%	38.1%	7.0%	100.0%	
전체		43	112	402	366	77	1000	3.32
		4.3%	11.2%	40.2%	36.6%	7.7%	100.0%	

*χ^2=12.437, df=4, p=0.014 **χ^2=25.912, df=16, p=0.055

‘포털 뉴스 서비스가 사회적 공적 기능을 수행하는가?’ 하는 질문에 대해 3.32점(5점 만점)의 평균값이 도출되었다. 이는 ‘언론이 사회적 공적 기능을 수행하는가?’ 하는 질문에 대한 평균값 3.25점과 유사한 수치를 보여준다. 집단별 차이를 보면 남성은 평균 3.38점, 여성은 평균 3.26점으로 차이가 미미했다. 연령대별로도 30대가 평균 3.23점으로 가장 낮은 평균값을 보였고, 40대가 평균 3.42점으로 가장 높은 평균값을 보이면서, 연령대별 차이는 미미했다. 정치적 성향을 기준으로는 자신이 진보라고 응답한 집단(230명)의 경우 평균 3.39점, 중도라고 응답한 집단(570명)의 경우 3.37점, 보수라고 응답한 집단(200명)의 경우 3.12점의 평균값이 도출되었다. 즉, 정치적인 성향을 기준으로 보면 진보라고 응답한 집단이 보수라고 응답한 집단에 비해 포털 뉴스 서비스가 사회적 공적 기능을 수행하고 있다고 인식하는 비율이 약간 높게 나타났다.

〈표 6-22〉 포털 뉴스 서비스의 공적 정보 제공 여부에 대한 인식

(단위: 명, 점, N=1000)

구 분		전혀 그렇지 않다	그렇지 않다	보통이다	그렇다	매우 그렇다	전체	평균
성별*	남성	21	50	203	196	39	509	3.36
		4.1%	9.8%	39.9%	38.5%	7.7%	100.0%	
	여성	20	50	221	174	26	491	3.28
		4.1%	10.2%	45.0%	35.4%	5.3%	100.0%	
연령**	20대	5	15	55	72	13	160	3.46
		3.1%	9.4%	34.4%	45.0%	8.1%	100.0%	
	30대	9	18	73	63	16	179	3.33
		5.0%	10.1%	40.8%	35.2%	8.9%	100.0%	
	40대	6	16	95	75	15	207	3.37
		2.9%	7.7%	45.9%	36.2%	7.2%	100.0%	
	50대	10	27	108	81	13	239	3.25
		4.2%	11.3%	45.2%	33.9%	5.4%	100.0%	
	60대	11	24	93	79	8	215	3.23
		5.1%	11.2%	43.3%	36.7%	3.7%	100.0%	
전체		41	100	424	370	65	1000	3.32
		4.1%	10.0%	42.4%	37.0%	6.5%	100.0%	

*χ^2=4.374, df=4, p=0.358 **χ^2=16.476, df=16, p=0.420

'포털 뉴스 서비스가 사회적 공적 정보를 제공하는가?' 하는 질문에 대해 3.32점(5점 만점)의 평균값이 도출되었다. 이는 '언론이 사회적 공적 정보를 제공하는가?' 하는 질문에 대한 평균값 3.26점과 유사한 수치를 보여준다. 집단별 차이를 보면 남성은 평균 3.36점, 여성은 평균 3.28점으로 차이가 미미했다. 연령대별로도 60대가 평균 3.23점으로 가장 낮은 평균값을 보였고, 20대가 평균 3.46점으로 가장 높은 평균값을 보이면서, 연령대별 차이는 미미했다. 정치적 성향을 기준으로는 자신이 진보라고 응답한 집단(230명)의 경우 평균 3.42점, 중도라고 응답한 집단(570명)의 경우 3.35점, 보수라고 응답한 집단(200명)의 경우 3.11점의 평균값이 도출되었다. 즉, 정치적인 성향을 기준으로 보면 진보라고 응답한 집단이 보수라고 응답한 집단에 비해 포털 뉴스 서비스가 사회적 공적 정보를 제공하고 있다고 인식하는 비율이 약간 높게 나타났다.

〈그림 6-9〉 포털 뉴스 서비스에 대한 인식

(단위: 점, N=1000)

포털 뉴스 서비스가 저널리즘 측면에서 어떤 평가를 받고 있는지를 확인해 보기 위한 조사 결과에서는 전반적으로 부정적인 평가가 우세하게 나타나고 있었다. 먼저 '흥미 위주 기사가 많이 노출된다'는 문항에 대해서는 3.71점(5점 만점)의 평균값이 도출되면서, 거의 대다수의 응답자가 동의하고 있었다. 집단별 차이를 보면 성별, 연령대별, 정치적 성향별로 집단 간 차이는 거의 나타나지 않았다. '홍보성 기사가 많이 노출된다'는 문항에 대해서는 3.67점의 평균값이 도출되면서, 역시 거의 대다수의 응답자가 동의하고 있었다. 집단별 차이를 보면 성별, 연령대별, 정치적 성향별로 집단 간 차이는 거의 나타나지 않았다. '선정적 기사가 많이 노출된다'는 문항에 대해서는 3.57점의 평균값이 도출되었고, '편파적인 기사가 많이 노출된다'는 문항에서는 3.56점의 평균값이 도출되었다. 즉, 저널리즘 측면에서 포털 뉴스 서비스의 부정적인 평가에 대해서, 대다수 응답자들이 동의하고 있었다. 이러한 평균값들은 언론 보도에 대한 부정적 평가에서 도출되었던 평균값과 유사한 수치였다. '유익한 기사가 많이 노출된다'는 문항에 대해서는 3.00점의 평균값이 도출되었다. 즉, 긍정적 평가자와 부정적인 평가자의 비율이 거의 비슷한 규모로 나타난 것이다. 집단별 차이를 보면 성별, 연령대별, 정치적 성향별로 집단 간 차이는 크지 않았다. '공정한 기사가 많이 노출된다'는 문항에 대해서는 2.79점의 평균값을 보이면서, 부정적인 평가 비율이 높게 나타나고 있었다. 집단별 차이를 보면 성별, 연령대별, 정치적 성향별로 집단 간 차이는 크지 않았다.

〈그림 6-10〉 포털 뉴스 서비스 댓글에 대한 인식

(단위: 점, N=1000)

포털 뉴스 서비스는 언론사 홈페이지와 비교하여 댓글 작성 비율이 높고, 매우 활발한 논쟁이 발생한다. 따라서 댓글은 독자와의 상호작용 과정으로 평가되기도 하고, 집단지성의 산물로 긍정적인 평가도 받지만 악플이나 의도적인 댓글 여론조작과 같은 문제점을 발생시키고 있다. 이러한 포털의 댓글에 대한 조사 대상 집단의 평가는 다음과 같이 도출되었다.

먼저 '댓글에 근거 없는 비방이 너무 많다'는 문항에 대해서는 3.73점(5점 만점)의 평균값이 도출되면서 대다수 응답자가 동의하고 있었다. 성별, 연령대별, 정치적 성향별 집단 차이는 크지 않았다. '댓글에 대한 언론사의 피드백이 필요하다'는 문항에 대해서는 3.56점의 평균값이 도출되면서, 피드백 필요성에 동의하는 응답자 비율이 높에 나타났다. '댓글이 기사의 신뢰도에 영향을 미친다'는 문항에 대해서는 2.98점의 평균값이 도출되면서, 영향을 미친다고 응답한 응답자와 그렇지 않은 응답자들의 비율이 비슷하게 도출되었다. '댓글은 정보를 얻는 데 유용하다'는 문항에 대해서는 평균 2.84점, '댓글은 여론을 잘 반영한다'는 문항에 대해서는 평균 2.83점이 도출되면서, 두 문항 모두 부정적인 평가를 하는 응답자 비율이 약간 높게 나타났다. '기사보다 댓글에 담긴 내용을 더 신뢰한다'는 문항에 대해서는 평균 2.44점으로 부정적인 평가 비율이 높게 나타났다.

5. 뉴스 배열 알고리즘에 대한 인식

포털 뉴스 서비스의 공정성과 관련된 논쟁이 지속되는 상황에서, 국내 포털 플랫폼들은 알고리즘에 기초한 뉴스 서비스를 운영하고 있다. 현재도 알고리즘의 공정성에 대한 논쟁이 있는 상황이다. 본 조사에서는 응답자들에게 '포털 뉴스 편집이 사람이 아닌 인공지능 알고리즘에 의해 이뤄질 경우, 사람이 편집하는 것보다 공정하다고 생각하는가?'라는 문항을 제시했다. 이에 대해 3.23점(5점 만점)의 평균값이 도출되었다. 즉, 인공지능 알고리즘이 사람보다 공정하게 편집할 것이라고 평가하는 응답 비율이 높게 나타났다. 집단별 차이를 보면 성별, 연령대별, 정치적 성향별로 집단 간 차이는 크지 않았다.

〈표 6-23〉 사람보다 인공지능 알고리즘에 의한 뉴스 편집이 공정

(단위: 명, 점, N=1000)

구 분		전혀 그렇지 않다	그렇지 않다	보통이다	그렇다	매우 그렇다	전체	평균
성별*	남성	18	71	208	177	35	509	3.28
		3.5%	13.9%	40.9%	34.8%	6.9%	100.0%	
	여성	14	65	238	168	6	491	3.18
		2.9%	13.2%	48.5%	34.2%	1.2%	100.0%	
연령**	20대	8	17	61	66	8	160	3.31
		5.0%	10.6%	38.1%	41.3%	5.0%	100.0%	
	30대	7	26	77	59	10	179	3.22
		3.9%	14.5%	43.0%	33.0%	5.6%	100.0%	
	40대	5	26	107	62	7	207	3.19
		2.4%	12.6%	51.7%	30.0%	3.4%	100.0%	
	50대	5	40	107	79	8	239	3.19
		2.1%	16.7%	44.8%	33.1%	3.3%	100.0%	
	60대	7	27	94	79	8	215	3.25
		3.3%	12.6%	43.7%	36.7%	3.7%	100.0%	
전체		32	136	446	345	41	1000	3.23
		3.2%	13.6%	44.6%	34.5%	4.1%	100.0%	

*x^2=23.213, df=4, p=0.000 **x^2=16.298, df=16, p=0.432

〈그림 6-11〉 알고리즘 기사배열에서 중요하게 고려할 사항(1순위)

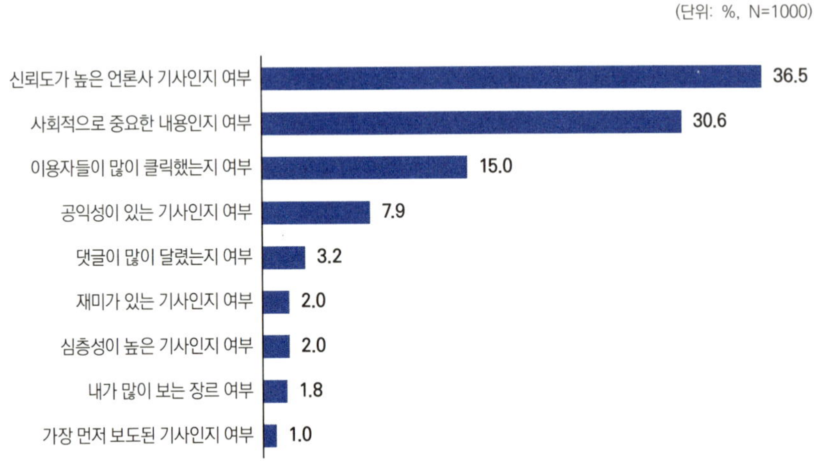

뉴스 배열 알고리즘에는 언론사, 기사 특성, 이용자 특성, 이용량 특성 등 다양한 요인이 알고리즘 요인으로 사용될 수 있고, 또 활용되고 있다. 어떤 요인을 선택하고 어떤 요인에 중요한 가중치를 부여할 것인가 여부에 따라 공익적 성격이 강조되면서 저널리즘 측면에서 긍정적인 평가를 받을 수도 있고, 트래픽 확대를 목적으로 하는 선정적이고 상업적인 편집이라고 비판을 받을 수도 있다. 본 조사의 응답자들이 알고리즘 기사배열에서 가장 중요하게 1가지를 선택한 결과에서는 '신뢰도가 높은 언론사의 기사인지 여부' 항목이 36.5%로 가장 중요한 항목으로 선택되었다. 집단별 특성을 보면 남성(38.1%)이 여성(34.8%)보다 약간 높은 비율을 보였고, 연령대별로는 30대가 31.3%로 가장 낮은 비율을 보였고, 60대가 41.4%로 가장 높은 비율을 보였다. 정치적 성향을 기준으로는 자신이 진보라고 응답한 집단(230명)의 경우 평균 37.8%, 중도라고 응답한 집단(570명)의 경우 34.6%, 보수라고 응답한 집단(200명)의 경우 40.5% 비율을 보였다. '사회적으로 중요한 내용인지 여부' 항목은 30.6%로 두 번째로 높은 비율을 보였다. 연령별로는 20대가 20.6%로 가장 낮은 비율을 보였고, 60대가 34.4%가장 높은 비율을 보였다. 연령대가 높아질수록 응답 비율이 높게 나타났다.

〈그림 6-12〉 알고리즘 기사배열에서 중요하게 고려할 사항(1~3순위 복수 응답)

(단위: %, N=1000)

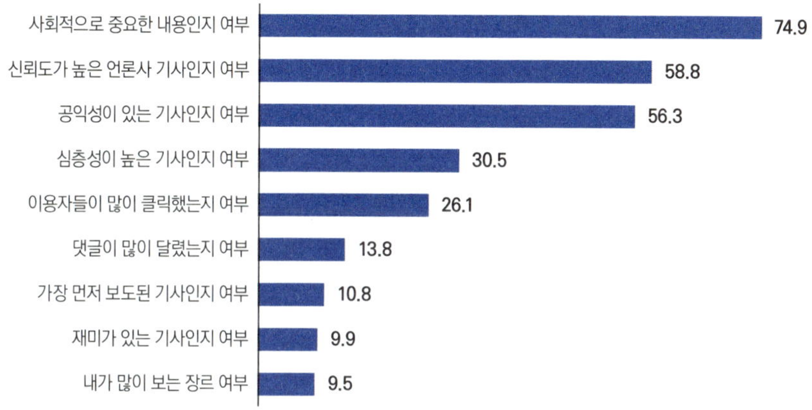

뉴스 배열 알고리즘에서 중요하게 평가할 요인에 대한 중복 응답(1~3순위 합산) 결과는 1순위 응답만을 합산한 결과와는 차이를 보이고 있었다. 조사 결과 '사회적으로 중요한 내용인지 여부' 항목이 74.9%로 가장 높은 응답 비율을 보이고 있었다. 성별로는 차이를 보이지 않고 있었고, 연령대별로는 20대가 68.1%로 가장 낮은 응답 비율을 보였고, 50대가 80.3%로 가장 높은 응답 비율을 보였지만, 연령대별로 특별한 경향성을 보이지는 않았다. 정치적 경향성에 따른 차이도 발생하지 않았다. 두 번째로는 '신뢰도가 높은 언론사의 기사인지 여부' 항목이 58.8%의 비율을 보였다. 집단별 차이를 보면 성별, 연령대별, 정치적 성향별로 집단 간 차이는 거의 나타나지 않았다. 다음으로는 '공익성이 있는 기사인지 여부'가 56.3%의 비율을 보였다. 성별로는 차이를 보이지 않았고, 연령대별로는 20대가 35.6%, 30대가 50.8%, 40대가 57.5%, 50대가 60.7%, 60대가 70.2%로 연령대가 높을수록 응답 비율이 높게 나타났다. 정치적인 성향별로는 차이가 미미했다. '심층성이 높은 기사인지 여부'는 30.5%로 나타나, 1순위만을 평가한 결과와 큰 차이를 보였다. 이처럼 응답자들은 사회적 중요 이슈, 언론사 신뢰도, 공익성 등을 중요한 알고리즘 요인으로 평가하고 있음을 보여준다.

〈표 6-24〉 알고리즘에 의해 노출되는 정치기사와 정치적 성향 일치 여부

(단위: 명, 점, N=1000)

구 분		전혀 그렇지 않다	그렇지 않다	보통이다	그렇다	매우 그렇다	전체	평균
성별*	남성	17	77	282	113	20	509	3.08
		3.3%	15.1%	55.4%	22.2%	3.9%	100.0%	
	여성	13	95	288	91	4	491	2.96
		2.6%	19.3%	58.7%	18.5%	0.8%	100.0%	
연령**	20대	5	12	95	41	7	160	3.21
		3.1%	7.5%	59.4%	25.6%	4.4%	100.0%	
	30대	5	23	114	34	3	179	3.04
		2.8%	12.8%	63.7%	19.0%	1.7%	100.0%	
	40대	3	28	129	42	5	207	3.09
		1.4%	13.5%	62.3%	20.3%	2.4%	100.0%	
	50대	6	56	124	46	7	239	2.97
		2.5%	23.4%	51.9%	19.2%	2.9%	100.0%	
	60대	11	53	108	41	2	215	2.86
		5.1%	24.7%	50.2%	19.1%	0.9%	100.0%	
전체		30	172	570	204	24	1000	3.02
		3.0%	17.2%	57.0%	20.4%	2.4%	100.0%	

*x^2=15.200, df=4, p=0.004 **x^2=43.054, df=16, p=<.001

알고리즘은 이용자들의 이용 패턴을 반영하기 때문에, 알고리즘 기반 뉴스 배열에 대해서는 확증편향의 확대 문제가 지속적으로 제기되고 있다. 따라서 본 조사에서는 조사 대상자들에게 '알고리즘에 의해 노출되는 정치 기사가 자신의 정치 성향과 일치하는지 여부'에 대해 조사하였다. 조사 결과 3.02점의 평균값이 도출되었다. 즉, 일치한다고 느낀 응답자와 그렇지 않다고 응답한 응답자들의 비율이 비슷하게 도출된 것이다. 집단 간 차이를 보면, 남성의 경우 평균 3.08점, 여성의 경우 평균 2.96점으로 차이는 미미했다. 연령대별로는 20대가 3.21점, 30대가 3.04점, 40대가 평균 3.09점, 50대가 평균 2.97점, 60대가 평균 2.86점으로 연령대가 낮을수록 알고리즘에 의해 노출되는 정치 기사가 자신의 정치 성향과 일치하는 비율이 높다고 평가했다. 정치적 성향 기준으로는 진보 3.17점, 중도 3.01점, 보수 2.88점으로 나타났다.

〈표 6-25〉 선호하는 분야 기사가 알고리즘에 의해 노출되는 기사에 다수 포함 여부

(단위: 명, 점, N=1000)

구 분		전혀 그렇지 않다	그렇지 않다	보통이다	그렇다	매우 그렇다	전체	평균
성별*	남성	8	51	290	149	11	509	3.20
		1.6%	10.0%	57.0%	29.3%	2.2%	100.0%	
	여성	7	60	286	130	8	491	3.15
		1.4%	12.2%	58.2%	26.5%	1.6%	100.0%	
연령**	20대	1	12	86	53	8	160	3.34
		0.6%	7.5%	53.8%	33.1%	5.0%	100.0%	
	30대	2	15	101	57	4	179	3.26
		1.1%	8.4%	56.4%	31.8%	2.2%	100.0%	
	40대	2	16	127	57	5	207	3.23
		1.0%	7.7%	61.4%	27.5%	2.4%	100.0%	
	50대	3	31	146	57	2	239	3.10
		1.3%	13.0%	61.1%	23.8%	0.8%	100.0%	
	60대	7	37	116	55	0	215	3.02
		3.3%	17.2%	54.0%	25.6%	0.0%	100.0%	
전체		15	111	576	279	19	1000	3.18
		1.5%	11.1%	57.6%	27.9%	1.9%	100.0%	

*x^2=2.269, df=4, p=0.687 **x^2=39.411, df=16, p=0.001

‘포털 뉴스 서비스 이용 시, 알고리즘에 의해 노출되는 기사 중에 내가 선호하는 분야의 기사가 많이 포함되는지 여부’에 대한 질문에 대해 평균 3.18점(5점 만점)의 평균값이 도출되었다. 자신이 선호하는 분야의 기사가 많이 포함되었다고 응답한 응답자 비율이 그렇지 않은 응답자에 비해 높았다. 집단별 차이를 보면 남성은 평균 3.20점, 여성은 평균 3.15점으로 차이가 미미했다. 연령대별로는 20대가 3.34점, 30대가 3.26점, 40대가 평균 3.23점, 50대가 평균 3.10점, 60대가 평균 3.0점으로 연령대가 낮을수록 알고리즘에 의해 선호하는 분야 기사가 많다고 평가했다. 정치적 성향을 기준으로는 자신이 진보라고 응답한 집단(230명)의 경우 평균 3.25점, 중도라고 응답한 집단(570명)의 경우 3.18점, 보수라고 응답한 집단(200명)의 경우 3.10점의 평균값이 도출되었다. 즉, 정치적 성향을 기준으로는 집단 간 차이가 미미했다.

〈표 6-26〉 알고리즘 기반 포털 뉴스 서비스 이용 시, 뉴스 이용 패턴 정보 노출 의심

(단위: 명, 점, N=1000)

구 분		전혀 그렇지 않다	그렇지 않다	보통이다	그렇다	매우 그렇다	전체	평균
성별*	남성	6	35	256	185	27	509	3.38
		1.2%	6.9%	50.3%	36.3%	5.3%	100.0%	
	여성	2	44	248	175	22	491	3.35
		0.4%	9.0%	50.5%	35.6%	4.5%	100.0%	
연령**	20대	2	13	80	54	11	160	3.37
		1.3%	8.1%	50.0%	33.8%	6.9%	100.0%	
	30대	1	8	89	71	10	179	3.45
		0.6%	4.5%	49.7%	39.7%	5.6%	100.0%	
	40대	2	22	92	79	12	207	3.37
		1.0%	10.6%	44.4%	38.2%	5.8%	100.0%	
	50대	2	17	133	79	8	239	3.31
		0.8%	7.1%	55.6%	33.1%	3.3%	100.0%	
	60대	1	19	110	77	8	215	3.33
		0.5%	8.8%	51.2%	35.8%	3.7%	100.0%	
전체		8	79	504	360	49	1000	3.36
		0.8%	7.9%	50.4%	36.0%	4.9%	100.0%	

*χ^2=3.617, df=4, p=0.460 **χ^2=14.087, df=16, p=0.592

알고리즘에 기반을 둔 기사배열에는 개인의 특성과 뉴스 이용 정보가 포함된다. 따라서 개인정보 유출 차원의 우려가 제기되기도 한다. 본 조사에서는 '포털 뉴스 이용 시, 나의 뉴스 이용 패턴에 대한 정보가 노출되는 것 같다'는 문항을 조사했다. 조사 결과 3.36점(5점 만점)의 평균값이 도출되었다. 즉, 개인의 뉴스 이용 패턴 정보가 노출되는 것 같다는 이용자들이 그렇지 않은 이용자들 보다 높은 비율을 차지했다. 집단별 차이를 보면 남성은 평균 3.38점, 여성은 평균 3.35점으로 차이가 미미했다. 연령대별로도 차이가 미미했다. 정치적 성향을 기준으로는 자신이 진보라고 응답한 집단(230명)의 경우 평균 3.44점, 중도라고 응답한 집단(570명)의 경우 3.36점, 보수라고 응답한 집단(200명)의 경우 3.28점의 평균값이 도출되었다. 즉, 정치적 성향을 기준으로는 집단 간 차이가 미미했다.

6. 포털 뉴스 서비스 정책에 대한 인식

알고리즘에 의한 포털 뉴스 서비스가 진행되면서, 현재 국내외 포털들은 알고리즘 구성에 대한 일정한 정보를 제공하고 있으나, 구체적이지 못하다. 따라서 포털 뉴스 배열 알고리즘에 대한 공개 필요성이 지속적으로 제기되고 있다. 이 문제에 대해 본 조사 대상자들의 응답 결과는 3.68점(5점 만점)의 평균값이 도출되었다. 즉, 다수의 60% 이상의 응답자들이 공익적 차원에서 포털 뉴스 배열 알고리즘이 공개되어야 한다고 생각하고 있었다. 성별과 연령대별로는 집단 간 차이가 미미했다. 정치적 성향을 기준으로는 자신이 진보라고 응답한 집단(230명)은 평균 3.87점, 중도라고 응답한 집단(570명)은 평균 3.65점, 보수라고 응답한 집단(200명)은 3.56점의 평균값이 도출되었다.

〈표 6-27〉 포털 뉴스 배열 알고리즘은 공익적 차원에서 공개 여부 인식

(단위: 명, 점, N=1000)

구 분		전혀 그렇지 않다	그렇지 않다	보통이다	그렇다	매우 그렇다	전체	평균
성별*	남성	5	18	162	247	77	509	3.73
		1.0%	3.5%	31.8%	48.5%	15.1%	100.0%	
	여성	2	14	190	244	41	491	3.63
		0.4%	2.9%	38.7%	49.7%	8.4%	100.0%	
연령**	20대	1	4	62	74	19	160	3.66
		0.6%	2.5%	38.8%	46.3%	11.9%	100.0%	
	30대	3	6	71	77	22	179	3.61
		1.7%	3.4%	39.7%	43.0%	12.3%	100.0%	
	40대	2	6	65	107	27	207	3.73
		1.0%	2.9%	31.4%	51.7%	13.0%	100.0%	
	50대	1	8	84	116	30	239	3.69
		0.4%	3.3%	35.1%	48.5%	12.6%	100.0%	
	60대	0	8	70	117	20	215	3.69
		0.0%	3.7%	32.6%	54.4%	9.3%	100.0%	
전체		7	32	352	491	118	1000	3.68
		0.7%	3.2%	35.2%	49.1%	11.8%	100.0%	

*x^2=14.695, df=4, p=0.005 **x^2=12.522, df=16, p=0.707

〈표 6-28〉 포털 뉴스 배열 알고리즘 적용 정보(언론사별 노출 기사) 공개 여부 인식

(단위: 명, 점, N=1000)

구 분		전혀 그렇지 않다	그렇지 않다	보통이다	그렇다	매우 그렇다	전체	평균
성별*	남성	5	20	164	243	77	509	3.72
		1.0%	3.9%	32.2%	47.7%	15.1%	100.0%	
	여성	2	21	194	223	51	491	3.61
		0.4%	4.3%	39.5%	45.4%	10.4%	100.0%	
연령**	20대	1	6	63	74	16	160	3.61
		0.6%	3.8%	39.4%	46.3%	10.0%	100.0%	
	30대	2	6	76	68	27	179	3.63
		1.1%	3.4%	42.5%	38.0%	15.1%	100.0%	
	40대	2	10	72	90	33	207	3.69
		1.0%	4.8%	34.8%	43.5%	15.9%	100.0%	
	50대	2	10	79	116	32	239	3.69
		0.8%	4.2%	33.1%	48.5%	13.4%	100.0%	
	60대	0	9	68	118	20	215	3.69
		0.0%	4.2%	31.6%	54.9%	9.3%	100.0%	
전체		7	41	358	466	128	1000	3.67
		0.7%	4.1%	35.8%	46.6%	12.8%	100.0%	

*χ^2=9.643, df=4, p=0.047 **χ^2=19.272, df=16, p=0.255

알고리즘에 의한 포털 뉴스 서비스가 진행되면서, 이용자 특성에 따라 서로 상이한 뉴스 배열이 진행된다고 알려져 있다. 따라서 어떤 언론사의 어떤 기사가 배열되는지는 알지 못하는 상황이 도래했다. 어떤 기사가 얼마나 노출되었는지 알 수 없는 상황에서는 알고리즘에 대한 평가 논의가 불가능한 상황이다. 따라서 이러한 관점에서 '포털 뉴스 서비스 알고리즘에 의해 어떤 언론사의 기사가 노출되었는지에 대한 데이터 공개 필요성 여부'에 대한 조사를 실시했다. 조사 결과 3.67점(5점 만점)의 평균값이 도출되었다. 즉, 상당수 응답자가 데이터 공개 필요성에 대해 동의하고 있었다. 응답 결과에 대한 집단 간 차이를 보면, 성별, 연령대별 차이는 미미했다. 정치적 성향을 기준으로는 자신이 진보라고 응답한 집단(230명)은 평균 3.80점, 중도라고 응답한 집단(570명)은 평균 3.65점, 보수라고 응답한 집단(200명)은 3.56점의 평균값이 도출되었다.

〈표 6-29〉 **포털 뉴스 배열 알고리즘 적용 정보(이용자 선택 기사) 공개 여부 인식**

(단위: 명, 점, N=1000)

구 분		전혀 그렇지 않다	그렇지 않다	보통이다	그렇다	매우 그렇다	전체	평균
성별*	남성	4	20	166	230	89	509	3.75
		0.8%	3.9%	32.6%	45.2%	17.5%	100.0%	
	여성	3	20	203	217	48	491	3.58
		0.6%	4.1%	41.3%	44.2%	9.8%	100.0%	
연령**	20대	1	5	65	68	21	160	3.64
		0.6%	3.1%	40.6%	42.5%	13.1%	100.0%	
	30대	2	7	74	64	32	179	3.65
		1.1%	3.9%	41.3%	35.8%	17.9%	100.0%	
	40대	3	6	80	89	29	207	3.65
		1.4%	2.9%	38.6%	43.0%	14.0%	100.0%	
	50대	1	12	80	113	33	239	3.69
		0.4%	5.0%	33.5%	47.3%	13.8%	100.0%	
	60대	0	10	70	113	22	215	3.68
		0.0%	4.7%	32.6%	52.6%	10.2%	100.0%	
전체		7	40	369	447	137	1000	3.67
		0.7%	4.0%	36.9%	44.7%	13.7%	100.0%	

*x^2=16.182, df=4, p=0.003 **x^2=20.331, df=16, p=0.206

알고리즘에 의한 포털 뉴스 서비스가 진행되면서, 언론사들의 뉴스 배열 정보와 더불어, 이용자들이 어떤 뉴스를 많이 보았는지에 대한 정보도 공개되지 않고 있다. 어떤 기사를 많이 보고, 어떤 기사의 댓글이 많이 달렸는지 등과 같은 정보는 알고리즘의 공익성을 평가하기 위해 매우 중요한 정보이고, 이를 기반으로 알고리즘에 대한 사회적 여론 형성이 가능하다. 따라서 이러한 관점에서 '포털 뉴스 서비스 알고리즘에 의해 노출된 기사 중에서 어떤 기사가 이용자들에 많이 선택되었는지에 대한 데이터 공개 필요 여부'에 대해 조사를 했다. 조사 결과 3.67점(5점 만점)의 평균값이 도출되었다. 즉, 상당수 응답자가 이용자 데이터 공개 필요성에 대해 동의하고 있었다. 응답 결과에 대한 집단 간 차이를 보면, 남성은 평균 3.75점, 여성은 평균 3.58점으로 차이가 미미했다. 또한 연령대별, 정치적 성향별로도 별 차이가 없었다.

〈표 6-30〉 **포털 뉴스 서비스 공공성 강화 및 이용자 보호를 위한 '이용자위원회' 필요성 여부**

(단위: 명, 점, N=1000)

구 분		전혀 그렇지 않다	그렇지 않다	보통이다	그렇다	매우 그렇다	전체	평균
성별*	남성	7	16	174	228	84	509	3.72
		1.4%	3.1%	34.2%	44.8%	16.5%	100.0%	
	여성	1	21	187	227	55	491	3.64
		0.2%	4.3%	38.1%	46.2%	11.2%	100.0%	
연령**	20대	1	6	73	65	15	160	3.54
		0.6%	3.8%	45.6%	40.6%	9.4%	100.0%	
	30대	4	6	77	59	33	179	3.62
		2.2%	3.4%	43.0%	33.0%	18.4%	100.0%	
	40대	1	6	69	99	32	207	3.75
		0.5%	2.9%	33.3%	47.8%	15.5%	100.0%	
	50대	2	11	77	119	30	239	3.69
		0.8%	4.6%	32.2%	49.8%	12.6%	100.0%	
	60대	0	8	65	113	29	215	3.76
		0.0%	3.7%	30.2%	52.6%	13.5%	100.0%	
전체		8	37	361	455	139	1000	3.68
		0.8%	3.7%	36.1%	45.5%	13.9%	100.0%	

*χ^2=11.376, df=4, p=0.023 **χ^2=33.771, df=16, p=0.006

포털 뉴스 서비스는 방송 뉴스와 더불어 우리 사회에서 가장 중요한 뉴스 소비 채널이다. 따라서 포털 뉴스 서비스는 포털과 언론사의 수익 창출 공간이면서, 동시에 사회적 여론 형성과 민주주의 공론장에 영향을 끼치는 중요한 공적 기능을 수행하는 공간이다. 따라서 해당 플랫폼에서 이뤄지고 있는 뉴스 유통과정에 대한 정보는 공개되어야 하고, 이에 대한 사회적 감시와 평가는 지속적으로 이뤄져야 한다. 따라서 이러한 감시와 평가를 위한 가상적 조직으로 '이용자위원회'라는 개념을 도출하였다. 이에 '포털 뉴스 서비스가 공공성을 강화하고, 이용자 친화적 서비스를 할 수 있도록 전문가로 구성된 이용자위원회 구성 필요성 여부'에 관한 문항에 대해 3.68점(5점 만점)의 평균값이 도출되었다. 즉, 59.4%의 응답자들이 필요성에 동의하였다. 성별, 연령대별, 정치적 성향별로 집단 간의 차이는 두드러지게 나타나지는 않았다.

07 포털 뉴스 생태계 관련 전문가 평가 포털 뉴스 서비스와 저널리즘에 미치는 영향

포털 뉴스 서비스가 디지털 공간에서 뉴스 유통을 과점하게 되면서, 국내 저널리즘 생태계는 뉴스 생산과 유통 전 과정에서 큰 영향을 받게 된다. 따라서 본 연구에서는 국내 저널리즘 생태계에서 포털이 미친 영향과 현재 상황에 대한 평가 그리고 국내 저널리즘 환경의 개선을 위해 필요한 정책적 접근 방안 도출을 위해 전문가들의 평가를 종합해 보았다. 이를 위해 포털 뉴스 서비스와 관련된 언론계 전문가 그룹과 인터뷰를 진행했다.

한국일보 부문장(a)
서울경제신문 부국장(b)
경기일보 국장(c)
퍼블리시티 최고연구책임자(d)
블루닷에이아이 대표(e)

인터뷰 내용은 국내 저널리즘 품질에 대한 평가와 언론사와 포털과의 관계와 관련된 사항, 그리고 아웃링크, 포털에서 생산되는 트래픽 데이터, 뉴스 배열 알고리즘, 뉴스제휴평가위원회 등 포털 정책 현안과 관련된 사항에 대한 의견을 종합하였다.

1. 저널리즘 환경의 구조적 문제점과 품질 그리고 개선방안

국내 저널리즘 환경은 지면 구독 시장이 매우 위축된 상황에서, 디지털 공간에서는 포털에 대한 의존도가 매우 높은 상황으로, 언론사들이 독자적인 수익모델을 만들기가 매우 어려운 환경이 지속되고 있다. 따라서 국내 저널리즘 환경에 대한 구조적 문제에 대해 전문가들이 주목한 구조적인 차원에서 문제점은 다음과 같았다. 즉, 언론사들이 과도하게 광고 및 협찬 비즈니스에 대해 의존하는 수익 구조와 포털 중심의 디지털 유통 구조에서 지나치게 트래픽에 의존하는 뉴스 생산 구조가 가장 심각한 문제라고 평가하고 있었다.

> 낮은 품질의 기사들이 다량으로 양산될 수밖에 없는 것은 국내 언론사들의 과도한 광고/협찬 비즈니스 의존성에 기인한다. 포털을 통한 수익도 넓게는 광고 수익 의존성의 한 예라고 할 수 있다. 실증적으로 연구한 적은 없지만, 국내 언론사로 한정할 경우 수익모델의 다양성과 저널리즘 품질은 높은 수준의 관련성을 가지고 있다. 즉, CPM 기반의 광고 상품에 대한 의존성은 더 많은 디지털 주목과 트래픽에 집중하게 하고, 그것이 더 높은 품질의 저널리즘 생산 동기를 약화시키고 있다. 다른 한편으로는 미디어 변화에 무감각한 리더십의 문제도 들 수 있다. 매체 환경의 변화, 특히 매체 간 경쟁의 격화에 따라 스스로를 차별화하고, 품질을 높이려는 단·중기적 노력이 이뤄져야 하지만, 이러한 변화에 적응하지 못하는 리더들이 더 높아진 독자들의 요구를 더 낮아진 품질로 대응하는 '무지와 오만에 의한 착시' 전략이 이러한 품질 양극화를 더욱 키우고 있다고 생각한다.(e)
>
> 저널리즘의 품질에 대한 평가는 어떤 기준으로, 어떤 목적으로, 어떤 관점으로 보느냐 등에 따라 달라질 수밖에 없다. 예를 들어, 원론적으로는 정치권력으로부터 또는 자본권력으로부터 얼마나 독립적으로 워치독 역할을 하고 있는가가 저널리즘의 품질을 평가하는 기준이 될 수도 있다. 그런데 온라인 뉴스 유통 구조가 심하게 편중돼 있고 왜곡되어 있는 지금의 우리 현실에서는 유통 구조의 독립도 저널리즘의 품질에 영향을 미치는 매우 중요한 요소 중 하나로 자리 잡게 됐다. 포털 뉴스라는 절대적인 뉴스 유통 구조 안에서의 트래픽 경쟁을 위한 어뷰징, 연성기사의 증가, 베껴쓰기의 만연, 무의미한 속보 경쟁, 선정성과 양극화 심화 등이 저널리즘의 품질을 심각하게 훼손하고 있기 때문이다. 물론 이 같은 현상에는 언론의 책임도 있지만, 언론의 자정 노력만으로 이를 개선하는 데는 한계가 있을 수밖에 없다. 구조적인 문제는 구조적으로 해결해야 한다. 온라인 뉴스 유통 구조 전반에 걸친 개선이 필요하다. 언론과 뉴스에 대한 평가뿐만 아니라 포털 뉴스 서비스 구성과 운영 방식까지 포함한 전체적인 구조 개선 방안이 있어야 그 효과를 거둘 수 있을 것이라 생각한다. 그리고 이를 위해서는 언론과 포털,

독자까지 포함한 투명하고 공개적인 논의 구조가 필요하다.(b)

저널리즘 품질에 대한 평가는 어떤 기사를 바라볼 것이냐에 따라 상반된 의견이 가능할 듯하다. 숨어 있는 고품질 저널리즘이 상당한 수준으로 생산되고 있지만, 정작 독자들에게 전달되고 기사들은 낮은 품질의 기사들이 많은 것이 현실이다. 특히 포털에서 자주 독자들에게 노출되는 기사들의 경우 품질이 높다고 평가하기 어렵다. 이는 다시 말해 저널리즘의 품질이 균질적이지 않다는 의미이며, 품질의 격차가 심각한 수준으로 벌어지고 있다고 보고 있다. 오프라인 미디어에 게재되는 기사와 포털용으로 게시되는 기사 사이의 간극은 평가 자체가 무의미할 정도로 간극이 큰 것이 현실이다. 독자들에게 인식되고 있는 저널리즘의 품질이 낮아보이는 것은 그것의 유통 경로의 특성에서 기인한 원인이 크다고 본다. 다만 한 가지 지적할 만한 점은 저널리즘의 기본 요소들을 충족시키는 높은 품질의 기사의 경우 독자들을 흡인할 수 있는 스토리텔링 기법의 개선이 아쉽긴 하다.(e)

국내 저널리즘의 품질은 지면에서 디지털로 수익 구조가 전환되면서 지면과 포털과의 품질 격차를 초래했다고 생각된다. 수익과 직결되는 디지털에는 공을 들이는 반면 종이신문은 형식적 발행에 급급하다 보니 품질 저하로 이어지는 악순환이 반복되고 있다. 그렇다고 디지털 뉴스의 품질이 더 향상됐다고 볼 수도 없다. '클릭이 돈'이라는, 즉 클릭 수에 따라 광고가 붙는 구조에서 객관적이고 공정성을 담보한 뉴스가 아닌 흥미 위주의 선정성 기사들이 주요 뉴스 자리를 차지하고 있다. 광고성 기사도 넘쳐 나고 있다. 인터넷 언론의 난립은 이를 한층 가열시키고 있다. 똑같은 내용의 기사가 수십 개에서 수백 개까지 노출되는 상황에서 수익이라는 파이를 나눠야 하니 자극적인 제목을 달고 속보 경쟁에 치중할 수밖에 없다. 확인되지 않은 내용이 그대로 노출되고 기사의 형태를 갖추지 않은 단문의 사건기사가 만연하고 있다. 이는 언론의 신뢰를 무너뜨리는 요소이고 뉴스를 멀리하게 하는 직접적인 요인이 되고 있다. 그럴싸한 표현으로 포털 의존도를 줄이고 자생력을 갖춘 홈페이지 운영 등을 방안으로 내놓고 있지만 현실적으로 어려운 일이다.(c)

현재 국내 언론에서 생산하는 기사의 품질에 대한 평가에 대해서는 다수의 문제점이 지적되었다. 흥미 위주의 선정적 기사 생산의 문제, 어뷰징의 문제, 무의미한 속보 경쟁과 연성기사의 대량생산, 베껴 쓴 홍보성 기사의 대량생산 등의 문제들이 유사하게 지적되었다. 이러한 문제의 발생 원인은 앞서 언급한 포털 플랫폼에서 트래픽을 확보하고 이를 기반으로 경제적 수익을 얻기 위한 과정으로 평가하고 있었다. 또한 이러한 포털 생태계에서는 언론사들이 노력하여 생산하고 있는 고품질의 뉴스 콘텐츠들이 잘 유통되고 있지 못하고 있기 때문에, 전반적인 저널리즘 품질에 대한 부정적인 인식이 더욱 확산되고 있는 것으로 평가하고 있었다. 또한 이러한 저널리즘 환경의 문제점을 개선하기 위한 노력으로 다음과 같은 방안들이 제기되었다.

> 2020년대 들어 개인화와 맞춤형 추천 시스템의 중요성이 부각하면서 각 언론사가 자사의 기사를 특정 인덱스, 예를 들어 '다른 사람들이 많이 본 뉴스', '내가 읽은 기사를 읽은 사람들이 읽은 다른 기사', '나와 비슷한 성향을 가진 사람들이 읽은 기사' 등을 비회원 클러스터링 기법으로 분류화하면서 기사 및 이용자의 메타테이터 분석을 시도하는 흐름은 생겨났다. 하지만 이는 품질이 좋은 기사를 분류해 더 우리다운 저널리즘을 보여주자는 목적이 아닌, 방문자당 페이지뷰 혹은 방문자의 체류 시간을 늘리기 위한 양적 성과 달성이 그 목적이다. 이처럼 저널리즘의 품질을 평가하는 방법론이 국내 언론사에 부재한 이유는 1) 저널리즘의 품질을 측정하려는 목적과 방향성에 대한 정립이 부족하기 때문이며 2) 설령 저널리즘의 품질을 측정하고자 하더라도 분석방법론을 디지털적 혹은 자동화한 방식으로 고도화한 기술 및 과학적 접근 능력이 부족하기 때문이고, 3) 설령 저널리즘의 품질을 측정할 수 있다고 하더라도, 이를 어떤 독자에게 전달해야 하는지에 대한 독자 분석 방법론이 부족하고, 4) 마지막으로 저널리즘의 품질 측정 결과물을 내부 구성원에게 공유하고, 토론하고, 설득해 보다 나은 방향으로 기사 생산 방식을 변화할 수 있도록 유도하는 공식 조직 혹은 직책, 편집국의 R&R이 존재하지 않기 때문이다. 이에 해결 방법은 앞에서 지적한 4가지 문제점을 인식하고, 부족한 능력을 채우려는 조직적 노력에 있다.(a)

> 인력 보강 없이 지면 인력을 포털로 이동하면서 인력 부족이 되풀이되고 있다. 특히 온라인은 24시간은 아니더라도 종이신문과 달리 대응 시간이 길어 인력이 더 필요한 상황이어서 깊이 있는 기사는 만들어 내기에는 역부족인 상황이다. 우선은 인력 보강이 필수이다. 특히 온라인 세계를 충분히 숙지하지 못하고 있는 임원들의 변화가 있어야 한다. 온라인 기사는 쉽게 만들어진다고 생각하고 있기 때문이다. 포털 수익에 의존하지 않는 자생력을 갖춰야 하고 그에 따른 희생도 감수해야 한다. 기자들부터가 속보성 경쟁이 아닌 객관성과 공정성을 담보한 저널리즘을 구현해야 한다는 소명 의식이 필요

한 시점이다.(c)

수익원의 다각화를 통한 언론사의 경제적 안정성이 확보되지 않으면 그 어떤 노력도 무위로 돌아갈 것이라고 본다. 독자들의 변화에 더 민감하게 반응하려면 독자 기반 수익 전략이 필요하다. 그것에만 의존하자는 것이 아니라 그 수익의 비중을 늘려나가야만 한다. 높아진 독자들의 기대치를 제대로 인식하고, 그 요구에 조응하기 위해서는 고품질 저널리즘이 필수적이다. 변화의 첩경이 수익원 다각화라고 생각한다.(e)

저널리즘 품질 개선을 위한 대안적 방안으로는 현실적으로 늘어나는 기사 생산량에 대응하기 위해 인력의 보강 필요성도 제기되고 있지만, 구조적으로 광고 의존 중심의 수익모델에 대한 변화 없이는 실질적인 해결 방안을 도출하기 어려울 것이라는 평가가 제기되었다. 하지만 가장 중요한 지점은 고품질 저널리즘을 구현하는 문제는 기사 생산 및 유통 그리고 수익모델 운영 전반에서 뚜렷한 목적의식을 가지고 전략적인 접근을 해야 한다는 점이다. 또한 이 과정에서 내부 구성원 특히 의사결정 집단의 전략적 접근의 중요성에 대해 의견이 모아졌다.

2. 기자들의 1일 생산 기사량과 자체기사

포털 중심의 디지털 뉴스 유통 환경으로 인해 언론사 기자들은 속보 경쟁에 내몰리게 되었고, 흥미성이 높은 연성 소재 기사 생산이 늘어났고, 홍보성 보도자료를 대거 기사화하는 작업을 수행할 수밖에 없는 환경에 처했다. 이러한 변화는 저널리즘의 품질 악화를 가져왔고, 포털과 관련된 제휴 평가에서 자체기사는 매우 중요한 이슈로 부각되게 되었다. 이러한 현 상황에서 전문가들은 기자들의 기사 생산 환경과 자체기사에 대해 다음과 같은 의견을 피력했다.

자체 기사의 비율이 신문법에서 중요한 등록 요건 중 하나다. 또한 저널리즘 품질을 평가하는 주요 요소로 활용된다. 자체 기사의 정의를 위해 현실적으로 고려해야 하는 것이 몇 가지 있다. 먼저 보도자료를 활용한 기사다. 보도자료를 요약하거나 그대로 전제한 것이라면 자체 기사로 볼 수 없다. 보도자료를 근거로 추가 취재하거나 인터뷰를 실시해 기사를 작성했다면 자체 기사로 분류할 수 있을 것이다. 하지만, 여기에서도 보도자료 내용이 해당 기사 내용에서 어느 정도 비중을 차지해야 자체 기사로 볼 수 있는지 결정해야 한다. 이를 위한 언론계와 언론학계의 논의가 필요하다. 다음으로 인공지능을 활용한 기사다. 기사 작성에서 인공지능 활용은 머지않아 기본값이 될 수밖에 없다. 하지만 기존 콘텐츠나 자료를 통해 자동으로 만들어지는 인공지능 활용 기사를 자체 기사로 보기 어렵다는 의견이 적지 않다. 다만 기사 작성 인공지능 시스템을 언론사가 자체 개발했거나, 언론사 자체 데이터베이스의 콘텐츠나 자료를 활용한 인공지능 기사라면 자체 기사로 인정하는 것이 합리적으로 보인다. 그렇지 않은 경우, 인공지능 활용 콘텐츠가 가사 내용에서 어느 정도 비중을 차지하냐가 자체 기사를 판가름하는 기준이 될 수 있다. 이는 위의 보도자료를 활용한 기사의 자체 기사 판단 기준을 동일하게 적용하면 될 것으로 보인다.(d)

기자가 작성하는 1일 기사량은 1명의 기자가 (AI와의 협업을 전제로 하든 하지 않든), 저널리즘의 최소 품질 조건을 충족시킬 수 있는 정보원 및 소스를 취재하는 데 소요되는 물리적 시간을 판단 기준으로 삼아야 한다고 본다. 이를 기준으로 허용 범위를 설정하면 1일 생산가능 기사량이 도출될 수 있다. 만약 보도자료를 기준으로 할 경우, 해당 보도자료를 다른 시각으로 재구성하는 데 소요되는 시간과, 해당 보도자료를 보다 공정하게 작성하기 위해 필요한 정보와 취재 시간을 더하는 게 상식적일 것이다. 이러한 기준에 따라 현재 한국 기자들의 1일 작성 기사량을 보면 과도한 정도를 넘어 품질을 희생해야만 하는 수준이다. 현재 상황은 지속 가능하지 않다고 본다…… 자체 기사 또한 이러한 맥락에서 정의돼야 한다. 보도자료를 기준으로 할 때, 기존 원본 보도자료와 비교할 때 앵글이 달라야 하며, 추가적인 정보원의 취재가 존재했는지를 중요한 판단 기준으로 삼아야 한다. 그렇지 않으면 문서의 동일성 비율은 매우 높게 나올 확률이 높다. 즉 제공된 보도자료에 어떤 앵글과 추가 정보가 포함됐는지를 따져 자체 기사 여부를 판단하는 것이 바람직하다.(e)

1일 작성 기사량이나 자체 기사의 개념은 모든 언론사에서 동일할 수 없다. 비즈니스 모델이 모두 다르기 때문이다. 종이신문 매출의 비중이 여전히 월등히 높은 중앙일간지의 경우, 종이신문 제작에 더 많은 취재 및 편집 리소스가 투입되고 있고, 이럴 경우 1일 적정 작성 기사량과 자체기사의 정의는 전통적인 합의처럼 하루 원고지 10매 이내의 기사 2~3건으로 자사 기사 취재 기반으로 직접 작성한 기사를 담당 국장/부장들이 데스킹까지 거친 결과물이어야 자체 기사로 꼽을 것이다. 보도자료 작성 역시 반드시 필요한 내용이 아니면, 처리하지 않는 경우가 압도적으로 많다. 굳이 이를 보도하기 위해 생성형 AI의 힘을 빌리지도 않는다. 반면, 온라인만 운영하는 언론사의 경우, 지면이 아닌 디지털 유통시장 대응이 그 핵심이므로 하루 적정 작성 기사는 이슈 발생 여부에 따라 무한대로 늘어나야 한다. 종이신문 시장에 비해 디지털 유통시장의 속보/단독/이슈 기사 경쟁은 더 치열하기 때문이다. 따라서 자체기사의 요건은 종이신문 자체기사보다 덜 까다롭다. 생성형 AI를 활용해 기사를 작성했다고 해도, 이를 자체기사로 판단해 AI의 작성 개입 여부를 밝히지 않고 출고하는 경우도 허다하다. 비즈니스 모델이 탄탄하지 못한 온라인 언론사의 경우 보도자료 작성 비율은 높다. 이를 기반으로 수익 창출을 도모하기 때문이다. 이를 위해 생성형 AI의 힘을 동원하는데 적극적이다.(a)

기사에 대해 그 형식이나 내용, 취재 방식, 분량 등을 고려하지 않고 일괄적으로 건수만을 가지고 평가하는 것은 바람직하지 않다. 다만 정량적 평가를 위해 건수를 기준으로 한 평가가 꼭 필요하다면, 기사를 형식에 따라 몇 가지로 분류하고 이에 따른 기준을 세우는 것이 바람직하다. 예를 들어 스트레이트 기사와 피처 기사, 인터뷰, 보도자료, 리치미디어 활용 인터랙티브 기사, 공동 집필 기사 등 매체 특성에 따라 분류 기준을 정하고, 기사 출고 시 어느 분류에 해당하는지 선택하고, 이 내용에 따라 분류와 건수(시간)가 기준에 맞게 적정한지 교차확인을 한다면 절대적이지는 않지만 어느 정도는 평가가 가능할 것이다. 이때 자체기사는 당연히 새롭게 취재를 해 작성한 기사, 타 매체 기사와 완전히 차별화된 기사 등으로 생각해야 하겠지만, 일반적인 사건 사고나 사회현상, 보도자료를 기사화하는 경우 등은 매체별로 주제나 내용이 일부 겹칠 수밖에 없다…… 하지만 아무리 보도자료를 기사화하는 것이라 하더라도 보도를 한다는 것 자체가 해당 매체의 판단으로 해당 매체의 책임 아래 이뤄지는 것이기 때문에 어느 정도는 의미가 있다고 생각한다. 그러므로 기사를 완전히 독자적인 내용의 자체기사와 보도자료를 기사화했거나 다른 매체의 기사를 베끼거나 한 자체기사가 아닌 기사 두 가지로만 구분하는 것은 무리가 있을 수도 있다. 자체기사 산정이 무엇을 목적으로 하는가에 따라 달라질 수 있겠지만, 취재를 통한 자체기사, 보도자료 등 기존 자료를 활용하되 매체의 판단과 책임 아래 보도되는 기사(별도 바이라인과 재가공 등), 타 매체의 기사를 일방적으로 베끼거나 상업적인 홍보성 내용만을 담은 기사 등으로 구분하는 세심함이 필요해 보인다.(b)

전문가들은 자체기사 이슈에 대해 서로 다양한 관점을 보이고 있었지만, 중요한 점은 보도자료 기반 기사일 경우 보도자료를 기사화하는 언론사의 선택에도 중요한 의미가 있다고 평가하고 있지만, 보도자료와 차별화된 시각과 정보의 추가가 필요함을 제시하고 있다.

3. 포털이 언론사에 미치는 영향력

포털이 제공하는 뉴스 서비스는 이용자들의 디지털 뉴스 이용 패턴에 결정적인 영향을 미쳤을 뿐만 아니라, 언론사의 기사 생산 방식에 큰 영향을 미쳤다. 과거에 비해 포털 뉴스 서비스의 사회적 영향력이 감소하고 있다고 평가되지만, 아직까지 언론사의 수익모델, 사회적 영향력 유지에는 핵심적인 영향력을 행사한다. 따라서 현 상황에서 개별 언론사 입장에서 포털 생태계에서 배제된다는 것은 언론사의 생존에 직접적인 영향이 발생할 수 있는 중대한 사안으로 평가되고 있다.

> 뉴스 소비자 입장에선 포털 뉴스는 개별 언론사를 찾지 않아도, 돈을 주고 신문을 사지 않아도, 어떤 언론사의 뉴스가 더 가치 있는지 고민하지 않아도 무방한, 아주 편하고, 접근성이 좋고, 게다가 가장 돈이 들지 않는 뉴스 소비 경험을 제공했다. 이는 결론적으로 소비자가 포털을 통한 소비가 가장 합리적인 뉴스 소비라는 인식을 갖게 했다. 반대로 이야기하면, 언론사 사이트를 통한 개별 뉴스 소비나, 신문/잡지 정기 구독과 같은 브랜드 기반 소비가 매우 불편하고, 소비자 친화적이지 못하며, 정파성에 노출되는 위험을 감수해야 하는 등의 단점 투성이 경험으로 추락했다. 이에 따라 언론사의 보도 역량에 대한 평가는 좋은 저널리즘 보도이냐 아니냐의 같은 정성적 평가에서 포털에서 많이 봤느냐, 이를 통해 외부 유입을 늘려 광고비용을 더 벌었느냐와 같은 정량적 평가로 넘어갔다…… 이 때문에 경쟁력 있는 콘텐츠란 다른 언론사보다 조금이라도 꼼꼼한 사실 확인을 거친 균형 잡힌 기사가 아닌 '저비용 고효율' 기반으로 독자들이 좋아하는 기사로 기울어갔다. 취재 시간 및 인건비 고비용을 투여하더라도, 트래픽 유발-많이 본 뉴스에 오르지 못하는 경우 고비용 저효율로 저평가하는 시각이 우세해졌다. 이 같은 경향은 특히 지면보다 디지털 뉴스 환경에서 더 두드러졌고, 저비용 고효율 온라인 콘텐츠가 결국 경쟁력 우위 콘텐츠라는 판단을 언론사 경영진이 하게 했다. 이는 기사의 평가 요소가 저널리즘이 아닌 트래픽 증대가 곧 영향력이며 트래픽 유발로 인한 광고 수익 증대가 탄탄한 비즈니스 모델이라는 인식을 강화했다. 이 같은 양적 트래픽을

언론사의 영향력으로 보는 시각, 포털 의존적 수익 비즈니스 모델이라는 체질을 개선하지 않은 상황에서 개별 언론사가 포털 뉴스 서비스에서 배제할 경우, 영향력과 비즈니스 모델 두 축 모두 훼손될 가능성이 매우 높다. 이는 영향력과 수익 모델 측정 지표 및 정의를 각 언론사가 다시 논의해야 한다는 뜻이기도 하다.(a)

포털 뉴스 서비스에 노출되느냐는 해당 언론사의 사회적 영향력에 직접적으로 영향을 미치게 된다. 그리고 포털 뉴스가 온라인 뉴스 유통시장에서 절대적인 비중을 차지함에 따라 이 안에서 매체별 영향력은 희석되는 결과가 발생하고 있기 때문에, 포털 뉴스는 언론사의 사회적 영향력에 부정적 영향을 미치고 있다…… 하지만 개별 매체의 영향력을 오롯이 유지할 수 없다 해도 포털에 비해 효과적인 뉴스 유통 경로를 확보하기 어려운 상황이기 때문에, 개별 언론사가 포털 뉴스 서비스에서 배제되면 해당 언론사의 사회적 영향력은 큰 타격을 입게 된다. 언론사의 사회적 영향력은 기사의 노출 및 확산 정도와 직접적인 상관관계가 있기 때문이다. 물론 포털 뉴스가 아니라 소셜 미디어의 활용이나 회원제, 유료화 등으로 그 영향력을 확보하는 매체도 일부 있지만, 경우의 수로 볼 때 이는 예외적인 상황으로 보는게 맞을 것 같다. 수입 구조는 매체마다 상황이 많이 다를 수밖에 없지만, 일반적으로 온라인 매출에서 상당한 비중을 차지하고 있는 포털 뉴스 전재료가 없어지면 이 역시 타격이 클 것으로 보인다. 온라인 광고 등으로 포털 뉴스 전재료 규모의 매출을 보전하는 것은 불가능하고, 무엇보다 트래픽 하락에 따라 온라인 사업의 기반이 흔들릴 수밖에 없기 때문이다.(b)

포털의 영향력은 절대적이라고 생각된다. 홈페이지를 획기적으로 개편하고 독자를 모아도 양대 포털과 유튜브, SNS 등을 통해 편리하게 뉴스를 접하는 데 익숙해진 독자들에겐 뉴스를 보려고 특정 언론사를 통한다는 게 여간 불편한 일이 아니다. 포털에서 뉴스를 서비스할 수 없는 언론사(검색사도 아닌)는 사회적 영향력을 미칠 기회마저 박탈됐다고 하는 게 맞다. 그나마 포털에서 검색만이라도 돼야 일반 독자는 물론 특히 공공기관에서 설 자리를 찾게 된다. 수익은 두 번째라고 본다. 언론사가 콘텐츠 제휴사(CP사) 지위를 얻어도 수익이 대폭적으로 는다고 볼 수는 없다. 특히 지역 일간지의 경우 자체적으로 CP사라는 이유를 대고 광고 등을 확보하기란 어려운 게 현실이다. 솔직히 일반인들은 CP사가 뭔지도 모른다. 하지만 수익을 떠나 CP사로서 갖는 지위는 대단히 크다. 일반 독자는 CP사로서의 지위나 영향력을 크게 생각하지 않고 있지만 주로 공공기관을 상대하는 지역 언론의 입장에서는 기사 파괴력이 상당히 커졌다는 걸 체감한다.(c)

포털 뉴스 서비스에서 특정 언론사가 어떠한 이유에서든 배제된다면, 사회적 영향력은 급격히 감소할 수밖에 없다. 수입 역시 마찬가지다. 수천만 명에 이르는 포털 뉴스 서비스의 이용자 규모를 개별 언론사가 확보하기는 불가능에 가깝다. 많게는 수십억 원에 이르는 콘텐츠 제공과 검색 노출에서 벌어들이는 수익을 개별 언론사가 보전할 수 있는 뾰족한 방안이 있는 것도 아니다. 현재 언론사의 보도는 오랜 시간을 거쳐 온라인 중심으로 굳혀졌으며, 특히 포털 사이트 등 플랫폼에 맞춰져 있다. 개별 언론사 자체 유통으로 전환하기는 매우 어렵다. 포털 뉴스 서비스에서 배제된 언론사가 현실적으로 가장 손쉽게 선택하는 방안은 다른 플랫폼에 뉴스를 납품하는 것이다. 동영상 중심이라는 차이가 있지만, 유튜브로의 서비스 플랫폼 전환이 가장 현실적이다. 현재도 포털 뉴스 서비스에 뉴스를 공급하는 언론사 대부분은 유튜브를 통한 뉴스 유통에 역량을 집중하고 있다. 여러 문제와 한계에도 불구하고 언론사가 유튜브 전략을 수립하는 것은 그만큼 노출과 수익이 확보되기 때문이다. 하지만 유튜브에 집중되는 현상은 기존 포털 뉴스 서비스의 문제점 대부분을 그대로 반복할 가능성이 높다.(d)

포털 뉴스가 언론사의 사회적 영향에 미치는 효과와 언론사의 수익 구조에 미치는 영향 사이에는 시차가 존재한다. 포털 뉴스가 언론사의 사회적 영향력에 미치는 효과는 빠르게 감소하고 있지만 재무적 안정성, 수익성이 미치는 영향력은 여전히 막강하다. 물론 감소하고 있는 건 분명하지만 그 속도는 전자와 다르다고 할 수 있다. 포털이 주는 직접적인 수익과 포털 입점으로 발생하는 간접적 수익을 함께 고려해야 하기 때문이다. 그리고 이러한 유형의 수익에 상당 부분 의존하고 있는 수익의 구조적 조건도 감안해야 한다. 포털이 언론사에 미치는 사회적 영향력의 감소세는 두드러지지만 재정적 영향력은 여전히 강력하다고 할 수 있다. 만약 포털에서 배제될 경우 포털 입점 유발 직간접 수익의 감소는 언론사의 존폐에 상당한 영향을 미칠 수밖에 없다고 생각한다.(e)

4. 포털 뉴스 서비스 아웃링크 전환 이슈

아웃링크 기반 포털 뉴스 서비스는 이미 10여 년 전에 네이버 뉴스캐스트를 통해 경험한 바 있다. 과거의 경험으로 포털 뉴스 아웃링크 서비스는 언론사의 수익 증가에는 기여하지만, 과도한 트래픽 확보를 위한 어뷰징과 낚시성 기사 제목의 남발이라는 문제를 양산했었다. 과거와는 변화된 디지털 환경에서 새롭게 부각되고 있는 아웃링크 전환 이슈에 대해 가능성을 전제로 한 긍정적인 부분과 우려스러운 부분에 대한 의견들이 제시되었다. 또한 이러한 상황들이 언론사의 상황에 따라 양극화의 형태로 나타날 수 있다고 평가되고 있었다.

포털 아웃링크 전환 문제는 이미 다음 뉴스 서비스를 통해 국내 언론사들은 그것의 유무형 혜택과 피해를 실감하고 있다. 비록 점유율이 낮은 다음 뉴스라 그 피해가 크지는 않지만 어떤 변화가 초래될지는 예감하고 있을 것이다. 아웃링크로 전환되면 언론사 자체 광고 수익은 부분적으로 일시적으로 증가할 것이다. 독자들과의 고정적인 접촉면을 늘릴 수 있는 기회가 늘어날 것이다. 하지만 포털로부터 받는 광고 수익 공유 비중은 큰 폭으로 축소될 것이다. 이는 재무적 건전성 악화로 이어질 것이다. 또한 관련 부대 비용의 증가(자체 서버 또는 클라우드 비용)를 초래할 것이다. 중장기적으로는 기사면 광고로 인해 저품질 UX로 독자 이탈이 늘어날 것이다. 종합적으로 평가해 보자면, 아웃링크로 전환되면, 언론사 간 양극화는 더욱 커질 것으로 예측된다. 자체 광고 운영으로 수익을 끌어올려 서버 등 부대 비용을 커버할 수 있는 역량을 갖춘 언론사와 그렇지 않은 언론사 간의 간극은 더욱 벌어질 것이다. 특히 늘어난 트래픽으로 새로운 수익 모델을 구상하고 운영할 수 있는 언론사와 그렇지 않은 언론사의 격차는 더욱 벌어질 것이다. 대용량 트래픽을 관리하고 이에 맞춰 웹사이트를 매끄럽게 운영할 수 있는 언론사와 그렇지 않은 언론사의 차이도 더욱 벌어질 것이다. 저널리즘 품질 측면에선 아웃링크가 저품질 양산을 더욱 부채질 할 수도 있을 것이다. 얄팍한 제목 경쟁이 격화될 수 있기에 그렇다.(e)

포털이 전재료 계약으로 사들인 콘텐츠를 인링크 서비스하는 건 당연한 일이었을 것이다. 광고 수익을 극대화하기 위해 광고 단가가 높은 인링크 뉴스 광고를 팔고 여기서 번 수익 가운데 일부를 언론사에 인센티브를 제공하며 인링크는 더욱 강화됐다. 여기에 2020년대 초 구독 및 유료 뉴스 서비스가 처음 등장하자 네이버 프리미엄 등 포털 서비스에서 언론사가 프리미엄 콘텐츠 유통을 시도한 이유도 회원 시스템 및 결제 시스템을 개별 언론사가 확보하지 못했기 때문이다. 정권 변화 등 정치적 맥락을 차치하고, 2025년 아웃링크 의무제 시행 등의 논의가 재등장하는 배경에는 앞서 지적한 2가지 포털의 인링크 강화 이유의 근간이 흔들리고 있기 때문이라고 생각한다. 첫째, 숏폼 소셜 미디어, 유튜브 등 영상플랫폼, 생성형 AI 플랫폼의 연이은 등장으로 포털 뉴스 자체 소비자가 줄어들고 있다. 각 언론사마다 체감은 다르나, 코로나 사태로 트래픽 정점을 찍었던 2022년 대비, 2025년 현재 포털 뉴스 트래픽은 30% 가량 감소한 것으로 추정하고 있다. 이는 곧바로 인링크 소비 축소뿐 아니라 연쇄적인 언론사 아웃링크 유입의 감소를 낳았다. 이 탓에 포털 뉴스 페이지 광고 단가 및 수주량이 줄어들고 있다. 즉, 인링크를 유지할 전재료 비용의 수익원이 흔들린다는 뜻이다. 매년 수천억 원에 달하는 전재료 지출을 위해 인링크를 유지하느냐, 아니면 아웃링크로 전환하고 전재료 지출을 없애느냐 이 갈림길에 포털도 선 것이다. 그리고 그 결정은 후자에 가깝다. 둘째, 포털에서나 가능했던 모바일 결제 및 회원 관리 시스템, 멤버십 혜택 제공 등의 디지털 커머스적 기술을 서서히 개별 언론사가 탑재하기 시작했다. 더 이상 구독 및 유료화 서비스를 포털에 의존하지 않고, 직접 방문 독자를 상대로 제공하는 개별적 시도가 늘어났다. 여기에 언론사가 뉴스 페이지 구축 웹표준화 기술력이나 인터랙티브 개발력을 점차 내재화하면서 포털의 오랜 아웃링크 반대 논리였던 '언론사 뉴스 페이지의 불안정성'도 많이 상쇄했다. 아웃링크 논의는 이 같은 포털 뉴스 수익 구조 및 뉴스 소비구조, 뉴스 서비스 구현 기술력의 확대 등 시장상황과 맞물린 결과물이다. 그리고 현재 주지의 AI 생태계 강화로 인해 이 같은 변화 흐름은 되돌릴 수 없을 것으로 보인다. 따라서 아웃링크 전환은 시장 논리상 거스를 수 없는 수순이라고 생각한다.(a)

포털 아웃링크 문제는 언론사 입장에서는 명분 혹은 당위와 현실이 충돌하는 대표적인 주제가 아닐까 한다. 언론사 사이의 이해관계도 첨예하고 복잡하게 얽힐 수밖에 없는 사안이다. 언론의 저널리즘 가치 보존과 개별 매체 브랜드의 사회적 영향력 확보 등을 위해서는 아웃링크가 바람직할 수 있지만, 현재의 사업 구조에서 아웃링크로 전환된다면 언론사 온라인 사업에서 상대적으로 큰 비중을 차지하고 있는 전재료가 없어지거나 대폭 줄어들 수밖에 없다. 그리고 아웃링크가 도입되면 현재 인링크 방식에 비해 뉴스 트래픽이 당장은 감소할 것이라 예상할 수 있다. 포털 입장에서도 인링크와 아웃링크는 서비스 관리 측면에서 많이 다를 수밖에 없고, 이용자 입장에서도 뉴스 소비 환경에 큰 변화가 생기기 때문이다. 더구나 언론사 입장에서는 시스템 유지 관리라는 부담을 더 크게 안게 된다. 하지만 현재 포털 뉴스에 뉴스를 제공하지 못하는 언론사 입장에서는 새로운 기회가 될 수 있다는 측면도 존재한다. 물론 현재 포털 중심의 온라인 뉴스 유통 구조를 개선하고 뉴스를 생산하고 보도하는 언론사의 주도권을 확대해 나가려면 여러 현실적인 문제들을 감수하고라도 한번은 끊고 가야 하는 문제일 수 있다. 이 관점에서 본다면 기존과 같은 서비스 방식과 구조에서 아웃링크로 전환하는 것만이 능사가 아니라 아웃링크 전환이 사회적인 뉴스 소비 감소로 이어지지 않도록, 이용자들의 전반적인 온라인 뉴스 소비 환경이 악화되지 않도록 하는 대책들이 함께 강구돼야 한다고 생각한다. 언론사와 포털 모두 아웃링크를 소화할 수 있는 체력과 구조를 갖추는 준비가

필요하다.(b)

아웃링크로 전환돼야 한다는 게 정답이기는 하다. 언론사의 기사를 특정 포털이 점유하고 마치 포털이 생산해 낸 기사인 양 여타 수익들을 독점한다는 건 잘못된 게 맞다. 하지만 주요 일간지가 CP사라는 지위를 가지고 있는데, 과연 아웃링크로의 전환을 원하는지는 의문이다. 본보만 해도 포털로부터 제공받는 수익이 적지 않기 때문이다. 상대적으로 수익이 적은 다음은 아웃링크로 전환했지만 막상 네이버에서 선택을 하라 하면 고민이 아닐 수 없다.(c)

아웃링크로의 정책 전환은 원칙적으로 환영할 만하다. 포털 뉴스 서비스는 뉴스 이용의 관문 역할만 함으로써, 개별 언론사의 트래픽이 크게 증대될 가능성이 있다. 개별 언론사의 브랜드 특징을 강조하고 언론사 홈페이지의 구성에 노력을 기울이게 된다는 점에서도 긍정적이다. 개별 언론사가 홈페이지 광고 전략을 수립할 수 있어 광고 역량을 강화할 수 있다는 장점도 있을 것이다. 하지만 아웃링크가 인링크의 모든 문제와 한계를 극복하지는 못한다. 아웃링크 체제 내에서도 다양한 어뷰징이 극적으로 개선될 가능성은 그리 높아 보이지 않는다. 언론사 홈페이지에 이용자를 지속적으로 유인하고 묶어둘 수 있는 전략의 개발은 쉽지 않을 것이다. 일부 언론사를 제외하고 의미 있는 규모의 광고를 지속적으로 수주하기는 현실적으로 매우 어렵다. 콘텐츠 전략과 광고 전략이 촘촘히 마련하지 못한 많은 언론사는 예전보다 낮은 트래픽과 수익으로 경영에서 어려움을 겪을 것으로 보인다. 따라서 인링크에서 아웃링크의 전환은 정책보다는 언론사의 선택에 맡기는 것이 더 합리적일 수 있다.(d)

5. 포털의 뉴스 유통 데이터 제공 이슈

디지털 환경에서 언론사들이 이용자들과의 접점 확대와 저널리즘 품질 향상을 하기 위해서는 트래픽 데이터에 대한 상세한 분석이 요구된다. 하지만 대부분의 디지털 트래픽이 포털 플랫폼에서 발생하는 상황이고, 포털에서 상세한 데이터를 제공하지 않는다면 원천적으로 이용자 분석 작업이 의미 없게 된다. 현재도 네이버, 다음 등 포털에서 사용자 분석 데이터가 제공되지만, 제한적이기 때문에 실질적인 도움이 되지 못하고 있다고 평가되고 있다. 따라서 좀 더 포괄적인 데이터 제공

필요성이 제기되고 있다. 하지만, 일부 의견에서는 포털의 이용자 데이터는 목적 지향적 이용 데이터가 아니기 때문에, 실질적인 독자 반응 데이터로 보기 어렵다는 시각도 나타났다.

> 네이버는 스마트 콘텐츠 스튜디오상에서 정보 제공 계약사일 경우 '실시간 지표', '방문 분석', '사용자 분석', '언론사 편집 분석', '소비기사 분석', '속보 분석', '연재 분석', '동영상 분석', '기자 분석' 등의 데이터를 제공한다. 다음은 카카오 채널 스튜디오를 통해 최신 24시간 통계, '사용자', '콘텐츠', '동영상' '유입경로', '사용환경', 구독자수' 등의 데이터를 제공한다. 다음은 DRI라는 자체 탐독 지수 인덱스를 제공하는데, 방문자가 얼마나 뉴스를 꼼꼼히 읽었는지를 따진다. 일종의 열독률 개념이다. 데이터 분석을 전문적으로 하는 입장에서 보면 이 같은 데이터는 모두 매우 기본적인 과거 및 현재 소비 관련 양적 데이터들이다. 과거 경향을 볼 순 있지만, 맥락과 이유를 분석하기 힘들다. 따라서 앞으로의 흐름을 예측하는 데 그닥 도움을 주지 않는다. 대표적으로 개선해야 할 점을 보면, 네이버는 최근 1년치만 일별/주별/월별기사별 조회수를 제공하고 이전 데이터는 따로 요청을 해야 받을 수 있다. 다음은 최대 1개월 기간을 설정해 데이터를 조회할 수 있게 불편하게 만들어져있다. 이 외에도 개선해야할 점들은 차고 넘친다. 하지만 포털은 공용으로 쓰는 데이터 대시보드를 이유를 들며 사용성 개선을 하지 않고 있다.(a)
>
> 일반적으로 포털에서는 포털에 제공되는 기사별 또는 기자별 노출 횟수 등 트래픽과 기사 건수, 비중 등 언론사 단위별 데이터만을 제공하고 있다. 언론사 입장에서는 자사 데이터에 한해 분석 자료로 활용할 수 있지만, 단순 페이지뷰 또는 출고 건수 비교 등 평면적인 결과 이상의 내용을 도출하기는 어려운 상황이다…… 언론사별 뉴스 생산과 유통에 대한 피드백을 통해 뉴스의 품질을 높일 수 있으려면 가능한 한 최대한 공개와 같은 원칙이 필요하다고 생각한다. 예를 들어 언론사별 페널티로 작용하고 있는 NG 팩터의 기준과 건수에 대한 데이터라든가, 자사 뉴스가 포털 뉴스 전체 또는 부문별 뉴스에서 상대적으로 어떤 위치를 점하고 있는지 비교 평가할 수 있는 데이터의 공개 등이다. 포털 뉴스 자체의 트래픽 변화에 대한 데이터도 자사 데이터와 교차해 확인할 수 있다면 의미있는 결과를 도출할 수 있으리라 생각한다. 특히 현재 뉴스를 이용하는 이용자에 대한 데이터는 매우 제한적으로 제공되고 있는데, 자사 뉴스를 이용하는 독자들에 대한 데이터 제공이 보다 확대될 필요가 있다. 물론 여기에는 개인정보의 보호

및 관리 차원의 문제가 고려돼야 하겠지만, 언론사 입장에서는 기존 기사 관련 데이터에 이용자 데이터를 결합해 볼 수 있다면 보다 다양한 인사이트를 얻을 수 있을 것이라 생각한다.(b)

포털로부터 제공받는 데이터는 극히 제한적이다. 자사 포털에 접속하는 구독자에 대한 기본적인 정보만 제공하고 있다. 언론사에서 필요한 정보는 시간대별 접속자 수와 성별, 나이대 정도가 아니라 구체적인 구독자별 성향(특히 거주 지역)까지 알아야 독자 분석에 따른 맞춤형(?) 기사를 제공할 수 있는데, 그런 사항은 포털만 가지고 활용하고 있다. 실질적으로 본보의 경우 220만 독자를 확보하고 있지만 이는 본보 독자가 아닌 네이버 독자인 셈이다.(c)

포털을 통해 뉴스를 소비하는 독자들의 데이터가 언론사의 장기 생존에 도움이 될 만한지에 대해선 회의적이다. 해당 언론사 브랜드에 대한 인식, 이를 통한 새로운 수익원으로의 전환율 등은 언론사 스스로 설정해서 얻어야 할 데이터이다. 포털을 이용하는 독자들은 특정 언론사의 뉴스만 보기 위한 목적으로 들어오는 경우는 많지 않다. 시간을 때우고 간단한 정보를 얻기 위한 목적이기에 충성도 높은 독자 데이터를 포털 데이터를 통해 확보하기 어렵다. 그렇게 가치가 높지도 않다. 포털 뉴스에서 심층기사를 보고자 하는 기대와 필요를 가진 독자들도 많지 않다. 그러한 데이터가 언론사들의 저널리즘에 어떤 인사이트를 줄 수 있는지 개인적으로 의구심이 많은 편이다. 언론사들이 현 시점에서 필요로 하는 데이터는 그들의 브랜드를 보고 그들의 웹사이트에 직접 방문해서 어떤 기사들을 읽는지, 어떤 뉴스나 관심사를 지니고 있는지에 대한 데이터이다. 이는 언론사들이 자사 웹사이트를 통해 직접 확보해야 한다. 포털로부터 기대하는 건 여러 측면에서 부적합하다. 개인정보 침해 문제도 발생할 수 있다.(e)

6. 뉴스 배열 알고리즘 이슈

국내 포털 뉴스 서비스에서 알고리즘에 의한 뉴스 배열 정책이 도입된 이후부터, 해당 알고리즘의 공정성 문제, 투명성 문제는 중요한 이슈로 부각되었다. 하지만 기업의 영업비밀이라는 측면에서 알고리즘 공개는 제한적일 수밖에 없는 상황이다. 이러한 상황에서도 뉴스 배열 알고리즘에 대한 투명성을 확대해야 한다는 주장이 제기되고 있고, 투명성 확보를 위해 알고리즘을 검증할 수 있는 법정 위원회 설치에 대한 주장도 제기되었다. 하지만 현실적인 차원에서는 알고리즘 운영에 LLM 형태의 AI가 포함되면서, 현실적으로 알고리즘 운영 방식의 검증이 불가능 하다는 평가도 제기되었다.

> 현재 포털의 뉴스 배열 알고리즘은 기준이나 방식에 대한 문제 이전에 사회적으로 인정되는 수준의 투명성을 확보하지 못하고 있다는 것이 가장 큰 문제다. 물론 알고리즘이라는 것 자체가 기술적으로 전문적인 영역이다 보니 일반에 대한 공개와 평가에는 한계가 있을 수밖에 없다. 하지만 기존과 같이 폐쇄적인 구조 안에서 공개와 평가를 수행하고 그 최종적인 단순 결과만을 발표하는 방식은 바람직하지 않아 보인다. 기술적 차원으로 알고리즘을 공개하고 평가하는 것과 별개로 언론사가 자사 편집 방향과 기준을 공표하듯 포털도 뉴스 배열 알고리즘의 기준과 원칙을 공개하고, 언론사가 편집위원회 등을 통해 공개적 논의를 진행하듯 포털도 사회적 논의 구조를 통해 이를 계속 수정하고 보완해 나가는 작업이 필요하다. 물론 언론이 자사의 논의 과정을 지면 등을 통해 보도하듯 포털도 이 과정 모두를 투명하게 공개해야 한다.(b)

> 도무지 알 수 없는 것 중 하나가 포털의 뉴스 배열 알고리즘이라고 생각된다. 기사의 노출 순위를 자동으로 결정한다는데, 어느 기사는 기사로서의 품질이나 속보 등에서 떨어지는데도 주요 기사로 노출되고, 어느 기사는 품질 면에서 우수하고 속도도 빨랐음에도 어느 곳에 배열됐는지 찾기조차 어려운 실정이다. 공정성과 객관성을 담보하지 못하고 있다는 생각이다…… 알고리즘의 작동 원리와 기준을 공개하고 정기적으로 검증하는 제도가 도입돼야 한다. 포털의 뉴스 편집의 공정성과 객관성을 담보하기 위해서라도 포털의 기사배열 기본방침과 기준은 마땅히 공개돼야 한다.(c)

> 포털 뉴스 서비스의 뉴스 배열 알고리즘 공개는 어느 정도 필요하지만, 사업자의 영업비밀에 해당하므로 실제 공개는 불가능하다. 공개한다고 하더라도 공개 수준을 어디까지 해야 하는지, 공개된 알고리즘 프로그래밍을 통해 현실을 해석하고 설명 가능한지 등도 불명확하다. 따라서 이러한 한계와 문제를 받아들이는 현실적 방안이 필요하다. 제안할 수 있는 것은 알고리즘으로 작동하는 뉴스서비스를 제공하는 빅테크기업이 뉴스알고리즘검증위원회를 설치하는 것이다. 이 위원회의 검증은 정기적으로 이뤄져야 하며, 구성은 빅테크기업 담당자, 외부 알고리즘 전문가, 뉴스 제공 언론사 담당자 등이어야 한다. 위원회의 검증 과정과 결과를 담은 보고서는 외부에 공개해야 할 것이다. 관련 법에

각 빅테크기업이 자체적으로 뉴스알고리즘검증위원회를 둬야 한다는 내용을 명시하는 것도 생각해 볼 수 있다.(d)

이 문제는 이미 특이점을 지나버렸다고 생각한다. LLM의 결과물을 설명하거나 검증할 방법이 현재는 없기 때문에 견해도 가질 수가 없다. 그나마 생성형 AI인 챗GPT가 태동하기 이전, 그러니까 2022년 10월 이전 머신러닝 단계에서는 뉴스 배열 알고리즘을 포함한 다양한 서열화 알고리즘에 대한 외부 검증이 가능했다. 그래서 설명할 권리나 데이터 리터러시를 표방할 수 있었다. 하지만 딥러닝을 넘어 셀프 어텐션 방식으로 어디서부터 어떻게 어디까지를 학습하는지 알 수도 없는 LLM으로 진화한 알고리즘을 이제 어떻게 비판할 것인가. 조작적 정의가 없어도 쏟아지는 결과물을 반박할 방법이 없다.(a)

포털 뉴스의 배열 알고리즘은 더 이상 논쟁이나 논란의 거리가 되기 어렵다고 생각한다. 이미 늦었다. 포털로 뉴스를 소비하는 비중이 줄어들고 있는 시점에서 배열 알고리즘이 중요한 의제로 떠오른다는 게 다소 뒤늦은 감이 있다고 생각한다. 특히 뉴스 이용자들의 개인맞춤화(Personalization) 요구가 높아지고 있는 흐름에도 잘 맞지 않다고 생각한다. 각자의 취향과 관심사에 따라 더 많이 추천받고 있어 하는 게 지금의 독자들이다. 그것이 제대로 이뤄지지 않으면서 포털 뉴스에서 사용자들이 이탈하고 있다. 지금 배열 알고리즘, 나아가 최근의 맞춤화 알고리즘을 공개하라고 요구한다더라도, 언론사들이 얻을 게 별로 없다…… 독자들의 니즈는 변화했고, 그에 따라 알고리즘을 진화했다. 독자들이 필요로 하고 선호하는 뉴스를 추천하지 않으면서 포털 뉴스는 외면을 받았고 독자들은 이탈했다. 오히려 이러한 요구는 더더욱 포털 뉴스가 맞춤화를 강화하는 방향으로 유도하고 압박하게 될 것이다. 그것이 논쟁을 우회하는 방법이 될 것이기 때문이다.(e)

7. 네이버 제휴위원회에 대한 기대와 우려

과거 네이버와 카카오가 공동으로 운영하던 뉴스제휴평가위원회는 언론사의 포털 입점에 대한 심사와 기존 입점 언론사에 대한 제재를 결정하는 기능으로 인해 언론사에게 막대한 영향력을 행사했다. 따라서 규정을 제정하고 심사하고, 선정하는 과정에 대한 공정성 시비가 끊임없이 발생했다. 이제 새롭게 출범하는 네이버 제휴위원회에 대해서 긍정적인 평가 요인으로는 포털 뉴스 서비스에 입점 프로세스가 재개되었다는 점이었다. 우려 사항으로는 기존 제휴평가위원회 시절에 제기되었던 전문성과 투명성 관련 논쟁의 재발이 이뤄지지 않도록 하는 것이었다. 일부 의견으로는 언론사들이 이미 하락세에 접어든 포털 뉴스 서비스에서 독립하려는 의지가 꺾이고, 다시 포털 중심의 디지털 생태계에 언론사들이 몰입하는 현상이 재개될 우려가 있다는 점이 제기되었다.

포털 뉴스가 온라인 뉴스의 노출과 확산에 절대적 비중을 차지하고 있는 상황임에도 불구하고 상당기간 포털에 뉴스를 신규로 제공할 수 있는 경로 자체가 막혀있었다는 점을 해소했다는 것만으로도 제휴위원회 활동 재개는 긍정적으로 평가한다. 앞으로 언론사 입점 및 운영에 대한 구체적인 평가 기준이 마련되겠지만, 페널티 위주의 네거티브한 방식이 아니라 뉴스의 생산과 유통이 활성화되고 독자들의 뉴스 소비가 확대되는 방향으로 제휴위원회의 활동이 이뤄지기를 바란다. 언론사에 대한 평가에 머물지 않고, 포털 뉴스에 대한 평가와 개선책 마련이라는 역할도 수행할 수 있다면 더 바람직할 것으로 보입니다. 특히 과거 네이버와 다음의 제휴평가위원회가 심사 및 평가 과정에서의 전문성과 투명성 측면에서 많은 지적을 받았던 점을 반면교사로 삼을 필요가 있다고 생각한다. 뉴스와 언론의 사회적 의미와 역할을 고려할 수 있는 전문성, 그리고 입점이든 운영이든 그 평가 기준과 과정에 대한 투명성이 최대한 보장되는 제휴위원회가 되기를 기대한다.(b)

구체적인 심사 기준과 운영 방안이 공개되지 않은 상황에서 뭐라 할 수는 없지만, 적어도 공정성과 투명성을 높이기 위한 제도적 개선이 필요하다는 데는 공감한다. 과거 심사의 공정성과 투명성이 꾸준히 논란이 돼 온 데다 퇴출 심사의 경우도 언론사마다 잣대가 뚜렷하지 않다는 비판을 받아왔다. 제도적으로 보완돼야 하고 특히 외부 전문가의 참여 확대를 통해 공정성 시비를 완화해야 한다. 솔직히 전문가라고 해놓고서는 언론 현장의 내용을 잘 모르는 법조인과 교수들을 위주로 구성하다보니 의견 충돌이 빚어지는 걸로 안다. 현장 실무에 강한 인사들도 적절히 포함돼야 한다고 본다.(c)

새롭게 운영되는 네이버의 뉴스제휴위원회에서 중요한 것은 무엇보다 평가 지침과 운영 지침이다. 이 지침이 어떻게 마련되느냐에 따라 위원회의 운명이 갈릴 것이다. 예전 네이버·카카오 뉴스제휴평가위원회 운영의 긍정적 부분은 계승하고 문제점은 해결해야 한다. 이번에 네이버만으로 운영되는 뉴스제휴위원회는 네이버와 카카오가 공동으로 운영했던 뉴스제휴평가위원회보다 운영이 다소 매끄러울 것으로 전망된다. 수년간 막혀 있던 콘텐츠 및 검색 제휴가 시작돼 품질 경쟁이 일어날 것으로 보인다. 이러한 품질 경쟁은 평가 지침의 수준에 의해 결정된다. 또한 평가를 위해 자체 기사나 인공지능 활용 기사에 대한 개념화가 필요하므로, 이에 대한 기준이 마련된다는 데 의의가 있다. 하지만 우려도 있다. 수년간 방치돼 있던 콘텐츠 및 검색 제휴사의 기사 품질 문제다. 네이버·카카오 뉴스제휴평가위원회가 운영되지 않는 동안 품질 낮은 기사가 많이 유통됐다. 관리와 제재가 이뤄지지 않아 어뷰징 기사, 기사형 광고, 팩트에 근거하지 않은 기사 등이 많아졌다는 것이다. 이러한 기사를 제재하는 방안을 마련해야 하지만, 그동안 평가가 이뤄지지 않은 현실에서 어떻게 가능할지 지켜볼 일이다. 인공지능 활용 기사에 대한 개념화 문제도 우려된다. 인공지능 기술이 날로 발전하는 현실에서 문제가 발생할 때 촘촘한 제재가 이뤄질 수 있는 합리적 방안이 마련돼야 한다. 낮은 입점 통과율 개선과 공정한 평가 기준 마련이 가능한지도 우려되는 지점이다. 이 문제는 입점 평가 대상 언론사가 지속적으로 제기해 왔다. 지역 언론 등 다양성을 확보하는 방안을 마련해야 하지만, 여전히 어려워 보인다. 양적 평가 항목과 질적 평가 항목의 비율 문제도 해결해야 한다. 더불어 결국 인상 평가가 돼 버렸던 질적 평가의 개선도 필요하다. 계량화할 수 있는 질적 평가 항목을 개발해야 하는데 쉽지 않을 것으로 보인다.(d)

뉴스 소비의 핵심 경로에서 멀어지고 있는 네이버 뉴스를 두고 이 정도의 자원이 투입될 필요가 있는지 회의적이다. 네이버 뉴스가 한국 사회, 저널리즘의 공간에서 어떤 위치로 존재해야 하는가에 대한 깊은 고민이 있었으면 하는 바람이다. 우려되는 점은 제휴위원들이 수용자들의 달라진 정보 취향, 틈새 필요를 이해하지 못하고 낡은 레거시 미디어 중심의 입점 심사에 경도될 가능성이 높다는 점이다. 정보 다양성의 흐름을 이해하지 못한 채 낡은 기준으로 심사에 임할 경우 포털 뉴스를 통한 뉴스 소비는 더욱 쇠락할 것이고, 이는 중·단기적으로 언론사들의 수익을 더욱 위협하게 될 것이라고 생각한다…… 언론사들이 포털에서 서서히 독립적으로 나아가야 할 방향과도 배치된다. 다시 제휴위원회가 꾸려지고 입점 심사를 통해 입점 희소성을 포털이 지속적으로 무기 삼는다면, 언론사들의 탈포털 행렬을 늦출 수밖에 없다고 생각한다. 물론 포털 뉴스 자체가 쇠락하면서 그 영향력이 재반등하지는 않겠지만, 탈포털의 인식을 늦추는 효과를 낳을 수 있다고 보고 있다. 포털 뉴스에 대한 관심 자체를 줄여야 할 시점에 제휴 여부가 다시 논쟁과 관심의 중심으로 옮겨가는 효과가 있을까 염려가 된다.(e)

08 결론 및 정책적 제언

포털 뉴스 서비스는 디지털 공간의 뉴스 유통뿐만 아니라, 언론사 수익모델, 언론사의 영향력, 저널리즘 품질, 여론 형성 공론장 기능 등 다양한 저널리즘 생태계 측면에서 매우 중요한 역할을 차지하고 있다.

따라서 이러한 포털 뉴스 서비스에 대해 일반 이용자들은 포털 뉴스 서비스가 사회적 여론 형성에 중요한 역할을 하고 있기 때문에, 포털 뉴스 서비스를 언론과 동일한 수준의 사회적 책임을 수행해야 한다고 평가하고 있었다. 즉, 포털 뉴스 서비스도 언론사와 유사한 정도의 사회적 책임을 지는 공적 기구로 평가받고 있었다.

이러한 포털 뉴스 서비스에 대한 정책 이슈는 지난 20여 년간 변화해왔다. 포털 뉴스 서비스 출범 초창기에는 포털의 법적 위상에 대한 정리를 위해 '신문 등의 진흥에 관한 법률'과 '언론중재 및 피해구제 등에 관한 법률'에서 '뉴스서비스사업자' 지위가 부여되었고, 언론과 유사한 규모의 사회적 책임을 수행하게 되었다.

이후 부각되었던 정책 이슈는 포털 뉴스 배열의 공정성, 아웃링크 도입 문제, 언론사의 어뷰징 기사 등 저널리즘 품질 관련 이슈, 포털의 댓글 정책 등이 주된 이슈로 논의되었고, 이러한 이슈들은 대부분 포털의 자율 규제나 내부 서비스 정책 변화를 통해 개선되거나 새로운 서비스 지침이 시행되었다.

현재 정치권을 중심으로 법안 발의가 되어 있는 포털 뉴스 서비스와 관련된 정책 이슈는 뉴스 배열 알고리즘 공개 이슈, 포털 뉴스 서비스 아웃링크 전면 도입 관련 이슈 등이 부각되어 있는 상황이다. 또한 법제의 형태는 아니지만, 언론계를 중심으로 가장 관심의 대상이 되는 이슈는 네이버의 뉴스제휴평가위원회 관련 이슈가 있다.

먼저, 뉴스 배열 알고리즘 공개에 대해 가장 먼저 이뤄지고 있는 문제제기는 기업비밀 영역에 해당하는 사안이라는 점이다. 즉, 콘텐츠 노출 알고리즘의 문제는 포털 뉴스 서비스만의 문제가 아니라, 유튜브와 같은 소셜 미디어나 페이스북, 틱톡, 인스타그램 등 모든 SNS 플랫폼의 콘텐츠 노출 방식에서 동일하게 적용되는 사안이다. 따라서 여타 플랫폼을 강제하지 못하는 상황에서 포털 뉴스만을 대상으로 할 경우, 법적 다툼의 여지가 크다고 볼 수 있는 사안이다. 구글을 비롯하여 네이버, 다음 등 뉴스 서비스를 제공하는 포털 플랫폼들은 사회적 책무성 관점에서 여타 플랫폼들과 달리 대략적인 알고리즘 구성 요소들을 밝히고 있다.

하지만 이보다 더 상세한 알고리즘 요소에 대한 세부적인 공개가 이뤄져도, 그 결과물로 이뤄지는 뉴스 배열의 공정함에 대해 평가를 내리기는 쉽지 않다. 그 이유는 개별 항목에 적용되는 미세한 가중치 요인들로 인해 실제로 노출되는 기사 배열 방식은 크게 변화하기 때문이다. 따라서 알고리즘 공개와 관련된 이슈가 현실적으로 성과를 내기 위해서는, 알고리즘 공개와 관련된 이슈도 중요하지만, 포털이 실제로 어떤 기사를 많이 배열했는지, 이용자들이 많이 선택했는지에 대한 데이터 공개 의무화를 추진하는 방안 모색이 필요하다.

포털에서는 개인화 서비스 시대에 이용자들에게 서로 다른 뉴스들이 노출되고 있다고 하지만, 모든 이용자의 이용량 총합 기반 데이터, 이용자들에게 가장 많이 노출된 기사들의 총합 결과를 볼 수 있다면, 적용되는 알고리즘의 공정성, 저널리즘 가치 구현 문제에 대한 유용한 평가 기준이 될 수 있을 것이다.

둘째, 포털 뉴스 서비스의 아웃링크 전면 도입 이슈는 언론사별 또는 언론인별로 서로 차별적인 인식을 보여주고 있는 쟁점이다. 일반적인 관점에서는 아웃링크 서비스를 통해 언론사들이 포털로부터 독립된 수익 구조를 확보하는 모델이 제시된다[21]. 하지만, 포털과 콘텐츠 제휴를 맺고 있는 주요 언론사들의 입장에서는 현재 포털로부터 공급받고 있는 광고 수익 규모를 자체적으로 확보할 수 있을 지에 대해 매우 불확실하게 평가하고 있다. 또한 지난 20여 년간 포털 의존적 구조가 지속적으로 강화되어 왔기 때문에, 언론사들의 본격적인 트래픽 기반 마케팅 활동을 위해서는 인프라와 인력 측면에서 상당한 투자가 요구된다. 따라서 명분과 실리 사이에서 이견들이 발생하고 있다.

---

21) 구글이 검색 사이트를 독과점적으로 지배하고 있는 대다수 국가 언론사들이 처해 있는 환경이고, 이 환경에서 개별 언론사가 디지털 영역에서 광고 마케팅을 성공적으로 수행하기란 매우 어려운 상황이다.

셋째, 뉴스제휴평가위원회와 관련된 법제화 움직임은 잦아들었지만, 언론계에서는 가장 중요하게 평가하는 사안이다. 해당 위원회가 언론사들에게 미치는 영향력이 큰 만큼, 평가 시스템을 운영하는 과정에서 언론사들이 저널리즘 품질 문제에 진지한 관심을 기울일 수 있도록 운영 방안을 모색해 보아야 한다.

참고문헌

국사편찬위원회 편(2005). 『근현대 과학 기술과 삶의 변화』. 서울: 두산동아.

국회입법조사처(2022). 『2022 국정감사 이슈 분석』. 과학기술정보방송통신위원회 환경노동위원회.

과학기술정보통신부·한국방송광고진흥공사(2025. 1.). 『2024 방송통신광고비 조사보고서』. 서울: 한국방송광고진흥공사.

권민경(2015. 11. 1.). [새 한경 홈페이지] PC통신 서비스부터 닷컴도입까지… 디지털 프런티어 한경의 30년. 『한국경제신문』. https://www.hankyung.com/article/2015110110331

권오윤(2023). 『디지털 광고의 원칙과 응용』. 서울: 부크크.

금준경(2018. 5. 9.). 네이버 모바일 첫화면에서 뉴스 포기한다. 『미디어오늘』. https://www.mediatoday.co.kr/news/articleView.html?idxno=142622

금준경(2022. 4. 25.). 네이버 다음 제휴 언론 583곳 제재 받았다. 『미디어오늘』. https://www.mediatoday.co.kr/news/articleView.html?idxno=303669

금준경(2023. 7. 8.). 네이버 뉴스 알고리즘 공개 내용 살펴보니. 『미디어오늘』. https://www.mediatoday.co.kr/news/articleView.html?idxno=311154

금준경(2024. 10. 4.). 카카오, 심사위원회 없이 언론사 제휴 받는다…제휴 문턱 낮아져. 『미디어오늘』. https://www.mediatoday.co.kr/news/articleView.html?idxno=321274

기자협회보(2015. 3. 4.). 클릭하면 화끈거리는 언론사 홈피. 한국기자협회. https://m.journalist.or.kr/m/m_article.html?no=35881

기자협회보(2021. 5. 18.). 플랫폼 통한 유료구독 콘텐츠, '뉴스는 공짜' 인식 바꿀까. 한국기자협회. https://www.journalist.or.kr/news/article.html?no=49435)

기자협회보(2022. 5. 3.). 빨라지는 '아웃링크' 시계… 언론사 수익 양극화로 이어지나. 한국기자협회. https://www.journalist.or.kr/m/m_article.html?no=51498

기자협회보(2023. 8. 8.). 망가진 저널리즘… 철저한 비즈니스만 남은 '포털뉴스 20년'. 한국기자협회. https://www.journalist.or.kr/m/m_article.html?no=54077

기자협회보(2025. 1. 28.). 올해 디지털 신문 매출 6.6% 성장 전망. 한국기자협회. https://www.journalist.or.kr/m/m_article.html?no=57734&utm_

김경희·배진아·김유정(2015). 『모바일 시대의 포털 뉴스 서비스 연구』. 서울: 한국언론진흥재단

김규원·조은정(2005. 7. 21.). 포털 뉴스 35%가 스포츠·연예 기사. 『한겨레신문』. https://n.news.naver.com/mnews/article/028/0000119828?sid=102

김동석(2011. 2. 25.). 유해하고 선정적으로 변질된 '뉴스캐스트', 없애면 어떨까?. 『동아일보』 https://www.donga.com/news/It/article/all/20110225/35130375/2

김동후 외(2023). 『디지털 시대의 광고기획 신론』. 서울: 학지사비즈.

김동훈·송경화(2008. 6. 1.). '조중동' 구독 거부에 광고주 압박까지. 『한겨레신문』.

https://www.hani.co.kr/arti/society/society_general/290954.html
김민수(2007. 1. 25.). NHN, 뉴스 이용자위원회 구성 완료 가동. 『전자신문』. https://www.etnews.com/200701240032

김병철·이정환(2013. 09. 25.). 뉴스스탠드 6개월, 방문자 47% 페이지뷰 29% 줄어. 『미디어오늘』. https://www.mediatoday.co.kr/news/articleView.html?idxno=112169

김병희 외(2021). 『디지털 변화 속 광고 PR 산업』. 서울: 학지사.

김병희 외(2025). 『디지털 시대의 광고 용어 300』. 서울: 학지사비즈.

김시연(2010. 9. 29.). 전 국민 인터넷 시대, 이젠 모바일 써야 뒨다: 인터넷 10년 증가세 주춤… 모바일 접속 1년 사이 2배 늘어. 『오마이뉴스』. https://www.ohmynews.com/NWS_Web/View/at_pg.aspx?CNTN_CD=A0001453274

김유석(2021). 한국도 구글, 페이스북에 뉴스 사용료를 받을 수 있을까. 『언론중재』 2021년 여름호. 58~67쪽.

김위근(2013). 네이버 뉴스스탠드 전환 배경과 의미: 의도는 상생 결과는 트래픽 급감 온라인 저널리즘 또 흔들. 『신문과 방송』 5월호. 70~74쪽.

김위근·황용석(2020). 『한국언론과 포털 뉴스 서비스』. 서울: 한국언론진흥재단

김위근·이동훈·조영신·김동윤(2013). 『한국의 인터넷 뉴스: 언론사닷컴, 인터넷신문 그리고 포털 뉴스 서비스』. 서울: 한국언론진흥재단

김인경(2020. 9. 10.). 사람이? 알고리즘이?…네이버·카카오 뉴스편집 논란. 『블로터』. https://www.bloter.net/news/articleView.html?idxno=35976

김재중(2006. 6. 13.). 포털社 뉴스제공 허와 실 – 기사 전재하며 입맛대로 가공 『경향신문』.

김정섭·임현주(2008. 8. 5.). 검·경 '인터넷 댓글' 수사별 수사. 『경향신문』. https://www.khan.co.kr/article/200808041819115

김중식(2006. 3. 8.). 포털 뉴스공급 목소리 '제각각'…신문, 제발등 찍기 방송, 서비스 확장. 『경향신문』.

김지현(2013. 7. 2.). 뉴스스탠드 도입후 검색어장사 늘고 이용자는 불편. 『오마이뉴스』. https://news.nate.com/view/20130702n38084

김창남(2008. 9. 8.). 문화, 지난달 31일부터 다음 기사공급 중단. 『기자협회보』. 서울: 한국기자협회. https://m.journalist.or.kr/m/m_article.html?no=18443

김현돈(2006). 황우석 사태와 인터넷 포퓰리즘. 『철학과 현실』 68호. 121~127쪽.

네이버 다이어리(2012. 10. 18.). 뉴스캐스트가 '뉴스스탠드'로 거듭납니다. https://blog.naver.com/naver_diary/150149699562

대한민국정책브리핑(2011. 7. 19.). 인터넷신문 선정적 광고 심각. 여성가족부.

https://www.korea.kr/news/policyNewsView.do?newsId=148715311

서영길(2017. 11. 2.). '클릭수=돈' 여전히 많은 과장·선정적 광고. 『더피알』. https://www.the-pr.co.kr/news/articleView.html?idxno=25953

류현정·장우정·유진우(2014. 10. 20.). [한국 인터넷 대중화 20년](7) 포털 공화국을 연 새 리더십 이해진 네이버 의장 ③. 『조선 Biz』. https://biz.chosun.com/site/data/htm

l_dir/2014/10/20/2014102002685.html
매드타임즈(2022. 4. 25). [2022년 광고주 현황조사] 2022년 코로나 종식에 대한 기대감으로 광고시장은 단계적 회복 기대. https://www.madtimes.co.kr/news/articleView.html?idxno=12512
매드타임스(2023. 3. 17.). 틱톡 2023년 글로벌 광고수익, 디지털 광고 침체에도 불구하고 152억 달러 예상. https://www.madtimes.co.kr/news/articleView.html?idxno=17059
매드타임스(2023. 6. 19.). 이노션, 디지털 마케팅사 '디플랜360' 인수… 미디어 데이터 역량 확보로 디지털 마케팅 통합 솔루션 제공. https://www.madtimes.co.kr/news/articleView.html?idxno=17940
매드타임즈(2025. 7. 11.). 프로그래매틱 광고의 미래, "품질중심 구매, 큐레이션의 부상, AI 기반 브랜드 세이프티, 디지털 옥외광고의 성장". https://www.madtimes.co.kr/news/articleView.html?idxno=24528
매일경제(2024. 5. 26.). 네이버 뉴스, 기자 구독자 수 1500만명 돌파…구독형 뉴스 소비 활발. https://www.mk.co.kr/news/it/11024945
매일경제(1996. 2. 9.). PC통신 뉴스속보 경쟁. https://www.mk.co.kr/news/economy/1590781#:~:text
머니투데이(2024. 2. 15.). 네카오, 2023년 나란히 역대 최대 매출… 광고·커머스 강세. https://news.mt.co.kr/mtview.php?no=2024021511140971232
문윤택(2017). 언론사 사이트의 네트워크 광고가 언론사 사이트 및 기사 신뢰도에 미치는 영향 연구. 『광고PR실학연구』 제10권 제4호. 66~90쪽.
문상현(2022). 『플랫폼 사회』. 서울: 커뮤니케이션북스
문상현(2025). 『인공지능과 감시』. 서울: 커뮤니케이션북스
문화체육관광부·한국디지털광고협회(2023. 12.). 디지털 광고 온라인 교재. 서울: 한국디지털광고협회. https://digitaladbook.kodaa.or.kr/web/lay1/bbs/S1T15C16/I/2/list.do
미디어오늘(2023. 2. 1.). 포털 인링크냐 아웃링크냐… 수익과 독자정보 사이 깊어지는 고심. https://www.mediatoday.co.kr/news/articleView.html?idxno=308242#:~:text=
미디어오늘(2023. 5. 28.). '자해적 광고' 언제까지 모른 척할 건가. https://www.mediatoday.co.kr/news/articleView.html?idxno=310343
박서연(2023. 6. 30.). 알고리즘 검토위 발족한 네이버 "뉴스 서비스 투명성 높일 것". 『미디어오늘』. https://www.mediatoday.co.kr/news/articleView.html?idxno=310978
박서연·금준경(2025. 7. 23.). 다음뉴스 강소매체 심사, 진일보했지만 "진입장벽 높다" 우려도. 『미디어오늘』. https://www.mediatoday.co.kr/news/articleView.html?idxno=327718
박승택 외(2017). 기계학습 기반의 뉴스 추천 서비스 구조와 그 효과에 대한 고찰: 카카오 루빅스를 중심으로. 『사이버커뮤니케이션학보』 제34권 1호. 5~46쪽.
반론보도닷컴(2025. 6. 11). 신문사, 앞다퉈 DOOH 시장 진출… 수익 다변화 이면의 그림자.

https://www.banronbodo.com/news/articleView.html?idxno=30459#:~:text=,
배진아(2017). 인터넷 포털의 공적 책무성과 자율 규제. 『언론정보연구』 54권 4호. 5~34쪽.

백봉삼(2019. 11. 12.). '네이버 우산' 언론사들, 생존경쟁 더 심해진다. 『ZdNet 코리아』. https://zdnet.co.kr/view/?no=20191112145137

서명덕(2007. 11. 23.). [뉴스 애프터서비스] 네이버 뉴스검색 아웃링크, 1년간의 명과 암. 『조선 Biz』. https://biz.chosun.com/site/data/html_dir/2007/11/23/2007112300831.html

서정보(2005. 7. 21.). "포털사이트 제목 장사로 네티즌 끈다". 『동아일보』.

송해엽·양재훈(2017). 포털 뉴스 서비스와 뉴스 유통 변화: 2000-2017 네이버 뉴스 빅데이터 분석. 『한국언론학보』 61권 4호. 74~109쪽.

슬로우뉴스(2012. 7. 23.). 네이버 뉴스캐스트를 어찌하오리까? [특집]. https://slownews.kr/4800

슬로우뉴스(2022. 5. 18.). 기사형 광고, '종합적 규제' 필요하다. https://slownews.kr/85779

신한수(2023. 07. 03.). 새 분기점 맞은 언론사-포털 정당한 대가에 기반한 건강한 관계 기대. https://www.kpf.or.kr/front/research/selfDetail.do?seq=595668&link_g_homepage=F

아시아경제(2013. 6. 3.). 미래부, 스마트광고산업 육성에 650억원 투입. https://www.asiae.co.kr/article/2013060309250518851

아이뉴스 24(2018. 12. 23.). 2017 방송통신광고비, '온라인' 방송 추월…모바일 강세. https://www.inews24.com/view/1147051

아이디데일리(2020. 7. 22.). 메조미디어, 포스트 코로나 시대 미디어 플래닝 전략 공개. http://www.itdaily.kr/news/articleView.html?idxno=102044

안종묵(2009a). 인터넷 포털의 규제 패러다임에 관한 고찰. 『한국커뮤니케이션학회』 2009년 봄철 학술세미나 발표집』. 17~30쪽.

안종묵(2009b). 포털의 뉴스서비스 성격에 관한 고찰: NHN의 '뉴스 캐스트' 도입에 따른 언론사닷컴과의 차이점 비교분석. 『사회과학연구』 제20권 4호. 101~124쪽.

양성희(2008. 7. 26.). 매경·한경 '다음'에 뉴스 공급 안 한다. 『중앙일보』. https://www.joongang.co.kr/article/3238215

양삼승(2005). 포털사이트의 뉴스 서비스를 둘러싼 법제적 쟁점과 언론중재제도. 정기세미나 제2 주제.

엄경철(2025. 3. 24.). 충청타임즈 충북 신문 첫 다음 뉴스 지역 카테고리 입점. 『충청타임즈』. https://www.cctimes.kr/news/articleView.html?idxno=837400

엄형준(2009). 『네이버 뉴스캐스트에 관한 연구: 네이버와 다음 뉴스박스의 연성화·선정성 비교』. 서강대학교 언론대학원 석사학위논문.

연합뉴스(2024. 3. 22.). 유명인 137명, 플랫폼·정부에 사칭 광고 범죄 해결 촉구. https://www.yna.co.kr/view/AKR20240322101800017

오창호(2023. 12.). 디지털 광고의 역사 구분. 『디지털 광고 온라인 교재』. 서울: 한국디지털광고협회. https://digitaladbook.kodaa.or.kr/web/ lay1/bbs/S1T15C17/I/4/list.do?article_seq=189&tag=Y

오픈애즈(2018. 10. 30.). 국내 프로그래매틱 광고 시장의 2018년 현재. https://openads.co.kr/content/contentDetail?contsId=1826

오픈애즈(2021. 11. 24.). 광고대행사 및 디지털 에이전시의 비즈니스 모델 변화. https://openads.co.kr/content/contentDetail?contsId=7332#:~:text=

윤석민·홍종윤·정영주(2017). 『뉴스유통 플랫폼과 언론사 간 상생 방안』. 서울: 한국언론진흥재단.

윤성이·유석진·조희정(2008). 『인터넷 정치 참여와 대의 민주주의: 2008년 촛불집회를 중심으로』. 국회입법조사처.

윤태석(2004). 『뉴스 콘텐츠의 선순환적 가치 창출 모델에 관한 연구: 시장 참여자의 공동가치창출을 위한 협업을 중심으로』. 서강대학교 언론대학원 석사학위논문.

윤혜선(2021). '기사배열 기준 공개' 규정한 법안들. 『신문과 방송』 No.608. 13~17쪽. 서울: 한국언론진흥재단.

윤희상(2010. 02. 05.). 네이버 뉴스캐스트 시행 1년은?. 『미디어스』. https://www.mediaus.co.kr/news/articleView.html?idxno=9455

원성윤(2012. 7. 13.). "네이버 뉴스캐스트, 언론사와 함께 개선해야": 12일 NHN-언론정보학회 공동 세미나. 『기자협회보』. 서울: 한국기자협회. https://m.journalist.or.kr/m/m_article.html?no=29095

NHN(2009). NHN Deview 2009: 뉴스캐스트 모델의 진화. NHN.

이경렬(2019). 『디지털 시대의 광고매체론』. 서울: 서울경제경영.

이원주·지민구·정성택(2023. 5. 23.). 네이버-카카오 "뉴스제휴평가위원회 활동 중단". 『동아일보』. https://www.donga.com/news/article/all/20230523/119426499/1

이정환(2014. 1. 23.). 뉴스 없는 네이버 첫 화면, 뉴스캐스트 일부 부활. 『미디어오늘』. https://www.mediatoday.co.kr/news/articleView.html?idxno=114458

이정환(2014. 2. 26.). 아직도 네이버 떡고물, 미련을 못 버리셨습니까. 『미디어오늘』. https://www.mediatoday.co.kr/news/articleView.html?idxno=115055

이현우·전창영(2025. 1. 24.). 2025 언론산업 성장 추세와 주요 이슈 전망. 『미디어 이슈 리포트』 2025년 1호. 1~18쪽. 서울: 한국언론진흥재단.

이현우·전창영·김선호(2025). 『디지털 뉴스 리포트 2025 한국』. 서울: 한국언론진흥재단.

이현재(2015). 『포털 뉴스서비스에서의 기사 어뷰징 사례와 전문가 인식 연구』. 건국대학교 언론홍보대학원 석사학위논문.

이혜미(2024. 12. 27.). 효율과 효과 찾아 떠나는 광고주, 방송·인쇄 광고 시장 난항 예상돼. 『신문과 방송』 2025년 1월호. 31~34쪽. 서울: 한국언론진흥재단.

이희욱(2008. 7. 28.). "광고 수익 언론사와 배분"…다음, 뉴스 문 '활짝'. 『블로터』. https://www.bloter.net/news/articleView.html?idxno=4335

임철순(2006. 6. 15.). [임철순 칼럼] 포털-언론인가 아닌가. 『한국일보』. https://www.hankookilbo.com/News/Read/200606160081431041

ETRI(2022. 6.). 대한민국 인터넷 40주년을 돌아보다. 『ETRI Webzine』 Vol. 201. https://www.etri.re.kr/webzine/20220617/sub01.html

장우영(2012a). 온라인 공론장과 정치참여: 2008년 촛불시위에서의 아고라. 『한국정치연구』 21(1). 1~26쪽.

장우영(2012b). 온라인 자율규제 동향의 변화와 인터넷 언론. 『언론중재』 122, 21~40쪽.

전자신문(2025. 5. 28.). 네이버, AI 광고 솔루션 애드부스트 본격 도입…프리미엄 광고 전략 본격화. https://www.etnews.com/20250528000290

정대필(2006). 포털 뉴스 서비스 개편과 자율규제 강화. 『신문과 방송』 No. 430. 114~117쪽.

정상우(2007). 『포털사이트 관련 법제의 현황과 과제』. 한국법제연구원.

정영주·오세욱·이현우(2023). 뉴스 유통 정책의 재구화를 위한 시론적 논의: 포털의 대응을 넘어. 『언론정보연구』 60권 2호, 47~95쪽.

제20대 대통령직인수위원회(2022). 『윤석열 정부 110대 국정과제』.

제일기획(2001. 10.). 『2001 광고연감』. 서울: 제일기획.

제일기획(2010. 10.). 『2010 광고연감』. 서울: 제일기획.

제일기획(2022. 10.). 『2022 광고연감』. 서울: 제일기획.

제일기획(2023. 10.). 『2023 광고연감』. 서울: 제일기획.

조성흠·계승현(2021. 11. 17.). 포털 뉴스제휴평가 '공정성·투명성·책임성 개선 필요' 지적. 『연합뉴스』. https://www.yna.co.kr/view/AKR20211116116400017

조화순·장우영·오소현(2012). 포털 뉴스의 연성화와 의제설정의 탐색. 『정보화정책』 19(3), 19~35쪽.

조희순·정수영·상윤·한의석(2011). 『포털 뉴스 유통 현황』. 서울: 한국언론진흥재단.

조수민(2024. 7. 23.). "없앤다더니"…크롬 서드파티 쿠키, 결국 '유지'. 『지디넷코리아』. https://zdnet.co.kr/view/?no=20240723082945

천혜선 외(2025. 1.). 『디지털광고 산업의 지속성장을 위한 공적역할 강화방안』. 서울: 한국방송 광고진흥공사.

최민재(2005). 『온라인 뉴스콘텐츠 비즈니스모델』. 서울: 한국언론재단.

최민재(2006). 『포털 뉴스의 의제설정』. 서울: 한국언론재단.

최민재·김위근(2006). 포털 사이트 뉴스서비스의 의제설정 기능에 관한 연구: 제공된 뉴스와 선호된 뉴스의 특성 차이를 중심으로. 『한국언론학보』 50권 4호, 437~463쪽.

최민재·김재영(2008). 포털의 17대 대선 관련 뉴스서비스 공정성에 관한 탐색적 연구. 『언론과 학연구』 8권 4호. 667~701쪽.

최민재·김택환·조영신(2010). 『디지털 미디어 환경과 뉴스콘텐츠 유료화』. 서울: 한국언론진흥재단.

최민재·문철수(2012). 『디지털 뉴스 콘텐츠 시장과 저작권』. 서울: 한국언론진흥재단.

최연진(2006. 10. 17.). NHN·다음·네이트 등 자문위 운영/ "네티즌의 고견을 듣습니다". 『한국일보』. https://www.hankookilbo.com/News/Read/200610172372671204

최원영(2013. 7. 18.). 조중동매 왜 갑작스레 '네이버 때리기' 협공 나섰나. 『한겨레신문』.

https://www.hani.co.kr/arti/society/media/596290.html
최은정(2024). 『마케팅관리: AI·디지털 시대의 마케팅』. 서울: 도서출판 정독.
최수진·김정섭(2014). 『인터넷 공간에서 기사 어뷰징 실태 및 개선방안 연구』. 서울: 한국언론진흥재단.
최승영(2023. 08. 08). 망가진 저널리즘… 철저한 비즈니스만 남은 '포털뉴스 20년'. 『한국기자협회보』. https://www.journalist.or.kr/news/article.html?no=54077
최승영(2025. 5. 23.). 네이버 '뉴스제휴위' 6월 출범… 연내 심사재개까진 여러 난관. 『한국기자협회』. https://www.journalist.or.kr/news/article.html?no=58593
최진순(2004. 12.). [포털 뉴스 편집권 논란] 보수적 편집, 의도적 선별 의혹 제기. 『신문과 방송』 2004년 12월호 No.408. 80~83쪽.
최진순(2013). 뉴스스탠드 이후 언론사의 과제. 『관훈저널』 127호. 69~75쪽.
최진응(2023). 포털뉴스의 평가와 영향: 실증연구에 대한 문헌고찰. 『NARS 현안분석』 제302호. 서울: 국회입법조사처.
최호찬(2004. 10. 05.). 포털들의 이해하기 힘든 뉴스 링크 방식. 『미디어오늘』. https://www.mediatoday.co.kr/news/articleView.html?idxno=31151
kakao(1999. 4. 30.). 한메일넷, '뉴스서비스'와 '보험서비스' 오늘부터 개시. https://www.kakaocorp.com/page/detail/5242
kakao(1999. 7. 8.). 무료 전자메일의 대명사 '한메일넷-포털서비스 '다음'(www.daum.net)으로 새롭게 탄생하고 국내 인터넷 포털시장 평정 선언. https://www.kakaocorp.com/page/detail/5250
kakao(2003. 3. 4.). 다음, "미디어다음" 오픈. https://www.kakaocorp.com/page/detail/5526
kakao(2022. 8.). 다음뉴스 배열 설명서. https://focus.daum.net/daum/m/algorithm/part1
kakao(2022. 8. 25.). "이용자 선택권 및 언론사 편집권 강화" 카카오, 모바일 다음(Daum) 뉴스 개편. https://www.kakaocorp.com/page/detail/9770
코리안클릭(2006. 7.). 『국내 인터넷 포털 이용행태분석(제5호)』. 서울: 코리안클릭.
쿠키뉴스(2008. 7. 7.). "조중동, 다음부턴 안봐"..오늘 기사 공급 중단. 『쿠키뉴스』. https://v.daum.net/v/20080707181521533?f=p
문현숙(2019. 11. 20.). "뉴스 전재료 대신 광고수익"… 언론사 '무한경쟁' 부추기는 네이버. 『한겨레』. https://www.hani.co.kr/arti/society/media/917674.html
한국광고총연합회(2022. 4. 15.). 2022년 광고주현황조사. 『ADZ 광고계 동향』 Vol. 335(2022 3/4월호). 33~41쪽. https://data.ad.co.kr/lit/j/54/0e/b2/bf/183999.pdf
한국언론재단(2008). 『2008 언론수용자 의식조사』. 서울: 한국언론재단.
한국언론진흥재단(2018). 『2018 언론수용자 의식조사』. 서울: 한국언론진흥재단.
한국언론진흥재단(2024). 『2024 신문산업 실태조사』. 서울: 한국언론진흥재단.
한윤형(2013. 04. 02.). 왜 언론들을 '뉴스스탠드'에 비명 지르나?. 『미디어스』. https://ww

w.mediaus.co.kr/news/articleView.html?idxno=33124

한정일(2011). 『뉴스캐스트, 인터넷, 종이신문의 기사 선정, 제목 선정에 대한 기술적 연구: 네이버와 뉴스캐스트 사례를 중심으로』. 성균관대학교 언론정보대학원 석사학위논문.

한창희(2024). 글로벌 디지털 광고시장의 변화와 국내 영향. 『KAA 저널』 2024년 가을호, 32~37쪽.

허완(2012. 7. 10.). 네이버 없으면 언론사 트래픽 반의 반토막 난다. 『미디어오늘』. https://www.mediatoday.co.kr/news/articleView.html?idxno=103689

현화영(2023. 12. 29.). 카카오, 모바일 다음(Daum)뉴스 개편 … 첫 화면에 '언론사' 탭. 『세계일보』. https://www.segye.com/newsView/20231228510519?OutUrl=naver

홍문기·김병희(2016). 인터넷 뉴스 어뷰징의 실효적 피해구제를 위한 제도적 기술적 개선방안. 『한국광고홍보학보』 18(2), 112~146쪽.

황용석(2001). 『인터넷 뉴스와 수익모델』. 서울: 한국언론재단.

황용석(2015). 포털뉴스의 자율적 책무활동의 쟁점과 방향. 『KISO저널』 21호, 22~27쪽.

황용석·강원(2001). 『언론사 닷컴, 현황과 과제』. 서울: 한국언론재단.

황인찬·김동은·최명애(2005. 7. 12.). 인터넷 매체는 '소문' 가시화 포털사이트는 '키우고 보자'…線 넘었다. 『경향신문』.

Bharat, K.(2006. 1. 23.). And now, News. Google Official Blog. https://googleblog.blogspot.com/2006/01/and-now-news.html

Google(2024. 9. 19.). How news works on Google. https://www.google.com/search/howsearchworks/how-news-works/

https://www.kakaocorp.com 연혁